| 光明社科文库 |

监狱体育的改造机理及改造模式研究

李拓键 ◎ 著

光明日报出版社

图书在版编目（CIP）数据

监狱体育的改造机理及改造模式研究 / 李拓键著
. -- 北京：光明日报出版社，2023.8
ISBN 978-7-5194-7408-9

Ⅰ.①监… Ⅱ.①李… Ⅲ.①监狱—犯罪分子—体育活动—研究 Ⅳ.①G812.4②D926.7

中国国家版本馆 CIP 数据核字（2023）第 158069 号

监狱体育的改造机理及改造模式研究

JIANYU TIYU DE GAIZAO JILI JI GAIZAO MOSHI YANJIU

著　　者：李拓键	
责任编辑：刘兴华	责任校对：宋　悦　董小花
封面设计：中联华文	责任印制：曹　净

出版发行：光明日报出版社

地　　址：北京市西城区永安路 106 号，100050

电　　话：010-63169890（咨询），010-63131930（邮购）

传　　真：010-63131930

网　　址：http://book.gmw.cn

E - mail：gmrbcbs@gmw.cn

法律顾问：北京市兰台律师事务所龚柳方律师

印　　刷：三河市华东印刷有限公司

装　　订：三河市华东印刷有限公司

本书如有破损、缺页、装订错误，请与本社联系调换，电话：010-63131930

开　　本：170mm×240mm

字　　数：222 千字　　印　　张：15.5

版　　次：2024 年 3 月第 1 版　　印　　次：2024 年 3 月第 1 次印刷

书　　号：ISBN 978-7-5194-7408-9

定　　价：95.00 元

版权所有　　翻印必究

序

　　截至2018年1月，我国共有监狱680所，在押服刑人员170万余人。一直以来，监狱作为我国重要的刑罚执行机关，其中心工作任务是教育改造服刑人员，完成服刑人员的再社会化。党的十八大以来，随着《加强监狱安全管理工作若干规定》等文件的出台，监狱内部管理、服刑人员教育改造等方面均进行了深入改革，新监狱体制逐步建成，我国监狱改造工作步入了新阶段。党的十九大以后，司法部监狱管理局以改造人为中心，着力强化教育改造的治本作用，构建了包括教育改造在内的监狱工作"五大改造"新格局。体育作为我国教育工作的重要组成部分，其育人功能已经得到了社会各界的关注和认可。同时，《健康中国2030》和《体育强国建设纲要》均指出，要促进特殊人群体育活动的开展。监狱作为我国的一个特殊部门，服刑人员成为社会中的特殊群体、弱势群体。在新改造格局中，如何挖掘并合理运用体育的育人功能改造服刑人员，提高服刑人员改造效能，是值得学界研究的新领域。

　　梳理文献发现，相关研究成果主要集中在监狱开展体育的必要性、监狱开展体育活动现状、体育对服刑人员身心健康改善功能等方面，存在理论研究缺乏、影响因素研究单一、功能研究不系统等问题。监狱服刑人员的体育改造，未像学校体育一样作为教育的一个部分来定位，这在很大程度上影响了体育改造服刑人员功能的实现。而机理研究和模式构建是体育改造监狱服刑人员由假设到理论、由理论到实际的核心内容。因此，笔者进行了"监狱体育的改造机理及改造模式研究"这一研究。

本书采用质化研究和量化研究相结合的研究思路，运用文献资料、专家访谈、半参与式观察、半结构式访谈、扎根理论、问卷调查、数理统计、结构方程模型、层次分析等研究方法，通过 Citespace、NVivo、SPSS、Mplus、ProcessOn、MATLAB 等研究工具或软件，梳理当前体育改造的研究现状和基础理论，明晰监狱内体育开展的历程和现状，厘清体育改造的影响因素，系统探讨体育的改造机理，构建体育的改造模式。这对于我国健康中国、体育强国战略的实施和体育改造工作提质增效具有重要意义。研究得出如下结论：

1. 纵观监狱体育的发展历程，经历了劳改队时期的萌芽起步（1949—1993）、监狱法颁布后的规范发展（1994—2001）、监狱体制改革时期的全面开展（2002—2010）、监狱转型时期的转型重构（2011年至今）等阶段，表现出从小到大、曲折徘徊、不断发展的特征。

2. 硬件设施因素、体育管理因素、个人生理因素、个人心理因素和监狱特殊因素是影响监狱体育开展的五大因素。在设计监狱体育活动、构建改造模式时，需要考虑硬件设施因素对不同年龄的服刑人员的影响，个人生理因素、个人心理因素对不同文化程度的服刑人员的影响，以及体育管理因素、监狱特殊因素对不同工作性质（入狱前）的服刑人员的影响。

3. 体育改造是指将体育活动作为一种改造方式或手段来矫正服刑人员犯罪心理，最终达到促进其再社会化的目标，是集理论性和应用性研究于一体的综合性研究。其理论性需要通过体育对人身心促进功能和服刑人员身心改造目标的融合统一进行明确，其应用性需要通过体育改造机理的探究和模式的构建加以明确。

4. 由于监狱改造工作的强制性和服刑人员群体的特殊性，体育改造呈现出开展区域的局限性、改造主体的服从性、改造项目的指定性、改造安全的首要性等特征。这些特征是体育改造本质的具体体现。

5. 体育改造的逻辑进程是以"服刑人员体育行为"这个逻辑起点为开端，经由"监狱体育活动管理"这个逻辑中介，最后到达"服刑人员再社会化"这个最终目标和逻辑终点，即服刑人员体育行为→监狱体育活动管理→服刑人员再社会化。

6. 体育的改造功能主要表现在以下方面：可以有效避免因失眠带来的身体疾病，保障服刑人员有良好的精神状态接受改造，减轻服刑压力，提升改造身心效果；能够有效提高服刑人员的社会适应能力，降低服刑人员的社会危害性，降低其反社会人格障碍；能够有效提高服刑人员的归属感、自尊感、理智感、自我价值感等积极情绪，进而矫正其犯罪心理；能够有效打消服刑人员的紧张不安、忧虑、烦恼、恐惧等焦虑情绪，减缓焦虑症状，进而消除其犯罪动机。

7. 体育改造模式的建构，需要通过政策法规的制定和实施进行保障，通过体育场地设施建设及器材配备满足基本开展条件，通过科学合理的体育组织管理保证良性运转，通过专业体育指导来提高改造成效，通过监督评估检验改造效果，通过体育文化营造促进长期有益运行。

8. 体育本身改造功能和"体育改造+五大改造"是体育改造模式的具体实施方式。体育本身具有的改造功能可以通过传授体育知识技能、提升身心健康状况、矫正犯罪心理等实施方式实现；"体育改造+五大改造"的融合改造可以通过"体育改造+政治改造""体育改造+监管改造""体育改造+教育改造""体育改造+文化改造""体育改造+劳动改造"等实施方式实现。

9. 体育改造模式运行的参与主体分别为监狱领导、监狱警察和服刑人员，监狱领导在模式运行中主要发挥决策、计划和领导职能，监狱警察主要发挥组织、控制、创新以及部分的计划职能。在监狱体育改造模式目标的指引下，执行机制、监督机制、激励机制和保障机制共同支撑体育改造模式的运行。

10. 模式基本条件、模式运行条件和模式改造效果组成了体育改造模式的评价体系，其中模式改造效果维度的权重最大，需要在模式构建时予以重点保障。此外，制度建设、活动经费、活动场地、管理工作、活动种类、专业指导等二级评价维度也需要予以重点关注。

本书是在笔者博士毕业研究的基础上开展的，首先感谢笔者博士生导师刘一民教授的培养和指导。在本书的总体框架和写作大纲确定方面，孙晋海教授给予了大力指导，相关领域专家学者也对本书的撰写提供的诸多支持和帮助，在此表示衷心的感谢！笔者在撰写本书的过程中，参考和吸收了部分专家和学者的研究成果，在此谨向他们表示衷心的感谢！

由于笔者本人学识有限，书中或有疏漏，恳请广大读者批评指正。

目 录
CONTENTS

第一章　绪论 ··· 1
　第一节　写作本书的目的和意义 ··· 1
　第二节　本书的基本内容和研究方法 ·· 2
　第三节　本书的主要成果与有待进一步研究的问题 ······················· 10

第二章　文献综述与理论基础 ·· 12
　第一节　体育改造服刑人员的研究现状 ···································· 12
　第二节　理论基础 ·· 40

第三章　现实状况：监狱体育活动的开展历程及现状
　　　　——以山东省为例 ·· 49
　第一节　山东省监狱体育活动的开展历程 ································· 49
　第二节　山东省监狱体育活动的开展现状 ································· 62
　本章小结 ·· 66

第四章　因素分析：监狱体育活动开展的影响因素 ······················· 68
　第一节　监狱体育活动开展影响因素的研究思路 ························ 68
　第二节　影响因素筛选确定 ·· 74
　第三节　量表初测及验证 ··· 79
　第四节　参与体育活动影响因素及其各维度人口学变量差异分析 ··· 90

1

本章小结 ………………………………………………………… 107

第五章　机理探讨：体育改造服刑人员的机理 ………………… 109
　　第一节　体育改造服刑人员的概念与内涵 …………………… 109
　　第二节　体育改造服刑人员的性质与特征 …………………… 111
　　第三节　体育改造服刑人员的逻辑结构 ……………………… 114
　　第四节　体育改造服刑人员的功能 …………………………… 118
　　本章小结 ………………………………………………………… 157

第六章　模式构建：监狱体育改造模式 …………………………… 159
　　第一节　监狱体育改造模式的指导思想、原则、目标 ……… 159
　　第二节　监狱体育改造模式的主要内容 ……………………… 162
　　第三节　监狱体育改造模式的实施方式 ……………………… 169
　　第四节　监狱体育改造模式的运行 …………………………… 185
　　第五节　监狱体育改造模式的评价 …………………………… 194
　　本章小结 ………………………………………………………… 202

结论 ………………………………………………………………… 204

参考文献 …………………………………………………………… 207

附录 ………………………………………………………………… 223

第一章

绪　论

第一节　写作本书的目的和意义

一、写作本书的目的

第一，梳理我国体育改造服刑人员的研究现状和趋势，厘清监狱体育活动的发展历程和现状。

第二，提炼监狱体育活动开展影响因素的维度及观测指标，分析得出监狱体育活动开展的影响因素，并检验不同影响因素在不同服刑人员中的差异。

第三，在系统思想的指导下，明确体育改造服刑人员的机理，主要包括体育改造的概念与内涵、性质与特征、逻辑结构、改造功能等基础性问题。

第四，构建切实可行的体育改造模式，从体育改造模式的总体要求出发，通过改造模式主要内容的厘定、实施方式的设置、运行体系的构建、评价体系的建立，以期为体育改造工作的开展提供思路和方法。

二、写作本书的意义

（一）写作本书的理论意义

第一，丰富服刑人员教育改造理论。目前监狱服刑人员教育改造的相关研究中，还没有针对体育改造的系统性研究，本书将体育改造作为监狱教育改造的组成部分进行全面系统的研究，拓宽了教育改造视角，丰富了我国监狱服刑人员教育改造理论体系。

第二，完善我国体育改造服刑人员理论。综合运用教育学、罪犯改造心理学、监狱学、体育学等学科的理论知识，结合相关改造理论，系统探讨体育改造服刑人员的机理，构建体育改造服刑人员的模式，进一步完善了我国体育改造服刑人员的理论体系。

第三，拓展体育育人功能。通过明确体育改造服刑人员的机理，构建体育改造服刑人员的模式，深入探究体育对人的改造作用，从一个新的角度提出了体育对人格塑造的积极作用，进一步拓展体育育人的功能。

（二）写作本书的实践意义

第一，为监狱领导者制订服刑人员改造计划提供思路启示。本书充分考虑了服刑人员的改造需求和体育运动的特殊功能，通过对监狱的实地走访和对服刑人员的深度访谈，以调查对象亲身的体验和真实的案例来体现监狱体育活动开展的现实状况，有利于监狱管理者全面、客观地认识体育的改造功能，为体育活动纳入服刑人员改造计划提供依据。

第二，有利于指导体育改造服刑人员实践活动。本书通过质化与量化相结合的研究方式，证实了体育运动对服刑人员的改造功能，进而从总体要求、主要内容、运行体系、评价体系等方面，构建了切实可行的体育改造模式，为我国服刑人员改造工作提供体育改造方案。

第二节 本书的基本内容和研究方法

一、本书的基本内容

（一）本书的研究思路

本书立足于以体育活动促进服刑人员的改造，遵循"问题主导—理论引领—实践破题"的研究思路，首先，在深入解析体育改造服刑人员相关理论问题的基础上，明确监狱体育活动开展的历程与现状，进而分析服刑人员体育活动开展的影响因素；其次从问题视角出发，探析体育改造服刑人员的机理；最后，根据总体研究情况，构建体育改造服刑人员的模式。研究思路如图1.1所示。

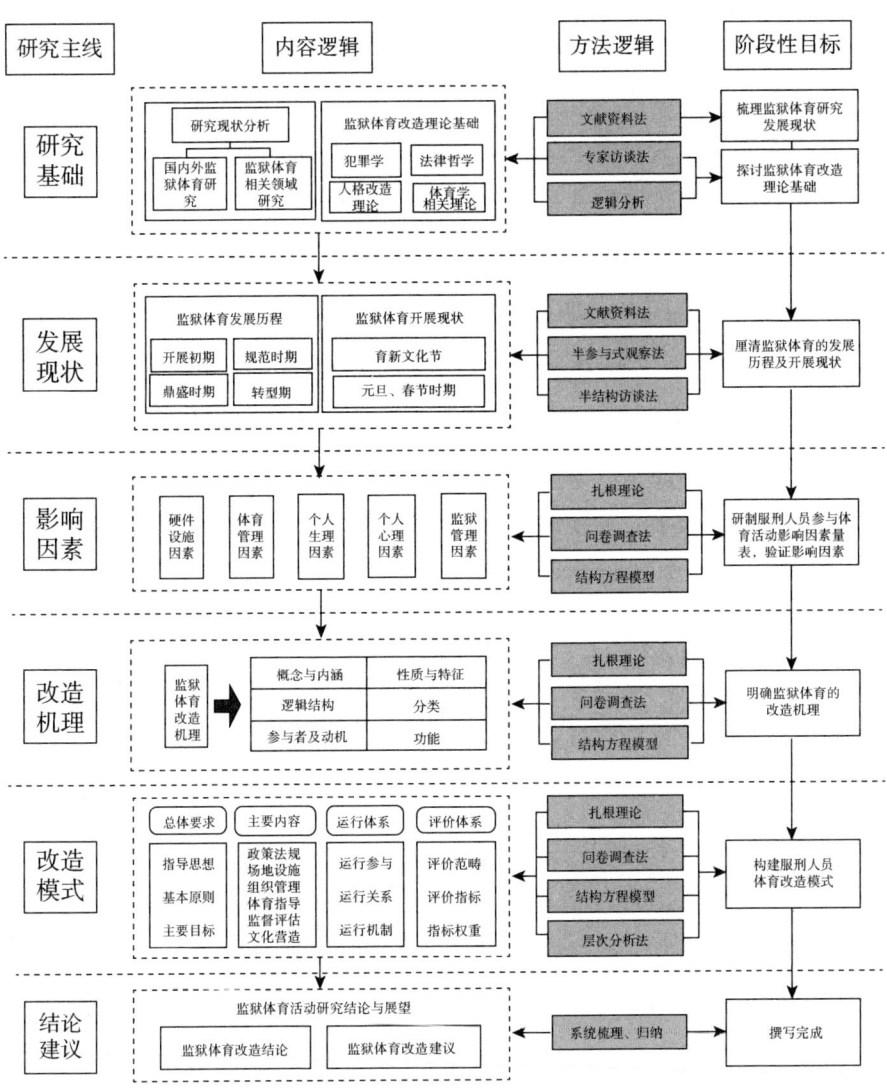

图1.1 研究思路图

（二）本书的主要研究内容

本书综合运用质化和量化研究方法，对体育改造的机理和模式进行了较为全面系统的研究。研究共分为七章，各章主要内容如下。

第一章，绪论。本章从体育改造服刑人员的研究背景出发，提出研究问题，提出本书的理论与实践意义。随后明确了研究对象与方法、研究思路、主要研究内容和研究创新之处，最后对研究资料处理情况进行说明。

第二章，文献综述与理论基础。通过文献梳理，较为全面地介绍体育改造服刑人员的研究现状；通过监狱和体育领域相关理论的学习和理解，为体育改造机理和改造模式的提出积累理论基础。

第三章，监狱体育活动开展的历程及现状。以山东省为例，介绍了监狱体育活动开展的四个时期：萌芽起步阶段（1949—1993）、规范发展阶段（1994—2001）、全面开展阶段（2002—2010）、转型重构阶段（2011年至今）。随后，介绍了山东省监狱体育活动的开展现状。

第四章，监狱体育活动开展的影响因素。运用扎根理论的方法，从实地观察所得情况入手，对实地调研所得原始资料进行归纳，对监狱体育相关专家访谈记录、相关文献进行编码，并从中提炼出监狱体育活动开展影响因素的维度及观测指标，形成初测量表。通过实地发放问卷检验初测量表，验证影响因素，并检验不同影响因素对不同服刑人员的影响差异。

第五章，体育改造服刑人员的机理。探讨了体育改造的概念与内涵、性质与特征、逻辑结构等内容，明确了体育改造服刑人员的功能，为体育改造模式的构建积累理论和实证依据。

第六章，监狱体育改造模式的构建。从监狱体育改造模式的指导思想、原则、目标出发，通过监狱体育改造模式主要内容的厘定、实施方式的制定，讨论模式的运行，建立模式的评价体系，构建切实可行的监狱体育改造模式。

第七章，结论和展望。全面梳理总结本书得出的结论，分析不足，并提出下一步研究展望。

二、本书的研究方法

本书以体育改造服刑人员为研究对象。综合运用多种研究方法，对山东、江苏、广东3省15所监狱的体育活动开展情况进行了详细调查和研究。调研对象包含相关专家学者、监狱领导、监狱警察、服刑人员和刑满释放人员等多个群体。

（一）本书的研究方法论

对体育改造服刑人员问题进行研究，先要对监狱体育活动的基本属性进行界定。监狱是国家的刑罚执行机关，是我国社会的组织机构之一，因此，我们可以将监狱服刑人员的体育活动划入社会体育的范畴进行研究，即本书在本质上应当属于社会学的研究范畴。

目前，质化研究和量化研究是社会科学中最重要的研究范式。[1] 质化研究更为强调研究者亲身进入到社会现实之中，通过自身的体验对研究对象进行了解，在收集了原始的资料之后，形成"情绪化的""主体间性"的意义解释。量化研究更加遵循实证主义的方法论，强调要以先前理论所推演的假设为基础，而后利用可靠的定量方法验证，获得可观察到的结果。由于研究范式的不同，两种研究方法孰优孰劣的争论一直存在。有的观点认为，质化研究方法同时跨越了社会科学、人文科学和物理科学，同时具有多种焦点和多重面向的特点；有的学者则认为，质化研究只能对研究问题进行初步的探索和描述，不能进行逻辑的论证和科学的检验，且"永远不可能进行完全客观的描述，产生出一套完全真实的事实"[2]。然而，质化研究与量化研究并不存在本质上的对立，是可以综合使用与融合的，不同学科之间也不应因为学科的分野而妨碍对问题的探究，应在更为广阔的视野下，用综合的方法论来进行全新的社会学研究。因此，应根据不同研究需求，合理确定研究范式和研究方法。

---

[1] 张英英，赵定东. 论一种融合的社会研究方法论视野 [J]. 探索与争鸣，2018（5）：98-105，143.

[2] 詹姆斯·皮科克. 人类学透镜 [M]. 汪丽华，译. 北京：北京大学出版社，2009：15.

就本书而言，监狱研究中一直存在着"话语权"失衡的问题，即人们很少能听到监狱中基层的声音。因此，为了更好地建构体育改造服刑人员理论，更全面地展示监狱体育活动及其相关情况，本书选取了质化研究方法和量化研究方法相结合的研究思路，先通过质化研究方法对监狱体育活动进行初步的探索和描述，然后通过量化研究方法进行逻辑的论证和科学的检验，从而更好地展示监狱体育活动的开展现状，更准确地研究体育改造服刑人员的理论。同时，研究方法的整合也是体育改造服刑人员研究领域的特色。

（二）本书具体使用的研究方法

1. 文献资料法

对于检索主题的选取，本研究就监狱体育、服刑人员体育、服刑人员权利、服刑人员改造、体育权利和体育的功能等题名或者主题进行了文献检索，并从这几个层面对前期相关研究成果进行了归纳、整理，从时间跨度上进行了纵向分析，从研究内容方面进行了横向分析。

对于检索数据库的选取，本研究从中国知网数据库（全文期刊及博硕论文库）、超星读秀（中文学术搜索）、超星图书馆、Google 学术搜索、EBSCO 全文期刊数据库、Springer（电子期刊）数据库、国家司法部网站、国家体育总局等网站进行计算机检索；对山东大学、曲阜师范大学图书馆数据库进行手工检索。

2. 专家访谈法

针对监狱体育活动中的关键问题，对相关领域专家进行访谈和咨询。访谈专家包括监狱领域研究专家、监狱领导、监狱警察等（见表1-1）。具体的访谈形式包括到监狱与相关专家进行面对面访谈、电话访谈、电子邮件访谈等。具体访谈提纲见附录1。

表1-1 访谈专家基本情况表

序号	专家姓名	所在单位	专家类别
1	刘＊＊	山东省监狱管理局	监狱领域研究专家
2	张＊＊	山东省监狱管理局	监狱领域研究专家

续表

序号	专家姓名	所在单位	专家类别
3	王**	山东省N监狱	监狱领域研究专家
4	李**	山东省监狱管理局	监狱领导
5	张**	广东省F监狱	监狱领导
6	陈**	江苏省H监狱	监狱领导
7	朱**	山东省N监狱	监狱领导
8	刘**	山东省N监狱	监狱领导
9	谢**	山东省L监狱	监狱领导
10	陈**	江苏省S监狱	监狱警察
11	郭**	广东省F监狱	监狱警察
12	胡**	广东省F监狱	监狱警察
13	顾**	山东省L监狱	监狱警察
14	李**	山东省Q监狱	监狱警察
15	黄**	山东省B监狱	监狱警察
16	刘**	山东省Z监狱	监狱警察
17	王**	山东省Z监狱	监狱警察
18	胡**	山东省N监狱	监狱警察
19	齐**	山东省N监狱	监狱警察
20	马**	山东省N监狱	监狱警察

3. 半参与式观察法

此方法主要应用于服刑人员的观察和访谈。深入监狱，通过观察、访谈、采访等形式，了解服刑人员对于监狱体育活动的观点和看法，从服刑人员的角度去了解监狱体育。实地参与观察情况见表1-2。

表1-2 半参与式观察基本情况表

序号	半参与式观察时间	半参与式观察单位
1	2014年1月	山东省L监狱
2	2014年7—9月	山东省N监狱
3	2015年3—4月	山东省N监狱
4	2019年1月	山东省L监狱

4. 半结构式访谈法

围绕"监狱体育活动的开展情况""监狱体育活动的开展历程""监狱体育活动开展的影响因素""体育活动对服刑人员的积极作用"等研究主题，对监狱领导、监狱警察、服刑人员等群体进行半结构式访谈，并通过录音、笔记的方式记录，以获得本书的初始资料。访谈情况见表1-3。

表1-3 半结构式访谈基本信息表

序号	访谈形式	访谈人员类别	数量
1	单独访谈	监狱领导	6人
2	单独访谈	监狱警察	15人
3	单独访谈	服刑人员	20人
4	集体访谈	服刑人员	2次，共计23人
5	实地访谈	服刑人员	3次，约70人

5. 扎根理论研究法

由于目前体育改造服刑人员的相关研究尚处于探索阶段，尚未有系统分析的研究，而扎根理论本身具有通过对现有资料进行理论采样和连续比较的特点，适用于本研究，故采用扎根理论的办法，进行监狱体育活动开展的影响因素以及体育改造服刑人员功能两个方面的研究。

6. 问卷调查法

本书主要进行了三方面的问卷调查，分别为监狱体育活动开展影响因素的验证、体育改造服刑人员功能的验证、体育改造模式评价体系构建的专家调查。问卷调查情况如下。

（1）监狱体育活动开展影响因素的问卷调查

根据扎根理论研究情况，总结得出监狱体育活动开展的影响因素，设计形成初测问卷（详见附录2），问卷的主要内容包括两部分：服刑人员的基本情况以及监狱体育活动开展的影响因素观测维度。

选取广东省F监狱、江苏省S监狱、山东省N监狱、山东省L监狱、山东省Q监狱、山东省B监狱，共6所监狱，每所监狱发放问卷60份，共发放问卷 360 份，回收问卷 360 份，其中有效问卷 315 份。问卷发放情况满足研究要求。具体检验情况详见第四章第三节"量表初测及验证"部分。

（2）体育改造功能的问卷调查

根据研究目的及研究假设，设计体育改造服刑人员功能调查问卷（详见附录3）。问卷包括 7 个部分：服刑人员的基本情况调查，主要包括年龄、文化程度、入狱前的工作性质、判处刑期以及犯罪类型等方面；测量监狱体育活动开展影响因素；测量服刑人员经常参加体育活动情况；测量服刑人员的失眠症状；测量服刑人员的社会适应能力；测量服刑人员的积极情绪情况；测量服刑人员的焦虑症状。

（3）体育改造模式评价体系的问卷调查

为形成全面客观的评价体系，自编《监狱体育改造模式评价体系专家调查表》（详见附录4）并对监狱及体育领域的 10 位专家发放，回收问卷10 份，回收率和有效率均为 100%。具体检验情况详见第六章第五节"评价体系的权重赋值"部分。

7. 层次分析法

层次分析法主要应用于监狱体育改造模式评价体系的研究中，通过对评价体系进行分析，确定了评价体系的 3 个一级指标和 17 个二级指标，并计算出各指标的权重。

8. 数理统计法

运用 SPSS 软件，对监狱体育活动及服刑人员相关情况进行统计整理，对监狱体育活动开展影响因素初测问卷进行项目分析和探索性因素分析。运用 MATLAB 软件，确定监狱体育改造模式评价体系的权重。

9. 结构方程模型研究法

运用 Mplus 软件对本书的理论模型及关系假设进行验证，主要包括：①监狱体育活动开展影响因素模型的验证；②人口学变量对服刑人员参与体育活动影响因素的差异性检验；③经常参与体育活动对服刑人员的积极影响的假设检验；④经常参与体育活动在服刑人员参与体育活动影响因素和服刑人员失眠症状、社会适应能力、积极情绪、焦虑症状之间的中介关系的假设检验。

第三节 本书的主要成果与有待进一步研究的问题

一、本书的主要成果

第一，初步构建了我国体育改造理论体系。体育改造属于体育学和监狱学的交叉研究领域，综观目前的相关研究，明显缺乏该领域的持续性和系统性研究，更没有将体育改造当作理论体系的研究。本书在梳理国内外研究现状的基础上，系统地研究了体育改造服刑人员的影响因素、机理、改造模式等相关问题，弥补了该领域的研究空白，可为其他学者进行相关研究提供基础和借鉴。

第二，较为全面系统地研究了体育改造服刑人员的机理。本书探讨了体育改造服刑人员的概念与内涵、性质与特征、逻辑结构等内容，进一步明确了体育改造服刑人员的功能，是国内首个较为全面梳理体育改造服刑人员机理的研究，为监狱体育改造模式的构建提供了理论和实践依据。

第三，构建了监狱体育改造服刑人员模式。本书将质化和量化相结合，从监狱体育改造模式的指导思想、原则、目标出发，通过监狱体育改造模式主要内容的厘定、实施方式的制定，讨论模式的运行，建立模式的评价体系，构建切实可行的监狱体育改造模式，有利于今后体育改造服刑人员的理论研究和实践运用。

二、有待进一步研究的问题

(一) 研究不足

第一，调查区域和规模尚有一定欠缺。由于监狱机构本身具有特殊性，本研究尽量扩大了调研的范围，以求切实反映监狱体育活动现状。虽经过多方联系，调研了 3 省的 15 所监狱，但相比于我国监狱整体规模，调研数量仍然偏少。2020 年疫情暴发后，近 3 年没有进行实地调研，也是本书的遗憾之一。同时，本研究中研究的服刑人员均为成年男性，缺少对女性服刑人员和未成年服刑人员的调研，这也是本研究的不足之处。

第二，由于体育改造服刑人员理论属于新兴研究领域，监狱体育改造模式需要进一步的探索研究。将体育育人引入监狱体育改造工作无疑是正确的选择，但新理念和新方法的提出必定需要一个接受、改进、融合的过程，未能将监狱体育改造模式应用于监狱改造实际，验证其有效性，是本研究的不足之处。

(二) 研究展望

第一，拓宽监狱体育活动的研究范围，关注女子监狱和未成年人管教所的研究。女性服刑人员和未成年服刑人员是较为特殊的群体，其生理和心理特征与男性服刑人员有着一定的区别，因此，应结合其自身的特殊性进行有针对性的研究，探究不同服刑人员人群的改造思路和方法。

第二，构建监狱体育改造模式的实现路径。应加强服刑人员体育改造的实证研究，逐步构建起符合我国实际的监狱体育改造模式的实现路径，助推我国监狱改造工作提质增效，让体育改造落到实处。

第二章

文献综述与理论基础

进行文献综述并确定理论基础是本研究的第一步工作。通过文献梳理,能够较为全面地了解体育改造服刑人员的研究现状,为本书提供借鉴和参考;通过监狱和体育领域相关理论的学习和理解,能够为体育改造服刑人员机理和模式的提出提供理论基础。

第一节 体育改造服刑人员的研究现状

一、相关研究的检索

为保证检索质量,本书梳理了国内外相关研究,同时咨询了相关领域专家,经过多次检索表达式的反复实验之后,确定了检索方案。

(一)中文文献检索方案

本书的中文文献数据来源于中国知网期刊数据库(以下简称 CNKI),检索主题分别是"监狱体育""服刑人员体育""服刑人员权利""体育权利""服刑人员改造""体育功能",按照专业检索形式进行检索,分别对期刊和硕博士论文进行检索,检索时间设置为"不限制",期刊检索的来源类别设置为"CSSCI",输入的检索表达式分别为:

检索表达式 a:SU =('监狱'+'服刑人员'+'罪犯')*('体育'+'健身'+'身体活动')

检索表达式 b：TI =（'监狱'+'服刑人员'+'罪犯'）*（'权利'）

检索表达式 c：TI =（'体育'+'健身'+'身体运动'）*（'权利'）

检索表达式 d：TI =（'监狱'+'服刑人员'+'罪犯'）*（'改造'）

检索表达式 e：TI =（'体育'+'健身'+'身体运动'）*（'功能'）

检索表达式 a 的含义是，检索主题包含"监狱"或"服刑人员"或"罪犯"，且主题包含"体育"或"健身"或"身体运动"的信息。经检索表达式检索，共有 6 篇期刊论文，14 篇学位论文。由于检索结果太少，故去除来源类别"CSSCI"的要求，对期刊论文进行重新检索，检索到期刊论文 55 篇。

检索表达式 b 的含义是，检索题名包含"监狱"或"服刑人员"或"罪犯"，且题名包含"权利"的信息。经检索表达式检索，共有 12 篇期刊论文，54 篇学位论文。

检索表达式 c 的含义是，检索题名包含"体育"或"健身"或"身体运动"，且题名包含"权利"的信息。经检索表达式检索，共有 128 篇期刊论文，43 篇学位论文。

检索表达式 d 的含义是，检索题名包含"监狱"或"服刑人员"或"罪犯"，且题名包含"改造"的信息。经检索表达式检索，共有 26 篇期刊论文，85 篇学位论文。

检索表达式 e 的含义是，检索题名包含"体育"或"健身"或"身体活动"，且题名包含"功能"的信息。经检索表达式检索，共有 274 篇期刊论文，172 篇学位论文。

选取该检索方案的原因有二：一是由于我国关于监狱体育活动的相关研究较少，所以检索式 a 定为主题检索，检索式 b、c、d、e 定为题名检索；二是服刑人员的学术表述主要集中在"服刑人员"和"罪犯"，所以相关检索式的检索词定为"服刑人员""罪犯""监狱"。

（二）外文文献检索方案

本书的外文文献数据来源于美国科学情报所研发的 Web of Science 核心合集数据库。在检索词的确定上，本书通过梳理相关研究文献，结合本文的研究目标，经过多种检索表达式和检索词的反复组配实验后，将检索式确定为：

TS =（prison OR prisoner * OR criminal * OR inmates）AND TS =（Sport * OR physical education OR physical activity *）

检索语种为"English"，文献类型为"article"，检索时间不限制。检索表达式的含义是，检索主题包含"监狱""服刑人员"，且主题包含"体育"的信息。

经检索表达式检索，共有237篇文献，通过阅读摘要对其进行筛选，检索到符合本书主题的文献141篇。以纯文本格式导出参考文献所有信息并保存，以备数据处理和分析。

二、国内有关体育改造服刑人员的研究

（一）国内体育改造服刑人员研究的基本情况

通过对检索表达式a检索到的69篇文献进行摘要阅读，排除主题不符的文献18篇，对最终得到的51篇文献进行阅读并梳理。通过梳理，可以将检索到的文献大致分为两类：一是关于监狱警察体育活动的研究，共计24篇；二是关于监狱体育活动的研究，共计27篇。

关于监狱警察体育活动的研究，主要集中在以下三方面。第一，监狱警察参与体育活动现状的研究。例如，庞岩研究了上海监狱系统民警参加体育锻炼的现状；[1] 刘亚渊对河北省保定市监狱警察的体育锻炼现状进行了调研分析；[2] 陈芳、卢晓文研究了浙江省监狱警察的体育生活方式；[3]

---

[1] 庞岩. 上海市监狱系统民警闲暇时间参加体育锻炼现状研究 [J]. 净月学刊, 2013 (1): 22-27.
[2] 刘亚渊. 保定市监狱警察体育锻炼现状调查及分析 [D]. 石家庄: 河北师范大学, 2014.
[3] 陈芳, 卢晓文. 浙江省监狱警察体育生活方式调查研究——以浙江省十里丰监狱警察为例 [J]. 武术研究, 2016, 1 (1): 127-130, 148.

李伟对陕西省新入职监狱警察的体育锻炼情况进行了调查研究;① 赵鹏对江苏省监狱警察闲暇时间参加体育锻炼的现状进行了研究;② 曹卫研究了江西省监狱警察学员的体能状况;③ 何玉兰研究了湖南省监狱警察的体育活动开展现状,并提出了对策建议。④ 第二,体育运动对监狱警察身心健康促进的研究。例如,桑莉研究了体育运动对监狱人民警察身心健康的积极影响;⑤ 钱玉想认为体育锻炼能够有效地干预监狱警察的职业倦怠;⑥ 高伟研究了太极拳健身对监狱警察心理健康的积极效果,⑦ 随后又和林柔伟等人合作实验研究了八段锦对监狱人民警察心理健康的促进作用。⑧ 第三,监狱警察的体育教育研究。例如,黄晓武、刘剑明分别对警察学校的体育教学内容进行了研究,并提出了改革创新建议;⑨⑩ 李志雄对警察体育教学中的低伤害徒手控制技能训练进行了研究,并以此为基础,与李年铁、李辉等人就警察体育教学与狱内徒手控制技能⑪、手铐上铐技术、遇

---

① 李伟.陕西省新入职监狱警察体育锻炼调查研究[J].当代体育科技,2018,8(33):231-232.
② 赵鹏.江苏省监狱人民警察闲暇时间参加体育锻炼现状研究[D].苏州:苏州大学,2012.
③ 曹卫.江西省监狱警察学员体能状况调查研究[D].北京:北京体育大学,2012.
④ 何玉兰.湖南省监狱警察体育活动开展现状及对策研究[D].长沙:湖南师范大学,2012.
⑤ 桑莉.体育运动对监狱人民警察身心健康的积极影响[J].河南司法警官职业学院学报,2008(2):18-20.
⑥ 钱玉想.体育锻炼干预监狱警察职业倦怠的探析[J].警察实战训练研究,2011(5):74-76.
⑦ 高伟.在广东省监狱警察中进行太极拳健身的心理健康效果研究[J].中华武术(研究),2015,4(4):71-73.
⑧ 高伟,林柔伟,代流通.健身气功·八段锦对促进监狱人民警察心理健康的实验研究[J].武术研究,2018,3(4):101-104.
⑨ 刘剑明.对司法类警察院校警察体育教学内容改革的探讨[J].法制与社会,2011(11):238-239.
⑩ 黄晓武.警察体育教学内容体系及教学模式改革与创新[J].当代体育科技,2013,3(28):177-178.
⑪ 李志雄,李辉,李年铁.最低伤害武力控制理念下的司法警院警察体育研究——以狱内徒手控制技能为例[J].安徽警官职业学院学报,2018,17(4):95-98.

抗徒手控制技能①的关系进行了深入研究。

相比于监狱警察体育活动的研究，监狱体育活动的研究更符合本书的主题。关于监狱体育活动的研究，主要集中在以下几方面。

第一，关于服刑人员开展体育活动的必要性与可行性研究。王若光认为，监狱体育对社会文明的发展有特殊作用，监狱体育开展的合理性在于体育对监狱群体的积极影响，主要体现在超脱时空、心理治疗、管理控制与消除监狱反文化等方面。②庞岩认为，利用健身气功这一中华优秀传统文化来对服刑人员进行思想教育改造，是对传统教育改造方式的充实、改革和创新，也恰恰体现了当代监狱"惩罚与改造相结合，以改造人为宗旨"的工作方针。③漆亮认为，体育运动在重塑罪犯人格、培养亲社会行为、创造健康监狱文化方面具有特殊意义，我国应完善监狱基础设施，将体育改造常规化。④马大慧、李文辉在其文章《文化体制改革背景下监狱体育文化研究》中提出：体育素质教育概念的错误理解和对犯人的歧视心理是阻碍监狱体育文化发展及其科学研究的主要因素。监狱体育文化建设与监狱职能具有相关性和一致性，有利于提高在押服刑人员教育改造的质量，与建设社会主义和谐社会的要求相适应，是社会主义先进文化在监狱的具体体现。⑤此外，姚正芳、刘涛、胡香莲等学者也分别对服刑人员开展体育活动的必要性与可行性进行了研究。

第二，关于监狱体育活动开展现状的研究。杨寿在其硕士毕业论文中研究了云南省四所监狱在押服刑人员的体育锻炼现状，研究结果如下：体育对服刑人员有着重要作用；云南省监狱在押人员体育参与总体水平较低，体育参与群体的年龄分布以30~40岁的中青年为主，体育参与群体与

---

① 李志雄，李年铁，刘晓辉．最低伤害武力控制理念下的警察体育研究——以手铐上铐技术及遇抗徒手控制技能为例［J］．体育世界（学术版），2017（10）：83-84，78．
② 王若光．监狱体育研究［J］．体育文化导刊，2011（1）：32-36．
③ 庞岩．在监狱推广健身气功刍议［J］．搏击（体育论坛），2013，5（1）：85-87．
④ 漆亮．监狱体育：改造服刑人员的新模式［J］．吉林体育学院学报，2016，32（4）：41-45．
⑤ 马大慧，李文辉．文化体制改革背景下监狱体育文化研究［J］．体育科研，2012，33（3）：46-49．

受教育程度密切相关；制约云南省监狱在押人员参与体育锻炼的因素主要是在押人员对体育锻炼增进健康的意识比较薄弱，还包括体育参与者的体育观念、个人需求及社会环境条件等外在因素。[①] 李拓键调查了山东省监狱体育活动的开展，认为：监狱体育文化是监狱文化的重要组成部分，监狱体育的开展有助于服刑人员的教育改造，监狱体育活动具有区域局限性、参与主体的特殊性、活动项目的倾向性、安全的首要性等特点。监狱体育活动主要受运动项目单一、组织业余等影响，建议健全法治、统筹规划、加强对体育知识的普及。而山东省监狱系统体育活动的开展主要集中在"育新文化节"和"双节"期间，体育活动形式多样，内容丰富，此外在平常时间内也会举办阶段性体育活动。[②] 司映刚对宁夏监狱男子篮球运动队的训练与竞赛现状进行了研究，认为服刑人员对篮球运动的喜爱是积极的，且在监狱内参加篮球比赛会带来喜悦和快感，绝大部分服刑人员希望监狱多组织开展篮球比赛，并建议监狱应充分发挥篮球运动对罪犯矫正的积极作用，促进服刑人员的再社会化。[③] 此外，李东升、董丽霞、何明辉、甘志像等学者也分别从不同角度对服刑人员参与体育活动的现状进行了研究。

第三，体育活动对服刑人员积极作用的研究。亓圣华等人运用卡特尔16种人格因素量表对155名男性服刑人员进行了分组对照研究。研究结果表明，体育锻炼与服刑人员的6个人格因素之间存在显著正相关关系，进而推测出体育锻炼对男性服刑人员的人格因素有积极影响，对他们的改造具有积极意义。[④] 陈仁哲通过干预实验研究了体育运动对于服刑人员行为的矫正影响，发现体育运动对服刑人员身体素质、心理健康、人际关系的

[①] 杨寿. 云南省四所监狱在押服刑人员体育锻炼现状及分析 [D]. 昆明：云南师范大学，2008.
[②] 李拓键. 山东省监狱系统体育活动调查 [J]. 体育文化导刊，2013（11）：39-42.
[③] 司映刚. 宁夏监狱系统服刑人员男子篮球运动队训练现况与竞赛开展的研究 [D]. 南京：南京体育学院，2016.
[④] 亓圣华，张彤，李繁荣，等. 体育锻炼与男性服刑人员人格特征关系的研究 [J]. 北京体育大学学报，2006（11）：1488-1489.

改善以及良好的日常行为规范的养成有积极影响,并建议充分发挥体育运动对服刑人员矫正的积极作用,在狱内要将体育运动的开展常态化、全员化,监狱部门要整合社会资源并充分利用,做好服刑人员的矫正工作,更好地对服刑人员进行再社会化,保障社会的和谐稳定发展。① 李建民指出,对未成年犯进行体育教育既是落实科学发展观、以人为本的重要举措,又是贯彻执行"阳光体育运动""未成年人保护行动"的重要实践。把体育教育纳入未成年犯教育改造体系中,充分挖掘体育的教育功能,构建新时期未成年犯教育改造模式具有重要意义。② 邢云妹对福州市5所监狱的486名服刑人员进行体育锻炼基本信息问卷、体育活动等级量表和自我和谐量表的问卷调查,并对他们身体锻炼与自我和谐的关系进行单因素方差分析和相关分析,得出结论:服刑人员自我和谐的水平是不均衡的,但在自我和谐的总体水平上趋向和谐;所在不同监狱的服刑人员在自我和谐及自我的灵活性子维度上表现出显著差异,在身体锻炼量上也存在显著差异;在已服刑年限上,服刑人员自我和谐及自我与经验的不和谐、自我的刻板性、自我的灵活性三个子维度上和身体锻炼量不存在差异,影响不是很大;在监狱中所从事的职业对服刑人员在自我和谐和自我与经验的不和谐子维度上存在高度显著差异,且在自我刻板性子维度上存在显著差异。在自我的灵活性子维度和身体锻炼量上不存在显著差异;对于来自不同居住地的服刑人员在自我和谐总体上存在高度显著差异;不同学历程度上的服刑人员在自我和谐程度上呈现出高度显著差异。③

(二)国内研究小结

总的来说,国内关于体育改造服刑人员的研究始于21世纪。从已有的研究结论来看,体育活动对于服刑人员的积极影响得到了学者的肯定,这一点与本书的出发点一致。目前,国内对于体育改造服刑人员的研究主

---

① 陈仁哲. 体育运动对罪犯行为矫正影响的实验研究 [D]. 武汉:武汉体育学院,2012.
② 李建民. 对未成年犯进行体育教育的社会学思考 [J]. 潍坊学院学报,2008,8 (4):135-136.
③ 邢云妹. 服刑人员身体锻炼与自我和谐关系的研究 [D]. 福州:福建师范大学,2009.

要存在两点问题：第一，研究不够深入系统。经统计，关于监狱体育活动的研究仅有 50 余项，还没有形成一定的研究团队和研究基础。此外，高质量的研究成果太少（CSSCI 来源期刊检索，含扩展版，仅有 6 篇），说明研究的深度不够。在此前提下，很难在已有的研究成果中获得较多的理论与实践经验。第二，目前国内对于体育改造服刑人员的研究，在研究视角上过于突出国家视角，而没有重视监狱体育活动本身的生态逻辑。在研究方法上，国内研究过于强调客位研究，忽略了主位研究，这就使体育改造服刑人员的真实面貌难以被社会各界认知和了解。基于此，本书提出了当前的研究思路，即首先通过质化研究方法，对监狱体育活动有一个较为全面的认识，然后再通过量化方法对体育改造服刑人员相关问题进行研究。

三、国外有关体育改造服刑人员的研究

本书的英文数据处理是基于 Citespace 软件进行可视化分析。Citespace 是一款科学文献数据挖掘和可视化分析的工具，通过一系列可视化图谱的绘制来形成对学科演化潜在动力机制的分析和学科发展前沿的探测。具体步骤为：第一，将 WOS 中检索得到文献数据以纯文本格式导出并导入 Citespace，Years Per Slice（时间切片）为 1 年，阈值选择 TOPN 为 50，即从每年中选择被引率最高的前 50 的文章构建被引网络；在功能选择区和参数区域中依次选择 Country（国家）、Institutions（机构）、Author（作者）、Keyword（关键词）等作为节点，其他选项均选择默认状态，汇总各年的被引网络进行分析。第二，选择聚类分析、时区聚类等操作，配套相应阈值并绘制出共现网络、时间线、时区共现等可视化图谱，以直观展示国外体育改造服刑人员领域的研究动态、热点和发展趋势。

（一）基本情况分析

1. 年发文量分析

以时间维度对 1998 年至 2019 年国外体育改造服刑人员的文献数量进

行统计，如图 2.1 所示。国外体育改造服刑人员相关文献年度平均发文量为 7.42 篇，从 2013 年起，体育改造服刑人员引起较多学者的关注，发文量快速增长。

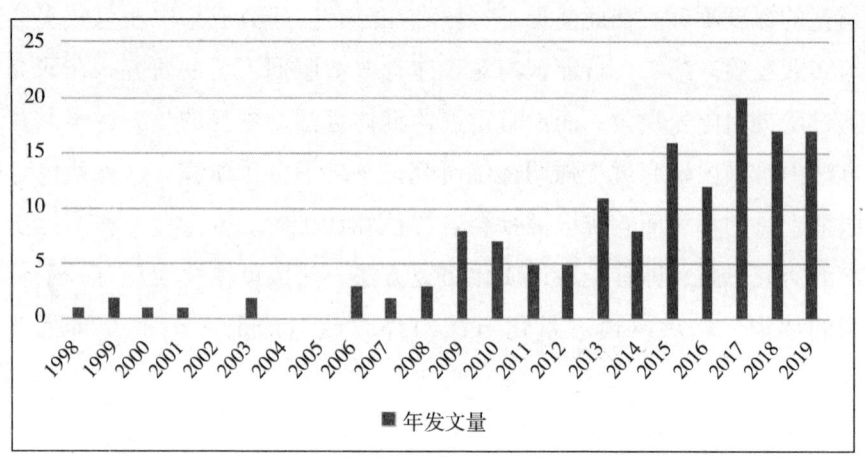

图 2.1　国外体育改造服刑人员主题文献年发文量图

2. 核心作者群分析

作者的分布状况可以在一定程度上体现该领域的科学研究情况。通过学习核心作者的研究成果，可以较为准确地把握该领域研究的广度与深度。本书采用普赖斯定律筛选确定核心作者。首先，通过梳理检索得出的文献，得出第一作者发文最多为 7 篇（表 2-1）。按照普赖斯定律提出的计算公式进行统计：

$$Mp = \sqrt{Npmax} = 0.749 * \sqrt{7} = 1.98$$

按照取整的原则，选择发表 2 篇及以上文献的作者作为核心作者，共计 47 人。

其次，梳理作者发文被引频次，得出累计最高为 148 次，依据普赖斯定律进行计算：

$$Mc = \sqrt{Ncmax} = 0.749 * \sqrt{148} = 9.11$$

按照取整的原则选择发文累计被引频次为 10 次及以上的作者作为核心作者。

将同时符合发文量≥2篇，文献被引频次≥10篇这两个标准的作者进行筛查，最终确定体育改造服刑人员研究领域的核心作者为32位。

表2-1 国外体育改造服刑人员研究核心作者统计表

序号	作者	发文量	序号	作者	发文量
1	Martos-Garcia D	7	6	De Donderl	3
2	Devis-Devis J	6	7	Elger B S	3
3	Butler T	4	8	Kinner S A	3
4	Brosens D	4	9	Norman M	3
5	Sparkes Andrew C	3			

3. 作者国家分析

将文献作者国家进行统计，梳理排名前十的国家，制成表2-2。由表2-2可知，排名前三的国家分别为美国、澳大利亚、西班牙，这三个国家是研究体育改造服刑人员的主力，共发文68篇，占总发文量的48.2%。其中，美国发文量最多，共计30篇。美国在体育改造服刑人员研究上发展较为平稳，且刊发的文献质量普遍较高，总被引频次为346次，平均被引频次为11.53次/篇。澳大利亚发文量与西班牙并列第二，发文量为19篇。

表2-2 国外体育改造服刑人员研究的国家共现频数

排名	国家	频数	排名	国家	频数
1	美国	30	6	意大利	7
2	澳大利亚	19	7	法国	6
2	西班牙	19	8	比利时	5
4	英国	18	8	瑞典	5
5	加拿大	9	10	墨西哥	4

4. 作者机构分析

关于体育改造服刑人员研究的外文文献中，发文量第1名的机构是西班牙的瓦伦西亚大学（University of Valencia），发文量为7篇，第2~10名见表2-3。

表2-3 国外体育改造服刑人员研究的机构发文量统计

排名	机构	发文量	被引频次
1	瓦伦西亚大学	7	62
2	新南威尔士大学	6	71
3	加利福尼亚大学	5	36
4	昆士兰大学	5	25
5	科廷大学	4	8
6	格里菲斯大学	4	4
7	莫利塞大学	4	58
8	多伦多大学	4	57
9	弗里耶大学	4	6
10	埃克塞特大学	3	32

对国外体育改造服刑人员研究机构合作交流情况进行分析，在Citespace选择功能区对参数进行设置，节点设置为Institutions（机构），得出研究机构联系共现图。如图2.2所示，每个节点代表不同的研究机构，节点处的连线表示该机构被引程度，通过字体大小凸显该研究领域的重点机构。

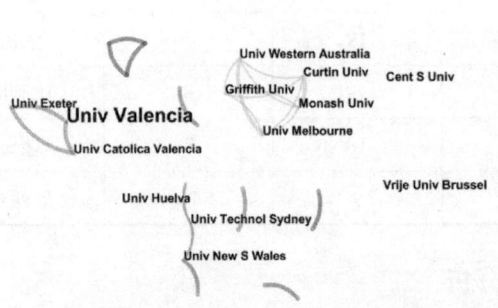

图2.2 国外体育改造服刑人员研究机构合作共现图

由图2.2可知，除了西班牙瓦伦西亚大学与瓦伦西亚天主教大学、英国埃克塞特大学之间存在较为紧密的合作关系之外，其他机构合作程度较弱或者没有。从机构间的连线可以看出，跨国间的机构联系并不紧密。

5. 发文期刊分析

141篇来源文献分布在121种期刊上。其中，国外体育改造服刑人员研究发文最多的期刊为国际环境研究与公共卫生杂志（*International Journal of Environmental Research and Public Health*），发布4篇；载文量为3篇的期刊有4个，分别为国际法律与精神病学杂志（*International Journal of Law and Psychiatry*）、国际体育史杂志（*International Journal of the History of Sport*）、刑事司法杂志（*Journal of Criminal Justice*）、体育与社会问题杂志（*Journal of Sport and Social Issues*）。此外，载文量为2篇的期刊共有9个，剩下的期刊均为1篇。

在这121种期刊中有15种期刊为体育类期刊，15种期刊的总载文量为18篇，占总载文量的12.8%，总引用频次为104篇次，占总引用频次的8%，这表明体育改造服刑人员领域文献发布的期刊分布广泛，体育类期刊在这领域的载文量以及影响力也还没有形成。

6. 引用情况分析

141篇来源文献中总被引频次为1302篇次，被引频次在20次以上的文献共有23篇，总被引用频次873篇次，占被引总次数的67.1%。被引频次前10名的文章主要涉及服刑人员心理健康、体育康复、监狱日常活动、服刑人员锻炼的益处等方面的研究。将文献被引情况按年份绘制成图2.3。通过图2.3的折线图可以看出，文献的被引频次逐年增加，说明国外学者在体育改造服刑人员领域的研究水平逐年增强。受发文量的限制，1998年至2005年研究水平增长速度较慢；从2007年开始，国外体育改造服刑人员领域的研究才开始缓慢发展，随着年度发文量的增加，年度总被引频次也相应增加，2018年被引频次达到最大，共计251篇次，平均每篇被引频次14.8次。

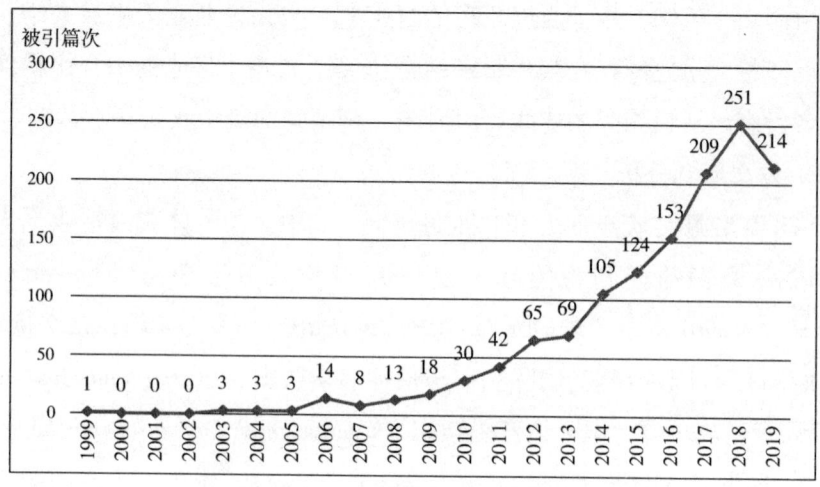

图 2.3　外文文献年度被引篇次统计图

(二) 研究主题分析

1. 关键词分析

关键词能够准确地反映出一篇学术论文的研究方向、研究内容及研究对象,能够较为准确地反映出该论文的研究主题。运用 Citespace 软件对检索到的文献进行关键词共现分析,同时运用 Citespace 中时间线 (Time Line) 和时间域 (Time Zone) 视图方式,对关键词聚类进行可视化分析,以更加直观地显示国外体育改造服刑人员的研究轨迹及发展趋势。

国外体育改造服刑人员研究的突出热点主要出现在早期,在 1998 年至 2005 年研究较少,主要侧重于 physical activity (体育活动)、exercise (锻炼)、sport (运动)、risk factor (危险因素)。2006 年至 2011 年研究开始增多,主要侧重于对 women (女性)、mental health (心理健康)、health (健康)、mental disorder (精神障碍)、disease (疾病) 等,随后研究开始关注 young offender (青少年罪犯)、stress (压力)、gender (性别)、behavior (行为)、education (教育)。有关 psychological distress (心理困扰)、male young offenders experience (男性青少年罪犯经历)、race group difference (种族群体差异) 的研究持续时间最长。当前国外体育改造服刑人员研究,主要关注监狱体育活动 (physical activity)、心理健康 (mental health)、健康促进（health promotion）等，且国外相对于男性囚犯、老年囚犯来说，对女性囚犯的关注度更高。服刑人员重返社会可能引发一系列的社会问题，包括社会康复、社会教育、受到社会支持或者排斥，这可能会成为未来的研究趋势。

2. 摘要分析

对检索所得文献的摘要进行梳理，按研究方式分为监狱体育活动开展现状研究、监狱体育活动开展影响因素研究、体育改造服刑人员功能研究三类，分别对这三类进行整合、比较，梳理国外体育改造服刑人员领域的研究成果。

（1）监狱体育活动开展现状研究

Rosie Meek. 的著作 *Sport in Prison*：*Exploring the Role of Physical Activity in Correctional Settings*[1] 是较为系统的监狱体育研究成果，共分为十四章，前两章是关于监狱体育的一些概念化介绍，第三至六章根据监狱内不同的人群对监狱体育活动的开展情况做了介绍，第七至十三章介绍了监狱体育活动的功能，最后一章进行了总结和展望。对于监狱体育活动的开展现状，Meek 认为目前的开展能够基本满足服刑人员的需要，但是对于满足他们的改造需要还存在一定差距。

Andrew Parker 等学者对英格兰南部的一个小规模的青少年监狱机构进行了研究。通过大量的深入访谈对监狱内的青少年服刑人员参与体育运动的动机以及他们对待体育运动的态度有了深刻的了解，并指出，如果监狱管理者们支持体育运动并制订了合理的计划，体育运动对于青少年服刑人员的心理康复将起到非常积极的作用。[2]

（2）监狱体育活动开展影响因素研究

D. Brosens 等学者探讨了影响服刑人员参与体育活动之障碍及其预测

---

[1] MEEK R. Sport in Prison：Exploring the Role of Physical Activity in Correctional Settings [M]．Chicago：Fox Business，2013．

[2] PARKER A，MEEK R，LEWIS G，et al. Sport in a youth prison：male young offenders'experiences of a sporting intervention [J]．Journal of Youth Studies，2014，17（3）：381-396．

因素。研究结果表明，囚犯对其他活动（如工作、探访）有强烈的偏好，并在体育活动方面遇到体制障碍。研究结果显示，年龄和服务时间对不同类型障碍的体验有影响。因此，研究监狱内进行何种体育活动是非常有必要的。①

Vila 等学者开展了体育活动的监狱囚犯的满意度调查问卷。结果显示，体育活动显示出足够的属性可以被认为是一个有效、可靠的工具，可以用来研究和分析囚犯对真正的体育项目的满意程度。②

Jerome Frigout 等学者分析了空手道的攻击性行为的侵略性，最后表明空手道作为一项体育活动在监狱中占有一席之地，但是对服刑人员的康复成效不大。除此之外，足球、篮球这些体育项目，学者研究分析认为都可以列入监狱体育项目，但是要充分考虑体育活动开展的影响因素，如时间、场地、设施、安全性等。③

Daniel Martos-Garcia 等学者在西班牙的一所高级戒备监狱 Varoic 做了一个为期两年的研究，研究主要探讨了体育活动对于监狱内服刑人员的多重意义，分别从运动设置、消磨时间、治疗优势、社会控制、性别区别、展现阳刚之气几个主题进行了研究探讨，研究中对大量服刑人员进行了访谈，将服刑人员对于体育活动的最真实的想法以对话的形式展现了出来。研究得出结论：第一，适当的体育活动可以改变男性服刑人员的思想和身体，还可以帮他们消磨时间；第二，在监狱内开展合理的体育活动可以减轻服刑人员的压力并减少情绪失控的情况；第三，在监狱内开展体育活动可以培养服刑人员良好的行为和遵守规则的意识，使监狱内的控制更加简

---

① BROSENS D, DONDER L D, DURY S, et al. Participation in Prison Activities：An Analysis of the Determinants of Participation [J]. European Journal on Criminal Policy and Research, 2016, 22 (4)：669-687.
② VILA G O, ABAD ROBLES M T, DURAN GONZALEZ L J, et al. Evaluation of a Sports Programme Aimed at Promoting Values in Spanish Prisons [J]. Revista Iberoamericana de Psicologia del Ejercicio Y El Deporte, 2019, 14 (1)：41-45.
③ FRIGOUT J, LAPORTE R, COLLARD L, et al. The practice of karate and the control of aggressiveness in prison [J]. Staps, 2016, 112 (2)：67.

单；第四，女性服刑人员参加体育活动也会得到很好的效果。①

Bernice S. Elger 对监狱内服刑人员的失眠症问题做了研究，并调查了体育运动与服刑人员患有失眠症的关系。调查结果显示：经常参加体育锻炼的服刑人员患失眠症的比例比较低，而经常进行慢跑和健身可有效减少失眠的发生。②

（3）体育改造服刑人员功能研究

Rosie Meek 和 Gwen Lewis 对 79 名年龄在 19~21 岁、参加了监狱内安排的体育运动的青少年服刑人员进行了研究，研究结果证实，参加体育运动的青少年服刑人员在狱内的思想和行为都有一定的改善。他们认为这个研究结果有助于确定体育对于青少年服刑人员的改造影响，并认为参与体育运动可以降低他们的重新犯罪率。他们提出建议，提出监狱应该利用体育运动来识别和满足青少年服刑人员的要求，以确保改造的质量，并且合理利用体育运动让青少年服刑人员完成从监狱羁押到重回社会的过渡。③

K. A. Ozano 探讨了体育运动在女性服刑人员改造中的作用，对 9 名每周至少参加 3 次体育运动的 21~40 岁的女性服刑人员进行了研究，并对收集的数据进行分析，最后得出结论：第一，经常参与体育运动能提高女性服刑人员的自信和自尊；第二，体育运动经常被女性服刑人员当作一种释放攻击性和焦虑的应对机制；第三，经常参与体育运动的女性服刑人员会主动学习有关运动的专业技能知识，有的服刑人员甚至会在刑满释放后选择以体育运动为生。④

R. A. Johnson 等学者通过为期三个月的实验研究，利用女囚犯身体质

---

① MARTOS-GARCIA D, DEVIS-DEVIS J, SPARKES A C. Sport and physical activity in a high security Spanish prison: An ethnographic study of multiple meanings [J]. Sport, Education and Society, 2009, 14 (1): 77-96.

② ELGER B S. Prison life: Television, sports, work, stress and insomnia in a remand prison [J]. International Journal of Law and Psychiatry, 2009 (32): 74-83.

③ MEEK R, LEWIS G. The Impact of a Sports Initiative for Young Men in Prison Staff and Participant Perspectives [J]. Journal of Sport & Social Issues, 2014, 38 (2): 95-123.

④ OZANO K A. The role of physical education, sport and exercise in a female prison [D]. Cheshire: University of Chester, 2008.

量指数（BMI）的前后变化得出体育锻炼和饮食干预是降低女囚犯 BMI 和提高身体素质的有效方法。①

F. Perez-Moreno 等学者利用心肺和阻力项目对心肺功能产生的影响进行研究，结果两组具有显著性差异（$P<0.05$），得出有监督的运动可以提高身体素质，且认为这种干预可以适用于西方社会的监狱。②

Sfendla Anis 等学者将瑜伽作为一种有效的囚犯康复方法，研究其对囚犯心理健康状况的影响，通过划分对照组进行为期 10 周的实验，得出结论：瑜伽作为一种体育锻炼形式，对降低服刑人员的心理压力水平有显著效果，对丧失自主性的可疑、恐惧的思维、记忆问题、决策困难、注意力不集中、强迫性思维、身体功能障碍等症状有特异性影响。③

Nora Kerekes 等学者对监狱 111 名男囚犯进行为期 10 周的瑜伽干预试验，研究瑜伽练习对囚犯行为的积极影响是否可以扩展到最终改变他们的人格特征。最终通过实验得出结论：囚犯在监狱内进行瑜伽训练能够提高囚犯的性格成熟度、承担责任的能力，同时也会减少攻击性反社会行为。④

David Woods 等学者探讨了体育干预对监狱人口心理健康的影响，即积极的情感体验和健康的心理功能与自我实现，并得出监狱内的体育干预措施可能会使囚犯的心理健康得到最大程度的好处。⑤

---

① JOHNSON R A；MILNER K A；HENG C, et al. Implementation and Evaluation of a Physical Activity and Dietary Program in Federal Incarcerated Females［J］. Journal of Correctional Health Care, 2018, 24（4）：395-406.

② PEREZ-MORENO F, CAMARA-SANCHEZ M, TREMBLAY J F. Benefits of exercise training in Spanish prison inmates［J］. International Journal of Sports Medicine, 2017, 28（12）：1046-1052.

③ ANIS S, PETTER M, SARA T, et al. Kerekes Nora. Yoga Practice Reduces the Psychological Distress Levels of Prison Inmates［J］. Frontiers in Psychiatry, 2018（9）：407.

④ KEREKES N, BRANDSTROM S, NILSSON T. Imprisoning Yoga：Yoga Practice May Increase the Character Maturity of Male Prison Inmates［J］. Frontiers in Psychiatry, 2019（10）：406.

⑤ WOODS D, HASSAN D, BRESLIN G. Positive collateral damage or purposeful design：How sport-based interventions impact the psychological well-being of people in prison［J］. Mental Health and Physical Activity, 2017（13）：152-162.

Alice Mannocci 等学者通过对 8 所监狱的服刑人员进行问卷调查来评估囚犯的生活质量，以心理、身体的状况作为评估指标。研究发现，监狱内的体育锻炼并不能有效地提高生活质量水平，但是囚犯生活质量的生理和心理因素都与高水平的体育活动有关。①

3. 高频引用文献主要核心观点

除了以上对体育改造服刑人员领域的研究的分析之外，通过对高频引用的文献的核心观念进行总结，能够更加有效地了解国外体育改造服刑人员现阶段的发展现状。

T. Butler 等学者对所收录监狱数据以及社区数据进行年龄、性别和受教育程度的逻辑回归分析，得出囚犯除了身体健康之外，心理功能和残疾评分比社区差，对产生这种现象的原因还需要进一步调查。②

J. P. Andrews 等学者通过定性研究方法进行分析，支持使用那些不强调规则和胜利的体育活动，并强调应先择合适的参与者，根据个人需要定制活动并予以积极反馈。运动显然在青年康复中起着重要作用。但是，应该有选择地使用它，因为不适当的活动和方案可能会对参与者产生不利影响。③

Elger 从失眠入手，调查了监狱内失眠和非失眠囚犯的日常状态，认为应定期向失眠囚犯提供更多的机会在监狱里进行体育锻炼，以及适当提供医疗问题和心理支持来帮助其解决失眠问题。④

C. Cooper 通过原有的研究确定少年还押犯、少年被判刑犯和无期徒刑

---

① MANNOCCI A, MIPATRINI D, D'EGIDIO V. Health related quality of life and physical activity in prison: a multicenter observational study in Italy [J]. European Journal of Public Health, 2018, 28 (3): 570-576.
② BUTLER T, ANDREWS G, ALLNUTT S. Mental disorders in Australian prisoners: a comparison with a community sample [J]. Australian and New Zealand Journal of Psychiatry, 2006, 40 (3): 272-276.
③ ANDREWS J P, ANDREWS G J. Life in a secure unit: the rehabilitation of young people through the use of sport [J]. Social Science & Medicine, 2003, 56 (3): 531-550.
④ ELGER B S. Prison life: Television, sports, work, stress and insomnia in a remand prison [J]. International Journal of Law and Psychiatry, 2009, 32 (2): 74-83.

囚犯的自杀率较高，并在该研究中通过调查发现这些群体与心理健康水平偏低、不愿意参加运动、监狱外缺乏亲密朋友以及负罪感有关。[①]

Zubiaur-Gonzalez等学者通过在西班牙不同的监狱中心进行的ARCH研究，最终认定体育实践是罪犯再教育和社会康复的一种可行手段；通过美沙酮维持方案（PMM）实施了一项身体活动方案，研究发现，参加体育活动有益于囚犯戒除毒瘾和摆脱日常监禁的痛苦，他们开始吸收和实践基本的自我控制技能；体育活动为囚犯忍受被监禁的痛苦提供了巨大的帮助，并成为一种解决问题的手段。体育活动在降低囚犯的焦虑程度方面是有效的；与其他治疗活动一样，体育活动是教育实践的一部分，教育实践的正式目的是使囚犯重新融入社会。[②]

（三）国外研究小结

从发文量上来看，外文文献的发文量整体呈上升趋势，2013年以来增长趋势明显，但总规模并不大，仍处在初步发展阶段；从作者上来看，核心作者偏少，且合作并不密切，尚未形成规模的体育改造服刑人员核心作者群。

对关键词和摘要的分析反映出当前国外体育改造服刑人员研究的热点和重点，同时也反映出一些问题和不足。第一，目前虽然有大量的学者意识到了服刑人员参加体育活动的重要性，并做了大量相关体育改造服刑人员领域的研究，但体育改造服刑人员这个名词的出现频次甚少，相应的体育改造服刑人员的概念没有成型，关于体育改造服刑人员的现状研究不够深入。第二，体育改造服刑人员的影响因素研究还不够具体，缺乏将服刑人员视角和监狱管理视角相结合的研究范式，较为成熟可信的影响因素体系还未形成。第三，体育改造服刑人员的功能研究较多，但改造功能的研究不深入系统，并未将体育作为改造方式之一进行系统研究，缺乏机理的

[①] COOPER C, BERWICK S. Factors affecting psychological well-being of three groups of suicide-prone prisoners [J]. Current Psychology, 2001, 20 (2): 169-182.
[②] ZUBIAUR-GONZALEZ M, AGORA P L. Is it possible to consider sport an instrument of social integration of the Spanish inmates? [J]. Educacion Fisica Y El Deporte, 2017 (1).

深入探讨。

与国内研究相比,国外关于监狱体育的相关研究也存在着研究成果不多、研究深度不够的问题,但是国外研究要更为深入一些。在研究时间上,国外研究起步较早。在研究方法上,国外研究也更为丰富,不仅运用量化研究证实体育改造服刑人员的作用,还运用质化研究来研究监狱体育活动。然而,国外的具体情况和国内有着较为明显的差异。因此,在研究的过程中,本书在借鉴前人研究的同时,还考虑了研究的实际情况,并根据实际情况选择合适的研究思路和方法。

四、其他相关研究

(一) 服刑人员改造的理论

过往资料表明,新中国成立以后,老一辈国家领导人对于监狱和服刑人员的改造有较多的论述,后来经过总结,形成了毛泽东改造罪犯思想。这套理论对改造服刑人员的必要性、可能性、方法、规律以及监狱工作的方针、监狱的改造性质等方面进行了较为详细的描述,有着很高的指导意义和实践价值。然而,除了毛泽东提出的改造服刑人员思想外,国内学者提出的有关改造服刑人员的其他理论成果并不多,吴宗宪梳理了新中国成立后有关监狱工作和服刑人员改造的理论,总结出以下几个规律:第一,大量的服刑人员改造理论文章和书籍,都把研究重点放在阐述和发挥毛泽东改造罪犯思想方面;第二,很多的理论文章和书籍把总结和阐明监狱管理和服刑人员改造的实际工作当作主要任务;第三,大多数理论探讨以官方说法绝对正确为前提,具有批判精神的理论探讨不多;第四,有的论著提出了一些独特的、新颖的观点或者假设,但是,都没有形成一种包括概念体系、原理和观点的完整的服刑人员改造理论。[①]

(二) 服刑人员权利的概念和内容

在对服刑人员权利的概念进行考究之前,首先要了解什么是权利。学

---

① 吴宗宪. 罪犯改造论——罪犯改造的犯因性差异理论初探 [D]. 北京:中国政法大学,2006.

界对"权利"的含义可谓见仁见智。王叔文、李步云、徐炳认为"权利是国家用法律明确规定并用国家的力量保障公民享受的某种利益"[1]。谢晖明确指出:"所谓权利,是主体自由的普遍实现受到困扰时,对自由需求的法律界定。"[2] 张文显教授提出:"权利的概念并不是单一的,而是需要在法律关系、法律规范、权利和义务的价值、权利主体和权利之间的关系上进行揭示,这种揭示却又是必不可少的。"[3] 结合有关权利的表述,我们可以从宪法、监狱法等相关法律中找到有关服刑人员权利的规定。服刑人员被限制并且剥夺了部分权利,但是除此以外其他权利仍然享有。因此,对于服刑人员权利的概念要从这些方面进行界定。徐玲在其硕士毕业论文中提道:"所谓服刑人员权利,是指在人权原则下,服刑人员依据法律规定而享有的或者司法行政机关依法根据教育改造的需要而授予的,以相对自由的方式作为或不作为、要求他人作为或者不作为而获得一定利益的总称。"[4] 李法启认为:"所谓服刑人员权利,我认为是指在一定历史发展阶段和社会环境下,作为受到刑罚处罚的服刑人员,所享有的未被法律剥夺的权利,其中包含法定权利和应有权利。"[5]

衡量一个国家人权保障体系、健康程度最直观的标准就是对其社会弱势群体的保障样态,而服刑人员无疑是一个国家的社会弱势群体,因此,对服刑人员权利的保障不仅可以体现出国家人权保障的水平,还能看出国家的人道主义文明程度。李伟和顾宏翔认为,中国监狱里的服刑人员主要享有以下几种权利:①人身权与财产权;②社会、经济、文化权利;③政治权利及宗教信仰;④婚姻家庭权利;⑤法律救济权利;⑥服刑人员享有的特殊权利。[6] 有些学者将服刑人员的权利根据现实存在的情况分为服刑

---

[1] 王叔文,李步云,徐炳. 论健全社会主义法制 [J]. 法学研究, 1982 (5): 1-8.
[2] 谢晖. 论作为人权的习惯权利 [J]. 法学评论, 2016, 34 (4): 10-25.
[3] 张文显. 新时代的人权法理 [J]. 人权, 2019 (3): 12-27.
[4] 徐玲. 罪犯权利保障研究 [D]. 南宁: 广西民族大学, 2011.
[5] 李法启. 我国监狱罪犯权利保障问题研究 [D]. 合肥: 安徽大学, 2010.
[6] 李伟,顾宏翔. 罪犯服刑效果评估与预防犯罪 [J]. 江苏警官学院学报, 2016, 31 (1): 57-60.

人员的应有权利、法定权利和实有权利,而目前我国服刑人员的实有权利和应有权利、法定权利之间存在一定的差距。赵运恒认为:"在服刑人员的全部权利中,除大部分来源于一般公民所普遍享有的人权和公民权之外,还有一部分是服刑人员因其特殊身份才享有的权利";"服刑人员权利主要由以下三类构成:作为人的服刑人员所享有的人权、作为公民的服刑人员所享有的公民权以及基于矫正的需要所授予服刑人员的权利"[①]。杨征军认为服刑人员的权利主要由两部分构成,一是作为服刑人员享有的特有权利,二是作为公民应享有的未被法律剥夺的权利。特有权利主要指刑法和监狱法所规定的针对服刑人员的权利;未被法律剥夺的权利主要指宪法等法律规定的我国公民依法享有的,且服刑人员未被剥夺或限制的权利。[②]

(三)服刑人员权利中的体育

在现代监狱的管理体系中,文体、娱乐活动在服刑人员监狱生活中所占有的位置越来越重,因此各国的立法都非常重视这项权利。《奥林匹克宪章》中提道:"运动是与生俱来的人权。每个人应有机会参与运动,并在经由没有任何形式歧视,及注重友谊、团结与公平竞争为基础的奥林匹克精神共识下从事运动。"因此每个人都有根据自己的需要参加体育活动的权利,服刑人员也不例外。在目前我国有关服刑人员权利的研究中,并没有专门针对服刑人员体育权利的研究,产生这种情况的原因主要有两个:一方面是因为我国对于服刑人员权利的研究开展比较晚,另一方面是因为服刑人员是常被人忽略的体育群体。在已有的研究中提到服刑人员体育权利的,也仅仅是一带而过,目前大多数学者把服刑人员的体育权利归类到服刑人员的社会、经济、文化权利中去。李伟认为服刑人员享有从事文体娱乐活动的权利,认为"这项权利是保证服刑人员身心健康,培养健全人格所不可缺少的,也是服刑人员发展权的一项内容"[③]。杨帆认为:

[①] 赵运恒. 罪犯权利本源探析[J]. 法律科学(西北政法学院学报), 2000 (5): 59-67.
[②] 杨征军. 罪犯权利新探[J]. 北京市政法管理干部学院学报, 2002 (4): 21-24.
[③] 李伟. 罪犯权利保护现状及其发展趋势[J]. 山西省政法管理干部学院学报, 2008 (1): 22-25.

"理论上对于文体娱乐活动的美育、心理矫正功能研究还存在很大的一个缺口,一些教科书也主要是对政策和原则进行诠释,缺乏实质性的深入的研究。"① 笔者认为,在理论研究中,需要进一步阐明体育活动对于服刑人员人格改造的重大作用,同时在实践中加大对服刑人员体育活动的投入,这样才能保障服刑人员体育权利的实现。

(四)体育权利的法律依据

1946年,世界卫生组织提出:健康是每一个人最基本的人权,不论人们的种族、宗教、政治、经济或社会地位如何,实现每一个民族的健康目标是赢得全世界和平与安全的最基本保证。1978年颁布的《体育运动国际宪章》提出"参加体育运动是所有人的一项基本权利",这说明体育权利已经成为一项国际上普遍认可的基本人权。《中华人民共和国宪法》(以下简称宪法)第二十一条规定:国家发展体育事业,开展群众性的体育活动,增强人民体质。虽然没有明确表达出公民具有享有体育的权利,但是张志伟认为,根据国家义务来源于公民权利的原理,国家增强人民体质的义务和责任的唯一目的是实现公民的体育权利,认为我国公民的体育权利属于宪法上未明确列举的公民权利。1995年,《中华人民共和国体育法》(以下简称体育法)颁布实施,这是对公民体育权利保障的最直接法律依据。其中第1条规定:"为了发展体育事业,增强人民体质,提高体育运动水平,促进社会主义物质文明和精神文明建设,根据宪法,制定本法。"这实际上表明了体育法的立法宗旨。我们可以认为,体育法是依据宪法而制定的,是保护公民体育权利的最直接的法律保障。②

(五)弱势群体的体育权利

所谓弱势群体,是指在生活物质条件方面、权力和权利方面、社会声望方面、竞争能力方面以及发展机会方面处于弱势地位的群体。弱势群体

---

① 杨帆,何雄伟.人权视角下的在押罪犯劳动权保障与实现[J].南京工业大学学报(社会科学版),2012,11(3):51-55.
② 张志伟.体育权利宪法属性的法理证成[J].天津体育学院学报,2013,28(5):392-395.

大体可分为社会性弱势群体和生理性弱势群体两大类,目前我国绝大多数学者都将服刑人员群体划分为社会性弱势群体。弱势群体已成为当今社会的主要问题,保护弱势群体的权利是社会不可推卸的责任。目前围绕弱势群体体育权利的保护,更多的则是在人群细分后做出研析,而针对服刑人员群体体育权利的研究还是空白状态。笔者认为,为保证服刑人员群体体育权利的切实享有,首先,应加大有关法规的执行力度,增强服刑人员群体维护自身体育权利的意识;其次,应颁布相应的方针政策以保障服刑人员群体享有体育权利;最后,应当要求在体育立法和体育实际生活中,权力必须服从且服务于权利,确立"权利本位"的理念,这是现代法治在保障体育发展中的客观要求。

五、国内外有关监狱体育的政策法规

(一)联合国关于监狱体育的规定

《联合国囚犯待遇最低限度标准规则》第21条:(1)凡是未受雇从事户外工作的囚犯,如气候许可,每天最少应有一小时在室外做适当体操;(2)青少年囚犯和其他在年龄和体力方面适宜的囚犯,在做体操的时候应获得体育和文娱训练,监所应为其提供场地、设施和设备。第78条:一切监所均应提供文娱活动,以利囚犯身心健康。

《联合国保护被剥夺自由少年规则》第47条:所内少年应有权每天做适当时间的自由活动,如天气允许,活动地点应为室外,活动期间通常应提供适当的娱乐或体能训练。应为这些活动提供适当的场地、设施和设备。每一少年每天均应另有闲暇活动时间,根据少年的要求,其中部分时间应用于帮助学习手工艺技能。拘留所应确保每一少年的体格能够参加向其提供的体育活动。应在医护人员指导下,向有需要的少年提供补救性的体育锻炼和理疗。

(二)我国有关监狱体育开展的政策法规

《中华人民共和国监狱法》第67条:监狱应当组织服刑人员开展适当

的体育活动和文化娱乐活动。

《司法部关于创建现代化文明监狱的标准和实施意见》5-1：健全教育改造机构，落实教育改造管理制度，保证教育改造经费。有固定的教学场所，必要的教育改造设备、电化教育设施和图书、阅览、活动室及运动场等文化、体育活动设施。5-5：开展多种形式的文化、文娱、体育活动，促进服刑人员积极改造。

《监狱教育改造工作规定》第7条：监狱应当设立教育改造场所，包括教室、谈话室、文体活动室、图书室、阅览室、电化教育室、心理咨询室等，并配备相应的设施。第32条：监狱应当组织服刑人员开展丰富多彩的文化、体育等活动，加强监区文化建设，创造有益于服刑人员身心健康和发展的改造环境。第34条：监狱应当根据自身情况，成立多种形式的文艺表演队、体育运动队等，组织服刑人员开展文艺、体育活动。

《教育改造服刑人员纲要》第21条：要广泛开展丰富多彩的文化、体育活动，定期举行文艺演出、体育比赛，组织服刑人员学习音乐、美术、书法等，丰富服刑人员文化生活，陶冶服刑人员情操，使服刑人员在文明、人道，有利于身心健康，有利于矫治恶习，有利于重返社会的氛围中得到改造。监狱应当依照规定设立教室、谈话室、文体活动室、图书室、阅览室、电化教育室、心理咨询室等教育改造场所，同时配备相应的设施。

（三）国外有关监狱体育开展的政策法规[①]

《欧洲监狱规则》中，将服刑人员的体育、锻炼、运动和娱乐作为服刑人员的待遇，并对其做出专门规定。第83条：监狱当局应当认识到适当组织活动对身体和心理健康的重要性，保证身体健康、适度锻炼和娱乐机会。第84条：应当在待遇和培训制度的框架和目标内，安排一个关于

[①] 本部分内容主要参考：中华人民共和国司法部. 外国监狱法规汇编 [M]. 北京：社会科学文献出版社，1988.

体育、运动和其他娱乐活动的有适当结构的计划。为了这个目的，应当提供场地、设施和器材。第 85 条：监狱管理部门应当保证让身体适合的服刑人员参加这些计划。应当在医生的指导下做出特别的安排，对那些有需要的犯人提供矫正性体育（remedial physical education）和治疗。第 86 条：每个既没有参加户外劳动，也没有被安置在开放式机构中的犯人，如果天气允许的话，每天应当在户外进行至少一个小时的散步或者适宜的锻炼。应当尽可能地提供可以躲避恶劣天气的设施。

《德意志联邦共和国刑罚执行法》第 67 条：犯人可自由安排其工余时间的活动。可参加包括体育在内的课程，参加函授、训练班和其他深造活动，参加工余小组、小组谈话以及体育活动。

《德意志民主共和国监禁刑罚执行法》第 47 条，室外活动：（1）每天应至少保证犯人有一小时的室外活动时间；（2）应根据犯人的年龄和健康状况安排室外活动及体育锻炼。在室外活动时间，允许犯人在指定的范围散步，与其他犯人交谈。

《阿尔及利亚民主人民共和国监狱组织和改造法》第 78 条：组织文化、教育和体育活动，以及采取一切有利于对已决犯进行改造的措施。

《西班牙监狱组织法》第 24 条规定：规定和鼓励犯人参加教育、文体等活动。

《阿根廷共和国国家监所法》第 85 条：应利用空闲时间组织适合各监所被监禁者需要的，有教育意义的娱乐活动。娱乐活动包括有益健康的体育活动，最好是以班组的形式进行。

《英国监狱法规汇编》第 517 条：根据服刑人员的行为和劳动表现，可以得到在晚上集体观看体育比赛的奖励。第 1157 条：如果天气允许，每天必须给予未从事室外劳动的，或未监禁在开放监狱的因犯至少一小时的室外活动时间，也可给予室内体育锻炼的时间；由狱医决定适合于每个因犯的活动及体育锻炼项目，也可以因医疗的原因免除因犯的体育锻炼，或改变其运动的项目。

《意大利共和国监狱法》第 10 条：在可能情况下，放风时开展体育活动。第 15 条：受刑人和被收容人的待遇以开展教育、劳动、宗教、文化、娱乐、体育活动为主。第 27 条：应当鼓励和组织在监狱内开展文化、体育和娱乐活动以及有助于表现囚犯和被收容人人格的其他活动。

《意大利共和国监狱法执行细则》第 16 条：放风时间可以用来开展体育、文化和娱乐活动。第 56 条：制订文化、娱乐和体育活动的计划要注意照顾不同的表现能力。体育活动计划尤其以青年为对象，应鼓励主管体育活动的全国机构和地方机构协助开展体育活动。除此之外，那些在体育活动中表现积极的服刑人员，甚至能得到减刑的奖励。

《日本监狱法》第 38 条：为保持在监者的身体健康，应进行必要的运动。《日本监狱法施行规则》第 106 条：除雨天外，在监者应每日在户外运动 30 分钟。

《巴基斯坦监狱管理细则》第 256 条：在仅有上等阶层犯人的情况下，可允许犯人早晚散步半小时或进行其他体育活动。如监狱条件允许，经典狱长批准，可进行室外运动，如排球、网球和羽毛球，每种活动的开办费用应由政府支付；室内活动如打扑克、台球或国际象棋亦应允许，但费用自付。第 299 条：1. 应为所有同狱犯人（指青少年犯）提供体育锻炼、体操、室内外比赛和游泳的机会；2. 监狱应提供宽敞的运动场地。

《缅甸监狱监督和管理细则》第 627 条：少年犯每天应保证一小时的操练或体育锻炼。

《保加利亚人民共和国惩治执行法》第 66 条：对被剥夺自由者的思想教育工作通过个别教育、政治教育、劳动竞赛和群众性的文化体育活动等方式进行。

《惩治执行法实施细则》（保加利亚）第 76 条：为了举行业余文艺活动和体育比赛的观摩，还可吸收监外的专业人员参加。第 91 条：小队理事会应附设下列分部，群众生产部、群众文化部、生活卫生部、体育运动部等。第 151 条：集体理事会附设下列分部，专业技术培训部、群众文化部、内部规章制度部、体育运动部、图书部、医疗保健部等。

《剥夺自由刑临时执行条例》（波兰）第 7 条：根据从轻管束规则，被判刑人享有以下权利，参加教养所内部组织的文化教育和体育活动，参与的范围比受普通管束的人广泛。在劳动中心服役的人，经所长允许，可以参加在中心之外举行的文化教育和体育活动。第 18 条，对未成年人服刑人员进行较广泛的职业教育、文化和体育教育。

《荷兰共和国刑事监禁法》第 36 条：应当让犯人在室外从事体育活动，每天不得少于一小时。

《挪威监狱法》第 22 条：参加室内劳动的囚犯，允许每天在户外活动一个多小时，星期六和星期天可以在狱外活动更长的时间；如有合适的体育器械，应允许囚犯进行身体锻炼和参加体育活动。

《法国刑事诉讼法典》第 95 条：犯人可以集体劳动、进行体育锻炼。第 360 条：各监狱内部监规应具体规定犯人进行体育活动的时间，特别是对不经常在外劳作的犯人，更应为其安排活动时间。第 361 条：除医生建议免除户外散步外，任何犯人每天都应到院内散步，散步时间至少为一小时。第 362 条：所有有条件组织体育训练和体育活动的监狱，都应组织这些活动。第 363 条：每个犯人均可请求参加体育训练和活动。

六、研究现状小结

综观国内外相关文献可以看出，无论是在国外还是在国内，都已经有部分学者关注到监狱体育活动的现状、作用，并进行了一定的研究，研究内容逐渐丰富，研究方式和研究方法也逐渐多样。但是，现有研究依然存在一定的问题和不足：

首先，目前虽然有大量的学者意识到了服刑人员进行体育活动的重要性，并做了大量相关监狱体育领域的研究，但监狱体育改造这个名词的出现频次甚少，监狱体育改造的相关概念没有成型，关于监狱体育活动的现状研究不够深入。

其次，监狱体育活动开展的影响因素研究还不够具体，缺乏将服刑人员视角和监狱管理视角相结合的研究范式，较为成熟可信的影响因素体系还未形成。

最后，监狱体育活动的功能研究较多，但改造功能的研究不深入不系统，并未将体育作为监狱改造方式之一进行系统研究，缺乏改造机理的深入探讨，体育的改造功能挖掘不足，监狱体育改造模式不清。

由此可知，目前的研究缺乏将体育作为监狱改造方式的系统性、全面性研究。而在全民健身、健康中国、体育强国等国家战略背景下，在社会各界对体育认可度和参与度快速增加的现实状况下，进一步挖掘体育育人功能，完善我国监狱服刑人员改造体系，开展监狱体育改造领域的研究，具有重要的理论和现实意义。基于此，本书将从我国监狱体育活动开展的历程和现状入手，通过质化和量化相结合的研究方式，对我国监狱体育改造服刑人员进行全面、系统剖析，厘清监狱体育活动开展的影响因素，深入探究监狱体育改造服刑人员的机理，构建监狱体育改造模式，以期推动我国监狱体育改造服刑人员工作的深入发展。

第二节　理论基础

一、马克思主义相关思想

（一）马克思主义相关思想概况

马克思主义运用历史唯物主义和辩证唯物主义观点科学地解释了教育的本质，为人类教育奠定了坚实的基础。其中，许多理论观点，如人本主义思想、人的发展理论、社会教育思想等，对服刑人员的教育改造，以及服刑人员体育改造，有着重要的启发和指导作用。

1. 人本主义思想

马克思主义在对人类社会进行全面科学分析的基础上，提出了人本主义思想，认为人是社会的主体，社会的最高目标应当是谋求人的自由、解放和发展,只有这样,才能推动社会向更高层次发展。① 由此可知,社会中规章制度的设计应当将人作为目的本身,同时,人也应该成为规章制度设计和运行时的主体,否则就违反了马克思主义人本思想的根本原则。服刑人员由于违反了法律,应当受到应有的惩罚,但其并未丧失人的主体身份。因此,在教育改造过程中,首先,应当尊重服刑人员的主体身份,让其具备一定的选择自由;其次,应兼顾服刑人员的主观诉求和需要,合理安排服刑人员教育改造的方式方法;最后,应保障和满足服刑人员的合法权益和合理需求,避免强制劳动改造中出现的侵犯人权现象,使服刑人员实现最大程度的再社会化。

2. 人的发展理论

在马克思唯物史观中提出的社会发展,不仅包含了社会的运动和变化过程,同时包含了人的全面发展。人的全面发展最根本是指人的智力和体力的统一、充分发展,同时包含了人的才能、智趣和道德品质等方面的发展,而教育和生产劳动的有机结合,则是培养人全面发展的唯一途径。可见,马克思主义人的发展理论和服刑人员的教育改造目标一致,对服刑人员的教育改造其实是促进服刑人员的全面发展。服刑人员大多存在不同程度的人格缺陷,如行事冲动、攻击性强、规则意识差等,这些缺陷体现出了服刑人员发展中的不全面性,致使他们很难适应社会生活。通过多方位的教育改造,弥补服刑人员的人格缺陷,促进服刑人员的全面发展,符合马克思主义人的发展理论的基本目标。

3. 社会教育思想

19世纪40年代,马克思在批评当时流行的教育思想时指出,国家应当是相互教育的人民的联合体,教育者和被教育者之间是自由的关系,在社会教育中,国家的作用体现在思想政治教育和社会生活教育两方面。其中,思想政治教育是使人民把个人的目的变成国家的普遍的目的,社会生活教育是使人民以集体的生活为乐事,集体以人民的信念为乐事。可见,

---

① 崔秋锁,付秀荣,丁立卿. 马克思人本思想研究[M]. 北京:人民出版社,2014:146-153.

马克思主义社会教育思想的目的是促进人的社会化，这与监狱的教育改造目的相一致。从社会学角度看，服刑人员违反法律是由于社会化的缺陷，或者说，其本质是自然属性的缺失导致的，而马克思主义社会教育思想的目的是弥补人自然属性的缺失，提高社会化程度，因此也可证实马克思主义社会教育和服刑人员的教育改造目的一致。

（二）马克思主义相关思想对本书的支撑

马克思主义是社会科学研究的指导思想，其历史唯物主义将一般科学的重复规律应用到社会关系上来，并发现了社会关系内在的联系和发展的规律性。同时，马克思辩证唯物主义认为认识来自实践，在实践中发展并指导实践，还将利用实践检验和验证认识的真理性。马克思人的发展理论的发展过程是从感性认识到理性认识，再由理性认识到能动地改造客观世界的辩证过程，人的发展是物质与精神、实践与认识之间的多次循环，而社会实践的无穷无尽决定了人的发展的永无止境。

马克思主义思想是体育人文社会学研究的重要理论支撑，如马克思的哲学理论、需要理论、美学理论等基本原理被广泛应用于体育科学研究之中。监狱体育活动是我国监狱发展的必要产物，因此，监狱体育的改造机理和改造模式研究必须借助马克思主义认识论和方法论正确看待相关理论与实践中的各种现实问题，利用正确的思维方法，选择合适的研究方法和恰当的研究范式。只有这样，才能正确处理监狱体育活动中不同利益主体权、责、利的关系，满足服刑人员多样化的体育需求。

在本书中，马克思主义相关理论对本书的支撑如下：在监狱体育改造模式总体要求的研究中，结合马克思主义相关思想和其研究成果，明确了监狱体育改造模式的指导思想和基本原则，制定了监狱体育改造模式的主要目标，为监狱体育改造模式做出了科学的顶层设计。

二、毛泽东改造罪犯思想

（一）毛泽东改造罪犯思想概况

新中国成立以来，毛泽东、周恩来、刘少奇等老一辈代国家领导人对我国监狱改造工作和服刑人员改造提出了较多的指导意见，国内部分学者将这些论述整理，提出了"毛泽东改造罪犯思想"这一名称。毛泽东改造罪犯思想对我国服刑人员改造的必要性、可行性、原则、方式方法等方面进行了较为全面的论述。

毛泽东认为，改造服刑人员是消灭反动阶级的重要策略，通过改造服刑人员消灭反动阶级，是"施仁政"的表现。1962年，毛泽东在中央工作扩大会议上指出，对反对阶级实行专政并不是把一切反动阶级分子消灭，而是通过改造他们的方式，用适当的方法使他们成为新人。① 由此可以看出，毛泽东等领导人认为，服刑人员的改造不仅是必要的，而且是可以利用适当的方法完成的，他曾在1965年的华东局会议上提出，"要坚决相信大多数是好的，95%以上的人是可以改造的"②。

毛泽东等领导人充分认识到服刑人员改造工作是一个艰巨且长期的工作，系统总结提出了我国监狱改造工作的基本原则：第一，从被迫改造到主动接受的原则。即让服刑人员认识到改造的必要性，从意识上主动接受改造。第二，多种改造方式相结合的原则。即惩罚与教育相结合、生产劳动改造和政治思想教育相结合、惩办与改造相结合等。第三，提供必要人道主义条件的原则。即通过创造必要的饮食、休息、生活等人道主义条件，感化服刑人员，从而促进其改造。第四提供帮助和规划出路的原则。即不仅依靠强制来改造服刑人员，同时还要对他们的生活、家庭予以关心，提供必要的帮助，帮助他们更好地回归社会。③

在改造的方式方法上，老一辈领导人提出了多种改造服刑人员的途径：第一，劳动改造。即让服刑人员在参加劳动并在劳动的过程中进行改造，周恩来曾指出，反革命分子经过劳动改造，可以变为劳动者，可以化

---

① 司法部劳改局．毛泽东等老一辈革命家论改造罪犯工作［M］．北京：法律出版社，1993：4.

② 司法部劳改局．毛泽东等老一辈革命家论改造罪犯工作［M］．北京：法律出版社，1993：6.

③ 司法部劳改局．毛泽东等老一辈革命家论改造罪犯工作［M］．北京：法律出版社，1993：10.

无用为有用。① 第二，教育改造。即通过多种形式的教育活动，促进服刑人员改造的方法。教育改造得到了毛泽东等领导人的重视，他们也提出了政治教育、文化教育、生产技能教育等多种教育改造服刑人员的方法。第三，社会监督改造。即将服刑人员放到社会中，由社会群众监督的改造方法。这种方法主要用于"可捉可不捉的坏人"，其主要目的就是依靠人民群众来监视少数坏人。②

（二）毛泽东改造罪犯思想对本书的支撑

毛泽东等老一辈国家领导人形成的毛泽东改造服刑人员思想是我国最为系统完整的一套服刑人员改造思想，包含了很多科学的内涵，他们的思想对于指导新中国监狱管理、服刑人员改造工作有着极其深远的影响，为我国服刑人员改造相关研究提供了坚实的理论支撑和研究依据。

在体育运动方面，毛泽东也形成了一套理论思想，他指出，"体育之效，至于强筋骨，因而增知识，因而调感情，因而强意志"，即筋骨是人的身体，知识、情感、意志是人的心理，"身心皆适，是谓俱泰"，体育有利于促进人的身心和谐。同时，毛泽东将锻炼身体、磨炼意志和培养胆量融合为一体，不断通过体育运动加强自身的人格培养。

因此，我们可以将毛泽东改造罪犯思想和体育思想进行有机结合和统一，即将体育作为服刑人员多形式教育活动的一种来改造服刑人员。对于本书而言，毛泽东改造罪犯思想对本书的支撑主要体现在以下两方面：一方面，毛泽东改造罪犯思想中的教育改造思想，为本书明确监狱体育改造服刑人员的概念、内涵、性质及特征等提供了理论基础；另一方面，毛泽东改造罪犯思想中提出的我国监狱改造工作的基本原则，为制定监狱体育改造模式的"体育改造+五大改造"实施方式提供了理论支撑。

---

① 司法部劳改局. 毛泽东等老一辈革命家论改造罪犯工作［M］. 北京：法律出版社，1993：9.
② 司法部劳改局. 毛泽东等老一辈革命家论改造罪犯工作［M］. 北京：法律出版社，1993：2.

三、人格改造理论

(一) 人格改造理论概况

2001年,陈士涵的《人格改造论》出版,在书中提出了有关服刑人员改造的人格改造理论。人格改造理论是新中国成立以来最早的符合科学理论逻辑要求的服刑人员改造理论,作者长期从事监狱管理和服刑人员改造相关工作,将丰富的改造实践经验和改造理论结合起来。

人格改造理论在弗洛伊德三部人格结构理论的基础上,将人格假设成为一个大的系统,将生理系统、动力系统、自我意识系统、道德良心系统和心理特征系统作为子系统①,五个子系统是各自包含着相互作用的复合体,在人格中,各子系统和要素处于不同的层次上,都具有自己的地位和作用,相互联系、相互作用,形成人格的有机整体,并在同环境的相互联系和相互作用中使人格发生变化。陈士涵认为,人格的结构决定人格改造的结构,且人格改造是一个系统工程,因此人格的改造是由生理系统的改造、动力系统的改造、自我意识系统的改造、道德良心系统的改造和心理特征系统的改造这五个相互依存、相互渗透的部分构成。由于这五个系统在人格中处于不同的地位,因此其改造不仅具有不同的内容和形式,而且在人格改造这一系统工程中也处在不同的层次上。陈士涵认为,改造服刑人员的根本目的在于使他们的人格得到完善和升华,升华的内在机制在于人格动力,人格动力的升华过程不是禁止和削弱人的本能和欲望冲动的过程,而是推动和引导罪犯的本能和欲望去选择和获得为社会道德文明所允许甚至赞同的满足方式,使本能和欲望冲动成为社会发展的积极动力。

人格改造理论是我国监狱学理论研究领域的重要成果,它系统构建了一个的服刑人员改造理论体系,明确了其概念、理论原理,提出了具体的理论观点,完全符合理论的特征。同时,人格改造理论从多方面反映了我国服刑人员改造工作实际,将很多实际改造经验形成了理论。人格改造理

---

① 陈士涵.人格改造论(增补本)[M].上海:学林出版社,2012:70-71.

论还提出了很多有价值的观点，这些观点涉及监狱管理和罪犯改造的很多具体问题，对提高监狱管理水平和改善监狱中的罪犯改造工作、促进服刑人员改造研究，具有很好的启发作用。

（二）人格改造理论对本书的支撑

人格改造理论认为，体育是人格改造的一个视角，意味着可以在体育运动中改造服刑人员，通过体育运动，服刑人员体质增强的同时，他们认识、理解、接受和内化了与体育运动及体育竞赛密切相关的基本人类价值，如规则和公平、竞争和合作、友谊和团结、平等和尊严、生命和健康等。这样，体育就具有改造服刑人员世界观、价值观和人生观的作用了。这为本书提供了坚实的理论基础和有力的支撑。

人格改造理论列举了狱内体育运动给服刑人员带来的多个直接好处：其一，改变了单调、枯燥的服刑生活，有利于服刑人员的身心健康；其二，因为调节和改善了服刑人员不良的情绪，降低了他们因服刑的压抑而容易产生的攻击性，有利于监狱的安全管理；其三，有利于改善狱内人际关系，包括服刑人员之间的关系和服刑人员与监管人员之间的关系。人格改造理论关于体育对服刑人员直接好处的研究，为体育改造服刑人员的功能研究提供了理论依据和重要研究基础。

人格改造理论研究了人格改造的多元文化视角，并将体育作为人格改造的一个视角，提出了体育改造人格的主题，即通过体育运动，激发服刑人员的自由感和生命的活力，并在体育运动中学会处理人际关系的艺术，改善体质，获得健康。这为体育改造服刑人员的机理研究提供了理论参考和帮助。

人格改造理论探索了实现体育改造服刑人员人格的两条路径：其一，为不同年龄的服刑人员设计和提供不同的体育运动项目，并在他们参与体育运动的实践中渗透世界观、价值观和人生观的教育；其二，对服刑人员进行体育人物教育或者体育英雄教育。这为监狱体育改造模式中实施方式的研究提供了思路和理论帮助。

四、犯因性差异理论

(一) 犯因性差异理论概况

2006年,吴宗宪教授完成了其博士毕业论文《罪犯改造论——罪犯改造的犯因性差异理论初探》,在毕业论文中从改造罪犯的历史脉络和理论探讨、犯罪原因论、罪犯改造论三个部分探讨了罪犯改造相关问题,并提出了罪犯改造的犯因性差异理论。

犯因性差异是指在服刑人员之间以及服刑人员与守法人员之间存在的差别。[1] 犯因性差异理论认为,犯罪是各服刑人员个体的犯因性差异导致的,犯因性差异是违反法律的重要原因,同时也是改造服刑人员的重要依据,犯因性差异有助于明确服刑人员的改造方向。因此,犯因性差异理论认为,在改造服刑人员工作中,不能统一地要求服刑人员表现出一致的行为模式,而是应当将如何缩小和消除服刑人员的犯因性缺陷作为改造工作的重心和焦点。

在犯因性差异理论改造服刑人员的应用上,吴宗宪教授认为,应当从罪犯评估、罪犯分类、制订计划和实施改造四个阶段分别着手,在犯罪评估中了解服刑人员的犯因性缺陷,并据此对服刑人员进行监管分类和改造分类,进而有针对性地选择服刑人员的改造方式,制订准确、具体的改造计划,增强改造计划的可操作性,最后,追踪考察服刑人员的改造情况,验证其改造效果的真实性,使服刑人员的改造效果得到保持和巩固。同时,运用犯因性差异理论改造服刑人员还必须具备一定的基本条件,即改善服刑人员改造工作的制度安排、调整服刑人员管理和改造制度、完善改造服刑人员所需要的设施等。

犯因性差异理论是我国21世纪以来服刑人员改造理论研究中最完整、最系统的,在一定程度上弥补了我国系统化服刑人员改造理论不足的现

---

[1] 吴宗宪. 罪犯改造论——罪犯改造的犯因性差异理论初探 [D]. 北京:中国政法大学,2006:117.

状，具有扎实的理论和实践基础，为促进我国服刑人员改造工作的科学化发展、进一步提高服刑人员改造质量，贡献了新思路和新途径。

（二）犯因性差异理论对本书的支撑

在提出犯因性差异理论的同时，吴宗宪认为：改造罪犯，把犯罪人变成守法者，不仅是犯罪学、监狱学等学科研究的内容，也是全人类面临的共同课题，是世界上很多国家和地区都在进行的重要社会实践活动。此观点与本书拟通过体育改造服刑人员的出发点不谋而合。

犯因性差异理论认为，体育能力的差异是服刑人员犯因性缺陷中能力差异的组成部分。换言之，服刑人员体育能力的提高，有助于服刑人员犯因性缺陷的弥补，这对于本书而言是一个有力的论据支撑。犯因性差异理论为本书中监狱体育活动开展影响因素的界定，以及监狱体育改造服刑人员的功能表现提供了理论支撑。

在犯因性差异理论应用中，吴宗宪教授首先提出了罪犯改造的基本过程，他认为罪犯改造主要包括开展罪犯评估、进行罪犯分类、制订改造计划、实施改造活动四个过程，其中：开展罪犯评估要关注评估工具、评估内容、评估分布等问题；进行罪犯分类要通过监管和改造两个维度进行分类；制订改造计划需要拟定罪犯改造活动的具体内容、行动步骤和改造方法；实施改造活动中，不仅要重视罪犯改造活动的实施，而且也要关注对改造成效的评估和对罪犯的追踪考察。犯因性差异理论中关于罪犯改造基本过程的界定，为本书中监狱体育改造模式实施方式以及模式运行的研究提供了理论支撑。

总而言之，以上理论思想均为本书提供了坚实的理论支撑和学习参考基础，为本书的顺利撰写提供了保障。此外，K.施耐德的异常人格类型理论、E.H.萨瑟兰的不同接触理论、G.塔尔德和A.拉卡萨涅等提出的犯罪社会原因理论等也为本书提供了参考和借鉴。

第三章

现实状况：监狱体育活动的开展历程及现状
——以山东省为例

笔者通过文献资料、专家访谈、实地调研等方法，重点对山东省监狱进行了实地走访和调研，对监狱体育活动的开展历程及现状进行了详细梳理研究，为后续研究提供现实依据。

第一节 山东省监狱体育活动的开展历程

笔者通过访谈以及对过往资料的收集，梳理了山东省监狱体育活动的开展历程，并将整个历程分为四个时期：萌芽起步阶段（1949—1993）、规范发展阶段（1994—2001）、全面开展阶段（2002—2010）、转型重构阶段（2011年至今）。每一个时期的结束以及另一个时期的出现都伴随着一定的政治、经济或者社会原因，因此山东省监狱体育活动的发展历程在一定程度上可以代表我国部分监狱的开展历程。本书对山东省监狱体育活动进行分析，以期对以后的研究提供一定的借鉴和帮助。

一、1949—1993：萌芽起步阶段

为深入全面地展现该阶段的监狱体育活动开展情况，本节内容以山东省N监狱为例进行介绍（N监狱的情况和山东省其他监狱在该阶段的监狱体育活动开展情况基本一致）。

N监狱，位于山东省的一个小镇，建成于1984年，原名为山东省××

劳动改造管教支队，1994年更名为N监狱。需要强调的是，出于对历史的尊重和创业之始的情感，N监狱的干警习惯把1982年建井指挥部成立的时间，也是第一批建设者进驻的时间作为监狱的开端。

N监狱创建之初面临着诸多的困难，对于那段日子，已经退休的N监狱原副监狱长朱警官介绍了相关情况，具体如表3-1所示。

表3-1　山东省监狱体育活动开展第一阶段情况开放式编码举例表（1）

观测指标节点	观测指标初始表达	原始资料内容举例	资料来源
监狱体育活动发展历程	第一阶段	那个年代（20世纪80年代）是思想大解放、社会求变革的年代，是崇尚英模追求人生价值、讲究无私奉献的时代。我们那个时候面临很多问题，环境差、条件差、交通不便、技术力量短缺、资金不到位、地方关系难协调等，但是那个时候我们就是凭着对事业的忠心和热爱，硬是在这偏远的乡下，在这块庄稼地里建起了这个部级现代化监狱和一个中型矿井	监狱领导访谈-JYLD 2

创业伊始的艰难和当时条件的限制，体育活动在当时的N监狱并不普及，图像和文字资料也是非常罕见，对于那段时间的体育活动，只能通过对老领导的交谈中得知一二。回忆起那段时间的体育活动，时任办公室主任的刘主任（后任副监狱长，现已退休）介绍了相关情况，如表3-2所示。

对于刘主任所说的没有政策要求，在监狱法颁布之前，《中华人民共和国劳动改造条例》（现已废止）中第26条提出："对犯人可以组织他们进行适当的体育和文化娱乐活动。"相比之下，监狱法则明确规定："监狱应当组织罪犯开展适当的体育活动和文化娱乐活动。"从"可以"到"应当"这个简单的转变，可以看出司法部门对于服刑人员的文体活动有了明确的指示，即开展文体活动不再是可有可无的，而应当是服刑人员监狱生活的一部分。

表3-2 山东省监狱体育活动开展第一阶段情况开放式编码举例表（2）

观测指标节点	观测指标初始表达	原始资料内容举例	资料来源
监狱体育活动发展历程	第一阶段	从1982年建狱，到1992年矿井生产系统基本完成，再到1994年矿井通过省建委验收，这个时间段的体育活动比较单一。当时交通也比较闭塞，我记得1985年左右，监狱一共只有三辆车，只有关键时候才动。还配备了少量自行车，去县城都要骑一个小时。那个时候也忙，所以少数有空的时候，几个以前上学的时候喜欢运动的同事就在一起打球。那时候不像现在，每个监区都有篮球场，那时候一共只有一个篮球场，场地还是那种红砖铺起来的，也不平，不过已经很高兴了……那个时候的政策也没有要求，又没有条件，只有干部不玩的时候，几个犯人能打打。到了1990年左右，监狱开始组织犯人进行篮球比赛，那时候很简单，就三四个队，打两天就结束了，也不正规，就是一起热闹热闹，不过从那开始，体育活动就慢慢多了	监狱领导访谈-JYLD 3

服刑人员方面，劳改队时期的服刑人员现在已经全部刑满释放了，因为根据以往的减刑制度，就算判处死刑缓期执行的服刑人员，经过减刑之后服刑时间也不会超过20年。不过也有例外，"二劳改"，也就是就是第二次进入监狱服刑的服刑人员，他们或许会对以往的体育活动开展有记忆，不过这样的例子寥寥无几，笔者在调研过程中遇到的吴某就是这种情况。吴某1990年入狱，2004年出狱，2012年由于二次犯罪再次进入N监狱。对于劳改队时期的监狱体育活动，吴某提供了相关信息，如表3-3所示。

表3-3　山东省监狱体育活动开展第一阶段情况开放式编码举例表（3）

观测指标节点	观测指标初始表达	原始资料内容举例	资料来源
监狱体育活动发展历程	第一阶段	我是第二次进来，第一次进来是1990年，2004年出去的。现在年龄大了，50多岁了，今年让我参加（篮球赛），我没参加，但以前体育活动都是我组织的，篮球队我也是队长。从"乌金杯"到后来的"育新杯"，我都一直参加，非常喜欢这个活动……那时候（活动）少，因为那时候人少，1000多人，才4个监区，后来到1993年开始采煤之后增加到13个监区。人多了，活动就开展得多了。以前也有活动，但是少，因为人少，再怎么组织活动，人少也没办法	服刑人员访谈-FXRY12

从上面的资料可以看出，在劳改队时期，监狱体育活动的开展并不丰富，且项目单一，主要原因有以下几点。首先，这个时期恰好是我国群众体育调整发展的阶段，虽然这一阶段职工体育取得了一定发展，城市体育出现了新气象，但是相比之下，监狱处在较为闭塞的环境中，监狱体育活动发展较为缓慢。其次，缺少政策性的支持。就像之前提到的，组织服刑人员开展体育运动仅仅是当时的改造者一个可选可不选的活动，并没有强制性的要求，监狱体育活动的特殊作用也没有引起相关领导的关注。最后，条件限制。当时的生活条件比较艰苦，没有充足的时间和硬件设施来支持监狱体育活动的开展，加之当时的服刑人员数量较少，没有一定的群众基础，监狱体育活动的开展也比较困难。

总而言之，虽然劳改队时期的监狱体育活动较为单一，且缺乏组织性，但是这也为以后监狱体育活动的丰富奠定了一定的基础，形成了目前监狱体育活动的雏形。

二、1994—2002：规范发展阶段

1994年12月29日，《中华人民共和国监狱法》在第八届全国人民代

表大会常务委员会第十一次会议上通过,自此,我国的监狱工作进入了一个新的时期。

我国监狱法的发展过程,总结起来大致有四个阶段。1. 孕育阶段。新民主主义革命时期,在共产党的革命根据地中,就已经开始了监狱立法,也曾先后实施过《中华苏维埃共和国裁判部暂行组织及裁判条例》《陕甘宁边区高等法院监狱组织规则》《监狱执行条例》《监狱改造细则》等一系列法律法规。这些针对监狱的法律法规,对当时的监狱工作起到了重要作用,同时为以后的立法积累了经验。2. 初步发展阶段。这个阶段大约从1949年新中国成立之后开始,到1966年为止。这个阶段中,国家制定了一系列的劳动改造的法律法规,如《中华人民共和国劳动改造条例》等。1954年,新中国第一部宪法通过,其中第19条为劳动改造提供了宪法保障,自此,惩罚和改造服刑人员成了一项宪法原则,以此为依托,公安部随后制定了《劳动改造管教队工作细则(试行草案)》,完善了立法。3. 停滞阶段。1966年至1976年国家处在一个不稳定的状态,立法处在停止的状态,宪法和法律也遭到严重破坏,相应的劳动改造犯罪的法律法规也非常少。4. 新时期发展阶段。十一届三中全会召开以后,国家进入了一个恢复、调整、发展的过程。1986年3月,监狱立法起草工作小组成立,由司法部负责,于1994年12月29日通过,以中华人民共和国主席第35号令公布实施。随后,我国的《刑法》和《刑事诉讼法》中,有关监狱行刑的方面也相应做出了修改,司法部又相继颁布执行了《监狱教育改造工作规定》《监狱服刑人员行为规范》等配套法规,这些都标志着我国监狱立法的逐步成熟。

随着我国监狱立法的逐渐成熟,山东省监狱自身的机构设置也逐渐完善,至1996年,各监狱已经基本完成机构设置,其中,设置了负责服刑人员教育改造的专职机构,而体育活动的开展,也随着监狱机构的完整逐渐走向规范化。在开展体育活动的项目上面,深受服刑人员欢迎的乒乓球比赛和篮球比赛由一年一次变为春季联赛和秋季联赛两次,除此之外,羽毛球赛、棋牌比赛也逐渐开展起来。由于监狱整体经济状况的好转,体育设施也得到了改善，到 1996 年，所有监狱均新建了篮球场，并采购了一批乒乓球桌等体育器材。除此之外，体育活动的组织也越来越规范。提到这个时期的体育活动，N 监狱的监狱长助理李警官提供了相关资料，如表 3-4 所示。

表 3-4　山东省监狱体育活动开展第二阶段情况开放式编码举例表（1）

观测指标节点	观测指标初始表达	原始资料内容举例	资料来源
监狱体育活动发展历程	第二阶段	1994 年之后，参加体育活动的犯人就比较多了，主要有这么几个原因：首先是领导本身就喜欢，我记得那时候是李监狱长，他自己就喜欢篮球，有时间就会和我们几个一起玩玩，所以当时监狱的气氛就带动起来了；其次是那个时候的条件也好点了，有时间和资金去搞这个了；最后就是犯人也多了，1996 年逐渐地往这边押犯，押犯数量达到 3000 多人，人多了玩得就多了。那个时候篮球赛一年搞两次，其他活动也挺多，拔河、乒乓球都有，犯人参与也积极，那时候每年都要专门拨出来一部分资金采购运动用的装备……（问：那个时候的体育活动都是怎么组织的？）组织活动都属于教育科，教育科做出来计划，发给各个监区，监区组织参加，还出了一个专门的秩序册，慢慢地越来越正规了	监狱领导访谈-JYLD 1

这个时期的监狱体育活动，还有着自己的特色，就是监狱警察和服刑人员会同场竞技，特别是乒乓球和篮球这样的热门活动，对于这种比较有趣的现象，李警官提供了相关资料，如表 3-5 所示。

表 3-5　山东省监狱体育活动开展第二阶段情况开放式编码举例表（2）

观测指标节点	观测指标初始表达	原始资料内容举例	资料来源
监狱体育活动发展历程	第二阶段	那个时候并没有政策上的要求，那些打球打得好的犯人，在空闲的时候，就会被干部叫着一起去活动。那个时候犯人经常会和干部打篮球比赛，有一段时间监狱还有犯人的篮球队，他们有时候会和干部一起活动。还有乒乓球，我记得那个时候有个犯人，乒乓球打得特别好，好多干部都打不过他……我觉得这种情况也算有利有弊，一方面有利于犯人和干部之间的交流，另一方面也怕太熟了不好管犯人，也不安全。不过从来没出过问题，这样来说应该是利大于弊。后来就不允许了，省里明文规定（警察和服刑人员）不准同场活动。不过有的地方可以，前段时间我看四川的一个监狱就举办了一次足球赛，就是警察和犯人比的	监狱领导访谈-JYLD 1

总体说来，监狱法颁布之后，监狱体育活动的开展也逐渐规范化起来，不仅活动组织次数增多、项目丰富，而且体育活动的硬件设置也得到提升。同时也出现了那个时代特有的警察和服刑人员同场竞技的情况，这都为之后监狱体育活动的更广泛开展奠定了基础。虽然这个时期的体育活动已经得到了较多的改善，但是总体来说，体育设施还不能够满足服刑人员的总体需求，体育活动的组织也只是遵循了监狱组织活动的老套路，并没有完全合理地按照体育活动的具体情况来组织。同时，警囚同场竞技虽然拉近了警察和服刑人员的距离，但也是当时监管机制不完善的一种表现。总而言之，一个时期拥有一个时期的特色，在这个时期，体育活动在监狱里发挥了其自身的作用。

三、2003—2010：全面开展阶段

自 1992 年以来，山东省监狱的经济效益逐步提高，监狱的环境也随着经济水平的提高逐渐改善。2003 年，我国全面启动监狱体制改革，改革

主要任务之一便是落实"一个保障",即监狱经费全额保障。自此,监狱体育活动经费得到了更好的保障。这一阶段,绝大多数监狱给每个监区都配备了篮球场、羽毛球场、乒乓球室和棋牌室,相应的体育设施也基本配备完整。加之当时的服刑人员实行"三八班"劳动改造制度,空闲时间充足,体育活动成为许多服刑人员在闲暇时光的主要选择。就在体育活动受到广大服刑人员追捧的时候,2003年下半年,山东省监狱管理局启动"育新文化节"监区文化建设活动,将监狱体育活动推向了巅峰。

"育新文化节"是山东省监狱系统的特色活动,它以"文化育人促改造"为主题,通过组织开展多种形式的文体活动,其主要目的是稳定服刑人员思想情绪,激发服刑人员改造动力,维护监管场所安全。经过十多年的发展,"育新文化节"开展了文化育人工程、"一区一品"文化品牌评比、趣味运动会、自我教育活动、"新生之歌"创作征集等系列活动,深受服刑人员喜爱。2014年,时任监狱管理局局长的王局长在一次工作总结会议上对"育新文化节"做出了高度评价,如表3-6所示。

除了"育新文化节",这个时期的监狱体育活动,最大的特点就是突破了单个监狱的局限,在省监狱管理局的组织下,每年全省监狱都要举办一次"育新杯"服刑人员篮球赛,各监狱派出一个代表队进行参赛,由一名领队、一名教练(均为警察)、12~15名队员组成,比赛地点由各监狱申请,监狱管理局批准后承办。除此之外,监狱管理局还举办过全省服刑人员乒乓球比赛、棋牌比赛,这些活动极大地激发了服刑人员参与体育活动的热情。

除了竞技类体育运动,民族传统类体育也在这个时期逐渐开展(图3.1、图3.2),在"育新文化节"的"一区一品"监区文化建设中,多个监狱成立了舞龙舞狮、腰鼓等表演队,其中,M监狱的威风锣鼓队,成员达到了120人。谈到他们的锣鼓队,教导员张警官介绍:"当时我们队伍的教练是从陕西专门请来的,教我们正宗的安塞腰鼓,我们的装备也是投入了很多资金采购的,用了大约3个月的时间将腰鼓队组建起来。"

表3-6　山东省监狱体育活动开展第三阶段情况开放式编码举例表（1）

观测指标节点	观测指标初始表达	原始资料内容举例	资料来源
监狱体育活动发展历程	第三阶段	"育新文化节"作为山东省监狱系统监区文化建设的创新品牌，自2003年启动，至今已经连续成功举办了十一届，取得了可喜的育人成绩。"育新文化节"以"文化育人促改造"为主题，充分发挥文化育人功能，通过组织开展多种形式的文化活动，稳定服刑人员思想情绪，激发服刑人员改造动力，以维护监管场所的持续安全稳定，"育新文化节"开展包括文化育人工程，"一区一品"文化品牌评比、趣味运动会、自我教育活动、"新生之歌"创作征集等系列活动。 近年来，山东省监狱系统始终围绕以文化育人、以美育人的工作思路。积极实施了一系列特色鲜明、效果明显的教育改造创新，尤其是在历届育新文化节活动中，以节搭台、教育唱戏，主线明确、主题突出，效果明显、效应斐然，"育新文化节"现已成为广大服刑人员展示才艺、完善自我的艺术"嘉年华"和文化大舞台。山东省监狱系统认真抓好标准化文化基础设施、特色文化环境、实用化教育网络、专业化人才队伍和科学化理论研究五项建设，全面、系统地开展了社会主义核心价值观念、中华传统美德、文化知识和美育教育，以先进的时代文化、优秀的传统文化教育改造服刑人员，全面提高教育改造质量，最大限度地减少刑满释人员重新违法犯罪	文献资料-WXZL23

图 3.1　服刑人员的腰鼓表演

图 3.2　服刑人员的广场舞表演

谈到这个时期的体育活动，负责服刑人员教导工作近 30 年的刘教导员和服刑人员程某提供了相关资料，如表 3-7 所示。

后来出于监管安全的考虑，监狱管理局取消了省里的"育新杯"篮球赛，转为各监狱内部的"育新杯"篮球赛，随后各种省级的体育赛事也逐一取消。总的来说，随着"育新文化节"的举办，山东省监狱的体育活动发展到了一个顶峰，体育活动得到监狱警察和服刑人员的重视，一度成为监狱内最主要的业余活动。同时，体育设施配备完整，服刑人员参与热情高涨，体育比赛组织频繁且更为正规，体育活动对于服刑人员教育改造的影响也逐渐被监狱警察关注，成为部分监狱警察用来改造服刑人员的手段之一。

表3-7 山东省监狱体育活动开展第三阶段情况开放式编码举例表（2）

观测指标节点	观测指标初始表达	原始资料内容举例	资料来源
监狱体育活动发展历程	第三阶段	大约2000年以后，体育活动就非常多了，一是因为效益好了，有钱去搞这个，二是因为那时候犯人时间也比较多。还有就是那个时候整个社会的大环境的影响，2002年中国参加世界杯，2003年申奥成功，后来2008年奥运会，国家又提倡全民健身，这些虽然与咱们监狱没有直接的关系，但是影响还是有的，就像2002年的时候，有的监区停产组织犯人看世界杯。所以说体育对于监狱的影响也是不可忽视的	监狱警察访谈-JYJC13
		那个时候的体育活动是非常多，有监区自己组织的，还有监狱组织的，还有劳改局（省监狱管理局）组织的，这一年下来，基本上不闲着。我参加比较多的是篮球，那个时候各个监区还有比赛，先是各分监区组队比赛，然后各监区选出来好的进行监狱的比赛，监狱再从监区的里面选一些好的组个队，参加劳改局的比赛。我参加过两次劳改局的比赛，有一届就是在咱这里办的，那次拿了第二，监狱还给了奖励……那个时候监狱特别重视体育活动，安排了三个教练训练我们	服刑人员访谈-FXRY24

四、2011年至今：转型重构阶段

2009年11月17日，司法部下发了《加强监狱安全管理工作若干规定》（以下简称《35条规定》），其中第21条规定："监狱应当实行生产项目准入管理制度，选择适合服刑人员教育改造需要、有安全保障的生产劳动项目，禁止引进新建煤矿、易燃易爆、有毒有害等具有较大安全风险的生产劳动项目。"第22条规定："以服刑人员退出井下劳动为重点，积极稳妥退出煤矿非煤矿山等高危行业。监狱煤矿存在重大安全隐患的，应当立即停产整改，整改无效的，应当坚决关闭。禁止监狱煤矿超核定能力生产。"《35条规定》的颁布，标志着我国监狱转型时期的到来，同时也表明了国务院、司法部对于我国监狱工作提出了新的要求：实行监狱体制改革，实行监企分开、双轨运行；实施产业结构调整；监狱要退出煤矿等高危行业；加快监狱布局调整，搞好监狱新建项目；等等。

  面对新时期的新任务新考验，山东省监狱积极响应国家的号召，开始逐步转型，由之前的煤炭开采逐步转变为劳务加工行业。到2012年中期，大多数监狱顺利完成转型，之前从事煤炭产业的监狱已经将煤炭开采活动完全转移给了当地的矿务局，并在监狱内部建立了加工车间，在司法部监狱管理局会议上受到了表扬。然而，转型也给山东省监狱带来一定的困难。首先，由煤炭行业向劳务加工行业转型，经济效益受到了很大的影响，一切处于学习和摸索阶段，难免会走弯路；其次，服刑人员要重新学习劳动技能和知识，且劳务加工是一项相对枯燥和单调的工作，使得服刑人员的情绪受到了较大的影响，监管安全受到了新的挑战；最后，劳动时间的改变使得服刑人员的空闲时间大大压缩，之前实行的"5+1+1"劳动改造模式（5天劳动，1天学习，1天休息）受到了较大影响。

  同样，转型期对监狱体育活动的开展也产生了一定的影响，L监狱的张教导员提供了相关资料，如表3-8所示。

  笔者从实地调研中了解到，除了时间上的变化外，转型期带给监狱体育活动的影响还有以下两点：第一，监狱管理者对于监管安全的担忧。由于现在对于服刑人员人权的关注度日益增高，且开展体育活动具有一定的运动损伤风险性，所以管理者通常会为了安全而尽量避免开展体育活动。第二，在监狱转型期间，监狱的经济效益较之前煤矿时期有着较大的差异，经济收入的减少使得用于体育活动的经费也相应减少，进而造成体育活动的减少。

表 3-8 山东省监狱体育活动开展第四阶段情况开放式编码举例表

观测指标节点	观测指标初始表达	原始资料内容举例	资料来源
监狱体育活动发展历程	第四阶段	《35条规定》颁布之后，监狱都要脱离高危行业，目前咱们监狱已经完全从以前的煤矿中脱离出来，服刑人员全部进行劳务加工，这种改变其实对我们管教人员提出了更高的要求。要说对体育活动的影响，我觉得最主要的就是时间不够用了。以前是"三八班"，服刑人员工作8个小时，休息16个小时，除去睡觉、吃饭、学习，一天总有两三个小时的休息时间，这个时间你就可以自由支配，打球也好，看书也好。但是现在不行了，现在服刑人员都是标准的工作时间，早上8点到下午5点，有时候还要加班，自由的时间很少了，就算有，也都是在晚上，那个时间就不适合进行体育活动了。其实不仅是对体育有影响，对其他方面也有影响，不过这是一个过程，要慢慢适应，毕竟改革刚开始，以后肯定能找到更合理的解决办法	监狱警察访谈-JYJC11

虽然转型初期造成了监狱内服刑人员文娱活动的锐减，但随着转型的逐步推进，山东省监狱体育活动逐渐形成了新的格局。截至目前，山东省监狱的体育活动大致形成了"双节"期间和"育新文化节"期间集中开展，其他节假日分散开展的新局面。在运动项目上，篮球赛和乒乓球赛在停止了一年之后又继续举办，其他开展较好的项目如羽毛球、棋牌，民族传统类项目如舞龙舞狮、腰鼓、秧歌等，也都得到了保留。

总而言之，监狱的转型使得包括体育活动在内的监狱各项事务都受到了一定的影响，由于服刑人员空闲时间的缩短、监狱管理者对监管安全的担忧以及监狱资金的短缺，监狱体育活动在一段时间里处于停滞的状态。但是随着监狱转型的逐步推进，目前监狱体育活动在监狱新的运行模式下形成了新的格局，并朝着好的方向进行发展。在监狱教育改造工作更加注重遵循教育规律，努力探索新方式、新方法的今天，体育活动将逐渐成为监狱教育改造的重要部分。

纵观监狱体育活动在山东省监狱开展的四个阶段，我们可以看到从最开始的萌芽之势，到逐步规范化的体育活动，再到鼎盛时期的几乎全民体育，最后到监狱转型体育活动暂时停止而后又形成新的形式，每个时期的监狱体育活动都有着其自身的特色，而新一时期的体育也都能映射出我国监狱管理者对于监狱服刑人员教育改造工作的不断探索和追求。

第二节　山东省监狱体育活动的开展现状[①]

本节以山东省为例，研究了监狱体育活动的开展现状。山东省共有29所监狱，分布在15个地市。笔者通过查阅资料和走访调查后发现，山东省监狱系统体育活动的开展主要集中在两个时间段：一个是每年7月到10月的"育新文化节"期间；另一个是元旦到春节这个时间段，也就是所谓的"双节"期间。

一、"育新文化节"期间的体育活动

山东监狱系统从丰富服刑人员的精神文化生活入手，积极组织开展寓教于乐的文体娱乐活动，并注重向服刑人员灌输真、善、美的文化情趣。山东省监狱局每年组织开展为期三个月的"育新文化节"（图3.3—图3.5），为全省监狱文化建设新成果搭建展示的舞台。全省各监狱也以此为契机，举办文艺汇演、现代舞大赛、民俗文化表演、"心理健康节"、"乌金杯"篮球赛、足球联赛等文体娱乐活动，此外还会组织并开展一系列的文艺活动及比赛。监狱各监区也勇于创新，打造特色文化品牌，纷纷成立兴趣小组，组建威风锣鼓队、舞龙队、口风琴乐队、吹打乐队、合唱团等，丰富了监区文化氛围。例如，A监狱践行"法德结合、文明改造"的新理念，在"育新文化节"期间举行了"育新杯"篮

[①] 李拓键. 山东省监狱系统体育活动调查 [J]. 体育文化导刊，2013 (11)：39-42.

球赛和乒乓球赛，高强度、高密度的体育活动不仅培养了服刑人员之间的团结合作精神，也使他们得到了一定程度的放松，掀起了文化节活动的新高潮。B监狱在"育新文化节"期间举办了"和谐杯"分监区篮球对抗赛，各监区还自行组织了形式多样、内容丰富的运动会，项目包括三分投篮、托球接力、绑腿跑、花样空竹、够级比赛、象棋等，尽可能让每一名服刑人员都参与到活动中来。

图3.3　"育新文化节"期间的运动会开幕式

图3.4　"育新文化节"期间的工间操比赛

图 3.5　"育新文化节"期间篮球赛前服刑人员向观众致意

二、"双节"期间的体育活动

"双节"期间也是各个监狱进行体育活动的高峰时期，一般从元旦就开始开展一系列文艺表演和体育活动等，一直延续到元宵节期间。这些节日往往是家人团聚、合家欢乐的时间，服刑人员难免会有失落、孤寂等情绪，"双节"期间的文体活动有助于丰富服刑人员的生活，尽可能地让他们感受到家的温暖。C监狱把做好服刑人员心理工作与监狱文化建设相结合，多举措确保"双节"期间安全稳定，开展的体育活动主要有：篮球比赛，利用元旦至春节前的双休日和不工作时间，各单位代表队进行循环淘汰赛，在春节期间进行总决赛；乒乓球比赛，为了让更多服刑人员喜欢并参与乒乓球活动，在各个监狱轮流举行循环淘汰赛；设置围棋、象棋、够级比赛三项内容；拔河比赛，大年初一在监狱广场举行，监狱领导到场参观。D监狱为确保服刑人员度过一个欢乐、祥和的春节，在确保安全的前提下积极开展丰富多彩的文体娱乐活动，不仅在迎新春联欢晚会上添加了舞狮、武术等民俗传统体育项目，各个监区还分别组织了乒乓球、羽毛球、跳绳、扑克、象棋、趣味运动会等群众基础好、参加面广的比赛项目，获得了一致好评。E监狱在元旦至新年春节期间，举办了趣味运动会，如单人走、铁骑、划龙舟、齐心协力、跳绳、套圈等，还举办了竞技比赛，如三分球大赛、拔河、乒乓球、羽毛球、象棋、够级比赛等。这些活动不仅充实了服刑人员的改造生活，还缓解了他们在节日期间想家的情绪，在一定程度上保障了监狱的稳定。

图 3.6 春节期间的舞狮表演

三、日常的体育活动

实际上，除重要节日之外，在平常时间里监狱也会举办阶段性的体育比赛活动。监狱系统内部也通过组建文体兴趣小组等形式，对服刑人员开展转变思想、矫正恶习和提高素质的系统教育活动。受自身文化水平和监狱客观环境的限制，服刑人员在改造过程中除了要完成规定劳动任务外，在业余时间会普遍感到无事可做。为此，监狱采取文体活动兴趣小组的方式，把拥有一定兴趣爱好的服刑人员组织在一起能够激发他们的学习兴趣和参与热情，使他们乐于参加体育和锻炼等文娱活动，乐于接受教育。监狱服刑人员文体活动兴趣小组的建立，一方面吸引部分有各类专长的服刑人员参与到监狱的活动中来，使他们找到自信、展现风采；另一方面，使一些有一定专长但在性格上存在缺陷的服刑人员增强自信、陶冶心境、约束言行、适度发泄，实现逐步改造。此外，兴趣小组可以带动更多服刑人员学习一技之长，使他们积极参与各项活动，减少服刑人员间的矛盾，营造和谐的改造氛围。

图 3.7　服刑人员在空闲时间打乒乓球

本章小结

纵观监狱体育活动的发展历程，其经历了劳改队时期的萌芽起步、监狱法颁布后的规范发展、监狱体制改革时期的全面开展、监狱转型时期的转型重构等阶段。

萌芽起步阶段。在劳改队时期，由于监狱地处偏僻、硬件条件有限，监狱体育活动的开展并不丰富，且项目单一。随着我国群众体育的调整发展，职工体育取得了一定发展，监狱体育活动逐步萌芽，为后续发展奠定了基础。

规范发展阶段。《中华人民共和国监狱法》的颁布促进了监狱体育活动的新发展，活动组织增多、项目逐渐丰富、硬件设施逐步提升，还出现了警囚同场竞技的监狱体育活动时代性特色。

全面开展阶段。随着我国全面启动监狱体制改革，为监狱体育活动的发展带来了新的机遇。绝大多数监区都配备了独立的篮球场、羽毛球场、乒乓球室和棋牌室，产生了省级的监狱体育活动品牌赛事，跨监狱体育竞技是这个时代的特色。

转型重构阶段。随着《加强监狱安全管理工作若干规定》颁布，监狱开始逐步转型，监狱体育活动也经历了活动锐减到停止再到新活动体系形成的过程。

山东省监狱系统体育活动的开展主要集中在两个时间段，一个是每年7月到10月的"育新文化节"期间，另一个是元旦到春节这个时间段，也就是所谓的"双节"期间。此外，多数监狱在日常余暇时间也会举办阶段性的体育比赛活动。

第四章

因素分析：监狱体育活动开展的影响因素

监狱体育活动开展的影响因素，是体育改造服刑人员能否实施的关键，因而需要进行系统研究。通过前几章对于监狱体育活动的文献综述及实地调研情况可知，目前还没有对于监狱体育活动开展影响因素的系统性研究，因此可以运用扎根理论方法，从实际观察所得情况入手，对实地调研所得原始资料进行梳理归纳，对监狱体育相关专家访谈记录、监狱体育活动相关文献进行编码，并从中提炼出监狱体育活动开展影响因素的维度及观测指标，形成初测量表。通过实地发放问卷检验初测量表，分析得出监狱体育活动开展的影响因素，并检验不同影响因素在不同服刑人员中的差异。

第一节 监狱体育活动开展影响因素的研究思路

经典扎根方法、程序化扎根方法、建构型扎根方法是目前扎根方法的三个主要流派，三个流派的主要区别是编码流程的不同。结合本研究特点，选择程序化扎根方法进行研究，以监狱体育活动开展的影响因素研究为例进行介绍，操作流程如图4.1所示。

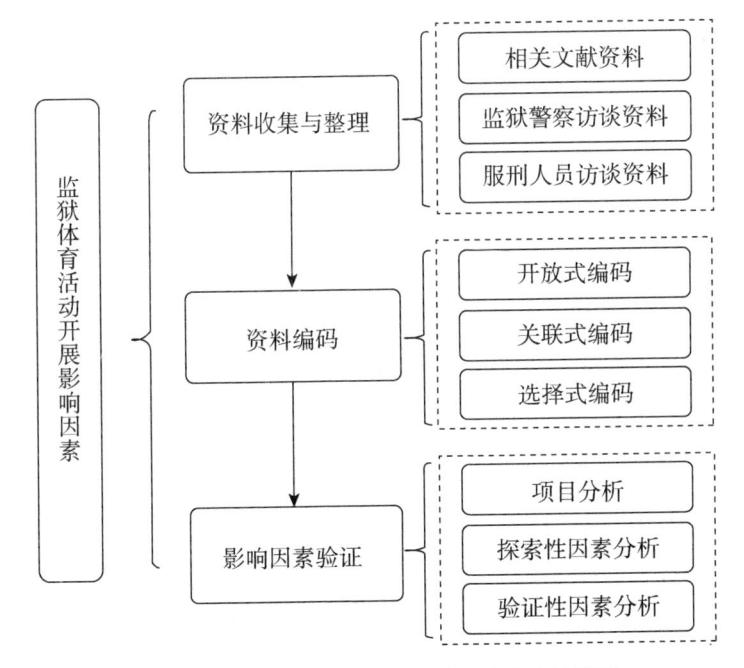

图 4.1 监狱体育活动开展影响因素研究流程图

NVivo 是目前最常用的质化研究协助分析软件，适用于集体研讨、专家访谈、实地调查等文字信息的处理。研究者可以运用软件对资料进行编码，完成资料内容的提炼和萃取，大大降低了手工编码出现错误的可能性。本研究选择的是 NVivo12 Plus 版本，研究过程主要包括以下几步。

一、观测指标筛选研究过程

通过阅读学习其他学者扎根理论研究程序，结合本研究的具体情况，《监狱体育活动开展影响因素量表》观测指标的确定过程主要包括以下几个步骤。

（一）相关文献梳理

对监狱体育活动、服刑人员运动心理相关的文献资料进行梳理，提高研究者对于相关资料和理论中关联度较大的信息的敏感性，为后续编码提供帮助，提高准确性与编码速度。

（二）相关文献选择

由于监狱体育活动、服刑人员运动心理的相关研究缺乏，且缺乏相关专家，因此筛选与主题相关的政策文件和科研成果作为扎根理论分析的初步资料。

（三）专家访谈

本研究中的专家并非相关研究领域专家，而是在监狱体育活动及服刑人员运动心理方面有丰富工作经验的专业人员。访谈的专家包括监狱管理层、监狱警察以及服刑人员，本研究中并未对访谈者的身份进行有针对性的选择，而是根据对于研究主题的熟悉程度进行选择，所以受访的服刑人员仍可以成为本研究中的专家。为限制专家对于研究主题的主观看法，同时又要保证访谈主题的连贯性与一致性，本研究采用半结构化访谈的形式进行，提前确定访谈提纲，根据访谈时具体情况进行适量调整。访谈后的资料统一进行编码保存，确保准确性。

（四）资料编码

根据扎根理论的研究范式及流程，运用NVivo软件，将上述所有原始资料随机排序后导入软件，进行开放式编码。虽然原始资料包括文本和录音两种形式，但NVivo软件可以对不同类型的资料进行编码。本书运用NVivo12.0 Plus版本软件，对资料完成了编码。

（五）模型检验

质化研究同样需要对可信度（credibility）、可靠性（dependability）、可证实性（confirmability）以及可转化性（transferability）进行验证。本书中，主要通过专家回访、三角互证、成员复核以及同行报告的方式进行检验。

二、原始资料的收集

第一，文献资料的收集。文献资料的收集包括政策文件的收集以及科研文献的收集。政策文件方面，通过搜索中华人民共和国司法部网站、中国法制信息网、国家体育总局网站、各省司法厅网站等，选取相关政策文件9个；科研文献方面，为保证选取文献的质量，选择CSSCI、SSCI、SCI、北大中文核心等高质量来源期刊文献，以及硕博士毕业论文等，共选取相关文献28个。两者共选取文献37个，具体情况如表4-1所示。

表4-1 监狱体育活动开展影响因素观测指标筛选使用文献资料

序号	资料名称	资料类型
1	联合国囚犯待遇最低限度标准规则	政策文件
2	联合国保护被剥夺自由少年规则	政策文件
3	中华人民共和国监狱法	政策文件
4	司法部关于创建现代化文明监狱的标准和实施意见	政策文件
5	监狱教育改造工作规定	政策文件
6	教育改造服刑人员纲要	政策文件
7	全民健身计划纲要	政策文件
8	全民健身计划（2016—2020年）	政策文件
9	体育强国建设纲要	政策文件
10	监狱体育研究	期刊论文
11	山东省监狱系统体育活动调查	期刊论文
12	体育干预在未成年人犯罪矫治中的作用研究	学位论文
13	8周时间不同强度跑步运动对男性服刑人员心理健康影响的研究	学位论文
14	大众健美操对中年女性服刑人员心理健康影响的实验研究	学位论文
15	体育运动对罪犯行为矫正影响的实验研究	学位论文
16	服刑人员身体锻炼与自我和谐关系的研究	期刊论文
17	云南省四所监狱在押服刑人员体育锻炼现状及分析	期刊论文
18	Understanding the barriers to prisoners' participation in sport activities	期刊论文
19	Is it possible to consider sport an instrument of social integration of the Spanish inmates?	期刊论文
20	Expected outcomes of sport practice for inmates: a comparison of perceptions of inmates and staff	期刊论文

续表

序号	资料名称	资料类型
21	Participation in prison activities: an analysis of the determinants of participation	期刊论文
22	The impact of a sports initiative for young men in prison staff and participant perspectives	期刊论文
23	Sport behind bars: anything beyond social control?	期刊论文
24	Sport and physical activity in a high security Spanish prison: an ethnographic study of multiple meanings	期刊论文
25	Integrating health education and physical activity programming for cardiovascular health promotion among female inmates: a proof of concept study	期刊论文
26	Yoga in penitentiary settings: transcendence, spirituality and self-improvement	期刊论文
27	Physical activity of female police officers	期刊论文
28	Physical activity of the Biala Podlaska prison staff and its conditioning factors	期刊论文
29	Positive collateral damage or purposeful design: how sport-based interventions impact the psychological well-being of people in prison	期刊论文
30	Evaluation of a sports programme aimed at promoting values in Spanish prisons	期刊论文
31	Educating in prisons: new challenges for social education in penitentiary institutions	期刊论文
32	Fitnesslevels and physical activity among class: a drug users entering prison	期刊论文
33	Implementation and evaluation of a physical activity and dietary program in federal incarcerated females	期刊论文
34	Social determinants of health among Canadian inmate	期刊论文
35	Benefits of exercise training in Spanish prison inmates	期刊论文
36	A grounded theory of fitness trainingand sports participation in young adult male offenders	期刊论文
37	Mental disorders in Australian prisoners: a comparison with a community sample	期刊论文

第二，访谈资料收集。访谈方式包括一对一访谈、集体访谈以及实地调研访谈。访谈对象主要包括三类：分管监狱文体活动的监狱领导者、具体负责监狱体育活动的监狱警察、常年参加体育活动的服刑人员。一对一访谈对象主要包括监狱领导者、监狱警察以及部分服刑人员；集体访谈主要有两次，访谈对象为各监区的文宣；实地调研访谈则是在实地调研的过程中，对服刑人员对于监狱体育活动的看法和感受进行了解。具体访谈情况如表4-2所示。

表4-2　监狱体育活动开展影响因素量表深度访谈者基本信息表

序号	访谈形式	访谈人员类别	数量
1	一对一访谈	监狱领导者	6人
2		监狱警察	15人
3		服刑人员	20人
4	集体访谈	服刑人员	2次，共计23人
5	实地调研访谈	服刑人员	3次，约70人

为保证访谈更具灵活性，让受访者能够充分表达自己的观点和看法，本研究选择半结构化访谈和开放式访谈。由于选择的专家对于监狱体育活动都有着丰富的经验和看法，因此在原有半结构化访谈的基础上，可能会逐渐转为开放式的访谈，保证专家能够充分分享相关经验，具体访谈提纲见附录1。

访谈过程中无法将受访者的观点全部记录，在征求访谈者的同意后，用录音笔记录对话，同时记录访谈对象的态度语气、关键信息，访谈结束后，用讯飞语音软件转录为文字版，留存为word格式。由于集体访谈和实地调研访谈中，距离较远、外界环境噪声较大，录音转文字准确率较低，因此采用录音的形式进行编码。一对一访谈的时间为30~50分钟不等，集体访谈的时间为90分钟左右，实地访谈时间长短不一。

将所有资料导入NVivo软件，进行编码研究。监狱体育改造功能部分的扎根理论研究法运用同上，不再赘述。

第二节　影响因素筛选确定

一、开放式编码概况

通过开放式编码，可以更好地定义监狱体育活动中的相关现象，能够更好地将收集整理的原始资料条理化、范畴化和概念化。把监狱体育活动相关的文献资料和访谈记录分别进行编码和重组，从中挑选出与监狱体育活动有关的信息，并对这些信息分别进行定义，最后对提炼出来的新定义进行进一步的挖掘、分析和归类。

根据收集时间，对原始资料进行排序，共有78项相关资料（相关情况见图4.2—图4.4），编码到第43项资料时，即达到了理论饱和状态，对剩余资料继续编码检验，确定编码达到饱和状态。对资料进行词汇云功能处理，得出图4.5。

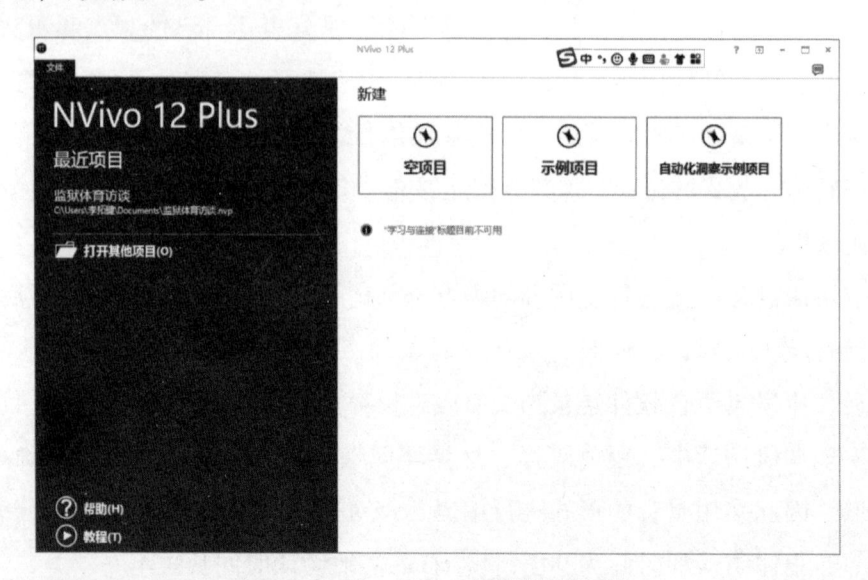

图4.2　NVivo 12Plus 软件登录界面图

<<< 第四章 因素分析：监狱体育活动开展的影响因素

图 4.3 原始文献资料导入 NVivo 12Plus 软件截图

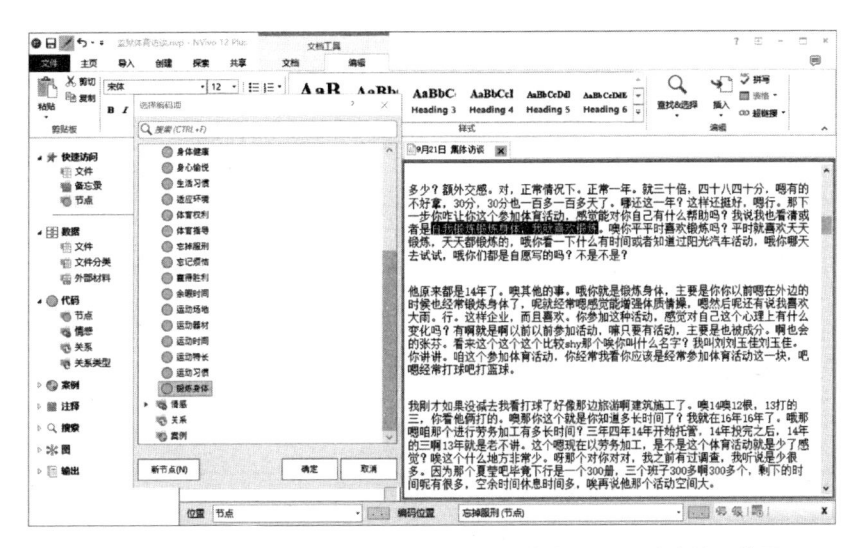

图 4.4 在 NVivo 12Plus 软件中对原始文献资料进行开放式编码截图

75

图 4.5　原始资料形成的词汇云图

由图 4.5 可知，频次最高的是"体育"，其次是"健康""爱好""加分""放松"等，图中较为醒目的词汇均为原始资料中出现频率较高的词汇。可以看出，本研究选择的原始资料呈现的词汇云能够在一定程度上体现出本研究的主要内容和目的，可以说明选择资料的有效性。

二、观测指标的确定

通过对文献资料进行编码，最终提炼出编码节点 27 个，具体如表 4-3 所示，部分资料的编码举例如表 4-4 所示。因此，将此 27 个节点确定为监狱体育活动开展影响因素的观测指标。

表 4-3　监狱体育活动开展影响因素观测指标开放式编码节点列表

观测指标序号	观测指标节点	观测指标序号	观测指标节点
1	运动场地	15	忘掉烦恼
2	运动器材	16	促进人际交往
3	体育活动开展数量	17	教官认可
4	运动时间	18	获得减刑
5	运动指导情况	19	忘记身处监狱

续表

观测指标序号	观测指标节点	观测指标序号	观测指标节点
6	体育资讯情况	20	融入环境
7	基本体质状况	21	集体荣誉感
8	体育活动计划	22	体育权利
9	促进身体健康	23	发泄精力
10	改善体质水平	24	余暇时间
11	具备体育特长	25	运动损伤
12	具有运动习惯	26	生活习惯
13	促进心情愉悦	27	增强自信
14	渴望比赛胜利		

表4-4 监狱体育活动开展影响因素观测指标开放式编码举例表

观测指标序号	观测指标节点	观测指标初始表达	原始资料内容举例
1	运动场地情况	篮球场	现在每个监区都有篮球场；新建了一个灯光篮球场
		文体室	每个监区都有文体室，各监区根据情况购置器材，每年都有一定的经费
		广场	平时舞龙舞狮和腰鼓队一般都在广场练习，还有拔河比赛和一些其他的活动
8	体育活动计划	育新文化节	每年的育新文化节，是省局举办的重要文体活动，已经十几年了
		拔河比赛	每年元旦都要举办拔河比赛，很受服刑人员的欢迎
12	具有运动习惯	篮球队	我以前是单位篮球队的主力，很喜欢打篮球，进来之后看见有篮球队，就主动加入了
		乒乓球	小时候就练过（乒乓球），打得还行，教官有时候就让我陪着（练习）
		跑步	我有跑步的习惯，进来之后只要有时间，就绕着监区跑一会

续表

观测指标序号	观测指标节点	观测指标初始表达	原始资料内容举例
18	获得减刑	加分	80分可以减一年（刑期），参加一次可以加分0.5左右
		减刑	有相当一部分（服刑人员）是为了减刑参加活动的

三、量表范畴的确定

在上一步研究中确定的27个观测维度的基础上，探究各观测维度之间的相关性及逻辑关系，通过整合与深度分析，最终将27个观测维度分类形成了硬件设施因素、体育管理因素、个人生理因素、个人心理因素、监狱特殊因素5个范畴，各范畴所包含的观测指标如表4-5所示。

表4-5 监狱体育活动开展影响因素范畴及观测维度列表

范畴序号	范畴表达	观测维度序号	观测维度表达
A	硬件设施因素	A1	目前的场地空间，能够满足我参加体育运动的要求
		A2	目前的体育器材，能够满足我参加体育运动的要求
		A3	我经常观看体育类电视节目
		A4	我经常通过报纸观看体育新闻
B	体育管理因素	B1	目前监狱中开展的体育活动，能够满足我的要求
		B2	监狱每天都留出体育运动的时间
		B3	我有足够的时间参加体育活动
		B4	我在监狱中得到了足够的体育指导
		B5	监狱会定期组织体育活动

续表

范畴序号	范畴表达	观测维度序号	观测维度表达
C	个人生理因素	C1	我有足够的体力参加体育活动
		C2	参加体育活动，可以改善我的身体健康
		C3	参加体育活动，可以改善我的生活习惯
		C4	我身体状况不错，可以参加体育活动
		C5	我非常擅长某一种体育活动
		C6	我在服刑之前就经常进行体育锻炼
D	个人心理因素	D1	参与体育运动，让我感到很开心
		D2	我希望在体育比赛中赢得胜利
		D3	参加体育活动，能让我忘掉烦恼
		D4	参加体育活动容易受伤
		D5	参加体育活动能够提高自信心
E	监狱特殊因素	E1	参加体育活动，可以促进我和其他狱友的关系
		E2	我希望通过体育比赛得到教官的认可
		E3	我希望通过体育运动获得减刑
		E4	参加体育活动，可以让我暂时忘掉自己正在服刑
		E5	我喜欢和其他狱友一起参加体育活动
		E6	参与体育活动帮助我适应监狱生活
		E7	我有参加体育运动的权利

第三节 量表初测及验证

一、初测问卷的形成

根据研究目的和前文运用扎根理论确定的量表范畴，形成初测问卷，问卷包括两部分：（1）服刑人员的基本情况调查，主要包括年龄、文化程度、入狱前的工作性质、判处刑期以及犯罪类型等方面；（2）服刑人员参与体育活动的影响因素观测维度,由前文根据扎根理论梳理出来的 27 个题项组成。

二、样本量确定及问卷发放

在样本量的选择上,问卷数量一般不低于题项数的 5 倍。预调研问卷中,一、二部分相加共有题项 32 个,故样本数不少于 160 个,超过 320 个更佳。

本研究中,选取广东省 F 监狱、江苏省 S 监狱、山东省 N 监狱、山东省 L 监狱、山东省 Q 监狱、山东省 B 监狱,共 6 所监狱,每所监狱发放问卷 60 份,共发放问卷 360 份。收集问卷 360 份,其中有效问卷 315 份。问卷发放情况满足研究要求。

三、初测问卷分析

(一)项目分析

本研究应用 SPSS 26.0,对问卷数据进行条目分析,初步确定问卷条目和结构。通过项目分析来考察服刑人员影响因素中每个项目的鉴别力,将"题总相关"以及条目的"临界比率"作为条目区分度的分析指标。"题总相关"是指每个条目得分与问卷总分得分的相关系数。"临界比率"的求法是将被试的总分按照从高到低排列。选取前 27% 和后 27% 分别作为高分组和低分组。将高分组和低分组在每一个条目上的得分做 t 检验。条目分析时删除"题总相关"不显著的条目以及区分度不显著的条目 D4,剩余 26 条目。

表 4-6 初测问卷区分度及题总相关表

题项	题总相关	t
A1. 目前的场地空间,能够满足我参加体育运动的要求	0.416***	-5.019***
A2. 目前的体育器材,能够满足我参加体育运动的要求	0.381***	-3.992***
A3. 我经常观看体育类电视节目	0.405***	-4.142***

续表

题项	题总相关	t
A4. 我经常通过报纸观看体育新闻	0.465***	-4.578***
B1. 目前监狱中开展的体育活动，能够满足我的要求	0.582***	-7.068***
B2. 监狱每天都留出体育运动的时间	0.485***	-7.634***
B3. 我有足够的时间参加体育活动	0.489***	-6.388***
B4. 我在监狱中得到了足够的体育指导	0.472***	-6.107***
B5. 监狱会定期组织体育活动	0.479***	-5.669***
C1. 我有足够的体力参加体育活动	0.447***	-5.401***
C2. 参加体育活动，可以改善我的身体健康	0.529***	-8.581***
C3. 参加体育活动，可以改善我的生活习惯	0.411***	-5.854***
C4. 我身体状况不错，可以参加体育活动	0.460***	-5.922***
C5. 我非常擅长某一种体育活动	0.514***	-6.608***
C6. 我在服刑之前就经常进行体育锻炼	0.438***	-6.334***
D1. 参与体育运动，让我感到很开心	0.416***	-4.176***
D2. 我希望在体育比赛中赢得胜利	0.478***	-5.745***
D3. 参加体育活动，能让我忘掉烦恼	0.528***	-6.648***
D4. 参加体育活动容易受伤	0.026	-0.421***
D5. 参加体育活动能够提高自信心	0.374***	-4.760***
E1. 参加体育活动，可以促进我和其他狱友的关系	.537***	-6.344***
E2. 我希望通过体育比赛得到教官的认可	0.567***	-7.007***
E3. 我希望通过体育运动获得减刑	0.511***	-6.196***
E4. 参加体育活动，可以让我暂时忘掉自己正在服刑	0.523***	-5.137***
E5. 我喜欢和其他狱友一起参加体育活动	0.521***	-6.587***
E6. 参与体育活动帮助我适应监狱生活	0.491***	-5.231***
E7. 我有参加体育运动的权利	0.502***	-5.784***

（二）探索性因素分析

运用 SPSS 26.0 进行探索性因素分析。对剩余 26 题进行探索性因素分析（D5 改为 D4），考察影响因素之间可能存在的因子结构。本研究采用 KMO 和 Bartlett 球形检验法来进行探索性因素分析。检验中，KMO 抽样适切性参数越大，Bartlett 球形检验的卡方值越显著，说明数据越适合进行因素分析。检验结果见表 4-7。

表 4-7　监狱体育活动开展影响因素 KMO 和 Bartlett 球形检验结果表

KMO 取样适切性量数	0.829	
Bartlett 球形度检验	近似卡方	1634.055
	自由度	325
	显著性	0.000

结果显示：KMO 值为 0.829，大于 0.7；Bartlett 球形检验卡方值为 1634.055，达到显著水平（$p<0.001$），表明适合进行探索性因素分析。所有题项共同度均大于 0.40，说明公因子能较好地解释测量指标；以主成分方式抽取因子并进行斜交旋转，抽取特征根大于 1 的因子 5 个，累计方差贡献率为 59.634%。具体情况如表 4-8、表 4-9 所示。

表 4-8　监狱体育活动开展影响因素共同度表

题项	初始	提取
A1. 目前的场地空间，能够满足我参加体育运动的要求	1.000	0.631
A2. 目前的体育器材，能够满足我参加体育运动的要求	1.000	0.563
A3. 我经常观看体育类电视节目	1.000	0.648
A4. 我经常通过报纸观看体育新闻	1.000	0.626
B1. 目前监狱中开展的体育活动，能够满足我的要求	1.000	0.636
B2. 监狱每天都留出体育运动的时间	1.000	0.501
B3. 我有我有足够的时间参加体育活动	1.000	0.458
B4. 我在监狱中得到了足够的体育指导	1.000	0.639
B5. 监狱会定期组织体育活动	1.000	0.516
C1. 我有足够的体力参加体育活动	1.000	0.606
C2. 参加体育活动，可以改善我的身体健康	1.000	0.664
C3. 参加体育活动，可以改善我的生活习惯	1.000	0.591

续表

题项	初始	提取
C4. 我身体不好，不能参加体育活动	1.000	0.610
C5. 我非常擅长某一种体育活动	1.000	0.556
C6. 我在服刑之前就经常进行体育锻炼	1.000	0.496
D1. 参与体育运动，让我感到很开心	1.000	0.534
D2. 我希望在体育比赛中赢得胜利	1.000	0.738
D3. 参加体育活动，能让我忘掉烦恼	1.000	0.571
D4. 参加体育活动能够提高自信心	1.000	0.698
E1. 参加体育活动，可以促进我和其他狱友的关系	1.000	0.639
E2. 我希望通过体育比赛得到教官的认可	1.000	0.635
E3. 我希望通过体育运动获得减刑	1.000	0.633
E4. 参加体育活动，可以让我暂时忘掉自己正在服刑	1.000	0.574
E5. 我喜欢和其他狱友一起参加体育活动	1.000	0.575
E6. 参与体育活动帮助我适应监狱生活	1.000	0.599
E7. 我有参加体育运动的权利	1.000	0.569

表4-9 监狱体育活动开展影响因素因子抽取及累计方差解释率表

影响因素	初始特征值 总计	方差百分比（%）	累积（%）	提取载荷平方和 总计	方差百分比（%）	累积（%）	旋转载荷平方和 总计
1	6.077	23.374	23.374	6.077	23.374	23.374	4.749
2	3.273	12.589	35.963	3.273	12.589	35.963	3.989
3	2.592	9.968	45.931	2.592	9.968	45.931	3.853
4	1.988	7.647	53.577	1.988	7.647	53.577	3.065
5	1.575	6.057	59.634	1.575	6.057	59.634	3.252
6	0.946	3.637	63.271				

续表

影响因素	初始特征值 总计	初始特征值 方差百分比(%)	初始特征值 累积(%)	提取载荷平方和 总计	提取载荷平方和 方差百分比(%)	提取载荷平方和 累积(%)	旋转载荷平方和 总计
7	0.824	3.168	66.439				
8	0.785	3.021	69.460				
9	0.730	2.809	72.269				
10	0.665	2.558	74.827				
11	0.614	2.363	77.190				
12	0.587	2.258	79.448				
13	0.573	2.203	81.651				
14	0.550	2.116	83.767				
15	0.539	2.072	85.839				
16	0.451	1.735	87.575				
17	0.427	1.644	89.219				
18	0.408	1.570	90.788				
19	0.391	1.502	92.290				
20	0.362	1.391	93.681				
21	0.318	1.222	94.903				
22	0.294	1.132	96.035				
23	0.282	1.084	97.119				
24	0.277	1.064	98.183				
25	0.245	0.940	99.124				
26	0.228	0.876	100.000				

26个项目的碎石图如图4.6所示，同样表明因子模型比较合理。

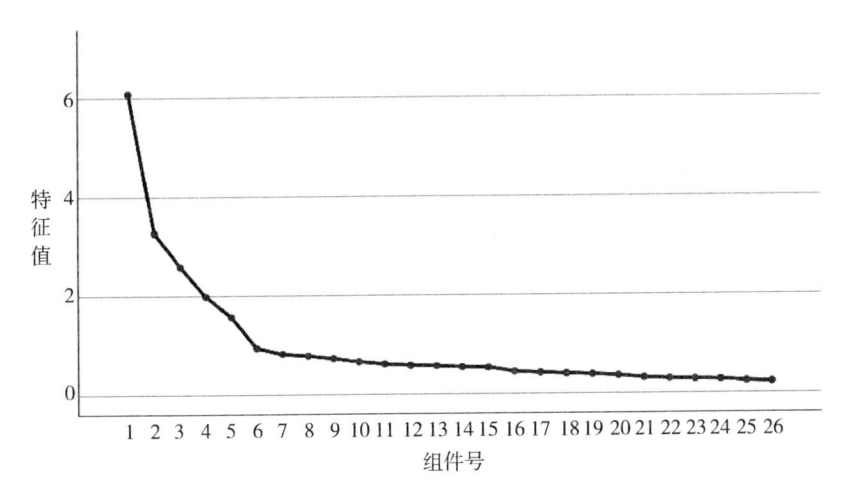

图 4.6 碎石图

如表 4-10 所示，经斜交旋转后，共形成 5 个因子，且每个条目在因子上的负载均大于 0.40。

根据上述因素分析结果，对公因素进行命名。将因子 1 命名为硬件设施因素，将因子 2 命名为体育管理因素，将因子 3 命名为个人生理因素，将因子 4 命名为个人心理因素，将因子 5 命名为特殊因素。

表 4-10 斜交旋转模式矩阵表

题项	因子				
	1	2	3	4	5
A3. 我经常观看体育类电视节目	0.818				
A1. 目前的场地空间，能够满足我参加体育运动的要求	0.781				
A4. 我经常通过报纸观看体育新闻	0.769				
A2. 目前的体育器材，能够满足我参加体育运动的要求	0.725				
B4. 我在监狱中得到了足够的体育指导		0.840			
B1. 目前监狱中开展的体育活动，能够满足我的要求		0.741			
B5. 监狱会定期组织体育活动		0.705			

续表

题项	因子				
	1	2	3	4	5
B3. 我有我有足够的时间参加体育活动		0.657			
B2. 监狱每天都留出体育运动的时间		0.656			
C2. 参加体育活动,可以改善我的身体健康			0.799		
C1. 我有足够的体力参加体育活动			0.784		
C4. 我身体不好,不能参加体育活动			0.771		
C3. 参加体育活动,可以改善我的生活习惯			0.768		
C5. 我非常擅长某一种体育活动			0.707		
C6. 我在服刑之前就经常进行体育锻炼			0.700		
D4. 参加体育活动能够提高自信心				0.871	
D2. 我希望在体育比赛中赢得胜利				0.850	
D1. 参与体育运动,让我感到很开心				0.703	
D3. 参加体育活动,能让我忘掉烦恼				0.687	
E1. 参加体育活动,可以促进我和其他狱友的关系					0.798
E3. 我希望通过体育运动获得减刑					0.793
E6. 参与体育活动帮助我适应监狱生活					0.788
E2. 我希望通过体育比赛得到教官的认可					0.767
E7. 我有参加体育运动的权利					0.751
E4. 参加体育活动,可以让我暂时忘掉自己正在服刑					0.749
E5. 我喜欢和其他狱友一起参加体育活动					0.727

(三)信度分析

本研究采用内部一致性检验进行服刑人员影响因素的信度分析。内部一致性检验选用克伦巴赫阿尔法系数(Cronbacha's α)。经检验,硬件设施、体育管理因素、个人生理因素、个人心理因素和监狱特殊因素的信度均超过 0.70,本研究开发的问卷具有良好的信度指标,具体结果如表 4-11 所示。

表 4-11 内部一致性信度检验表

因子	Cronbacha's α
硬件设施因素	0.736
体育管理因素	0.794
个人生理因素	0.805
个人心理因素	0.737
监狱特殊因素	0.838

（四）效度分析

1. 内容效度

为保证测量准确性，对问卷进行内容效度检验。首先，征求部分服刑人员的意见，主要是测试服刑人员是否能够读懂题项，根据服刑人员意见，对题项进行了修订。其次，对于形成的初测问卷，征求监狱领导、监狱警察和心理学专业博士对题项进行评定，均认为初测问卷的题项代表性较强，能够很好地反映服刑人员参与体育活动的影响因素，能够进行有效测定。

2. 结构效度

本研究采用验证性因素分析进行服刑人员影响因素的结构效度分析。采用 Mplus8.4 对本研究使用问卷进行验证性因素分析模型拟合检验，并将结构模型测算出的拟合指标与理想指标进行对比。

如表 4-12 所示，χ^2/df 值为 1.013，小于 5；GFI 值为 0.987，大于 0.9；TLI 值为 0.990，大于 0.9；SRMR 值为 0.023，小于 0.05；RMSEA 值为 0.013，小于 0.08。可见，各项拟合指标均在理想范围内，说明该问卷的验证性因素分析具有较好的拟合度。

表 4-12 验证性因素分析模型拟合表

	χ^2/df	GFI	TLI	SRMR	RMSEA
拟合指标	1.013	0.987	0.990	0.023	0.013
理想指标	<5	>0.9	>0.9	<0.05	<0.08

由监狱体育活动开展影响因素因子题项标准化因子负载表及完全标准化路径系数图可以，所有题项负载在因子上的标准化路径系数均大于0.40，表明研究所使用问卷的均具有较好的结构效度，具体如图4.7和表4-13所示。

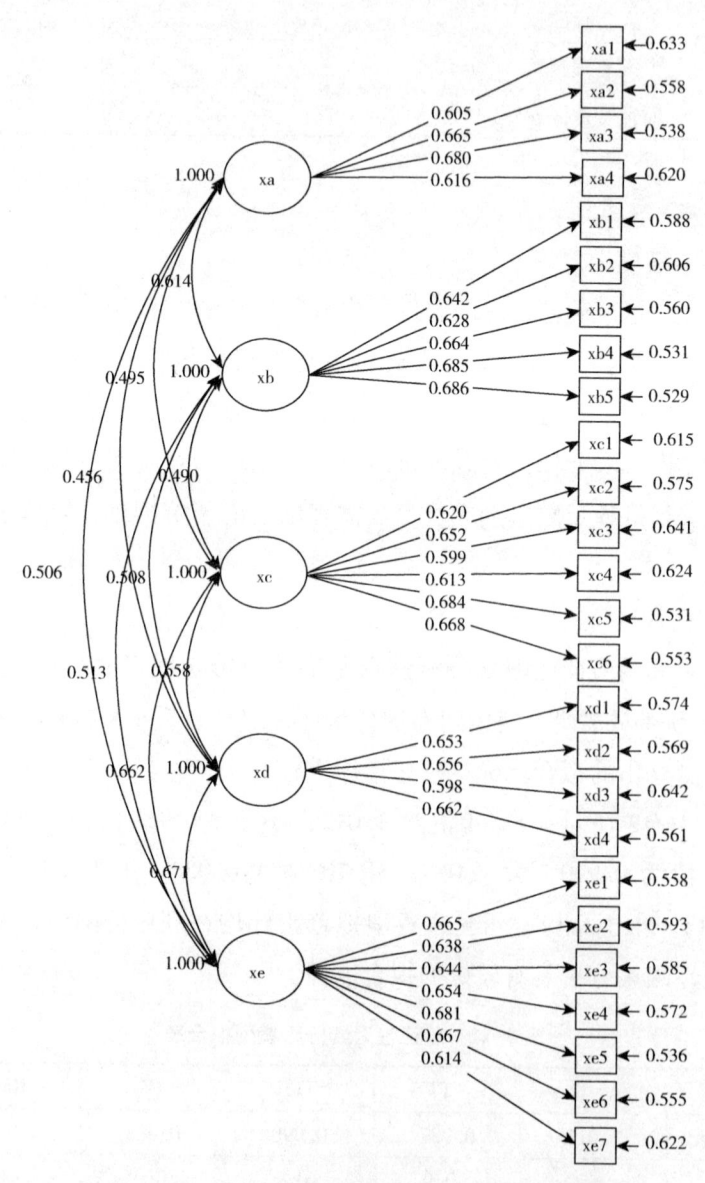

图 4.7 参与体育活动影响因素完全标准化路径系数图

表4-13 参与体育活动影响因素因子题项标准化因子负载表

范畴	观测指标	标准化因子负载
硬件设施因素	xa1. 目前的场地空间,能够满足我参加体育运动的要求	0.605
	xa2. 目前的体育器材,能够满足我参加体育运动的要求	0.665
	xa3. 我经常观看体育类电视节目	0.680
	xa4. 我经常通过报纸观看体育新闻	0.616
体育管理因素	xb1. 目前监狱中开展的体育活动,能够满足我的要求	0.642
	xb2. 监狱每天都留出体育运动的时间	0.628
	xb3. 我有我有足够的时间参加体育活动	0.664
	xb4. 我在监狱中得到了足够的体育指导	0.685
	xb5. 监狱会定期组织体育活动	0.686
个人生理因素	xc1. 我有足够的体力参加体育活动	0.620
	xc2. 参加体育活动,可以改善我的身体健康	0.652
	xc3. 参加体育活动,可以改善我的生活习惯	0.599
	xc4. 我身体不好,不能参加体育活动	0.613
	xc5. 我非常擅长某一种体育活动	0.684
	xc6. 我在服刑之前就经常进行体育锻炼	0.668
个人心理因素	xd1. 参与体育运动,让我感到很开心	0.653
	xd2. 我希望在体育比赛中赢得胜利	0.656
	xd3. 参加体育活动,能让我忘掉烦恼	0.598
	xd4. 参加体育活动能够提高自信心	0.662
监狱特殊因素	xe1. 参加体育活动,可以促进我和其他狱友的关系	0.665
	xe2. 我希望通过体育比赛得到教官的认可	0.638
	xe3. 我希望通过体育运动获得减刑	0.644
	xe4. 参加体育活动,可以让我暂时忘掉自己正在服刑	0.654
	xe5. 我喜欢和其他狱友一起参加体育活动	0.681
	xe6. 参与体育活动帮助我适应监狱生活	0.667
	xe7. 我有参加体育运动的权利	0.614

（五）测量等值性

采用多群组验证性因素分析检验各维度的跨年龄的测量等值性，以验证本研究所提出的影响因素是否可以应用于不同群组的服刑人员。如表4-14所示，监狱体育活动开展影响因素在不同年龄段具有跨年龄的一致性，即影响因素在各个年龄阶段中具有相同的维度结构。

表4-14 影响因素跨年龄的等值性检验

	χ^2	DF	P		$\Delta\chi^2$	Δdf	p
模型1	1239.184	1156	0.044				
模型2	1308.641	1219	0.037	2VS1	69.457	63	0.269
模型3	1372.703	1282	0.039	3VS1	133.519	126	0.306

注：模型1为基线模型，各参数自由估计；模型2为在模型1的基础上，限制因素载荷在组间相等；模型3为在模型2的基础上，限制条目截距项在组间相等。

第四节　参与体育活动影响因素及其各维度人口学变量差异分析

一、监狱体育活动开展影响因素在年龄维度的差异分析

本研究采用单因素方差分析检验硬件设施因素、体育管理因素、个人生理因素、个人心理因素和监狱特殊因素在年龄上的差异。经过LSD事后检验可知，硬件设施因素在年龄上的差异边缘显著（p=0.05），监狱特殊因素、个人生理因素、个人心理因素、体育管理因素均不存在年龄差异。具体情况如下。

50岁以上的服刑人员在硬件设施因素上的得分（2.83±0.45）显著低于18~25岁服刑人员在硬件设施因素上的得分（3.07±0.52），并且18~25岁服刑人员显著高于26~35岁服刑人员在硬件设施因素上的得分（2.90±0.56）。其余各年龄段在硬件设施因素的得分上差异不显著。具体

结果如表4-15、表4-16及图4.8所示。

表4-15 各影响因素不同年龄得分表

影响因素	年龄	平均值	标准差
硬件设施因素	18~25 岁	3.07	0.52
	26~35 岁	2.90	0.56
	36~50 岁	2.96	0.54
	50 岁以上	2.83	0.45
体育管理因素	18~25 岁	3.08	0.51
	26~35 岁	3.03	0.53
	36~50 岁	3.07	0.53
	50 岁以上	2.89	0.44
个人生理因素	18~25 岁	2.94	0.47
	26~35 岁	2.90	0.49
	36~50 岁	2.89	0.54
	50 岁以上	2.80	0.50
个人心理因素	18~25 岁	3.26	0.51
	26~35 岁	3.19	0.45
	36~50 岁	3.17	0.46
	50 岁以上	3.10	0.47
监狱特殊因素	18~25 岁	3.01	0.47
	26~35 岁	2.93	0.50
	36~50 岁	2.93	0.53
	50 岁以上	2.89	0.55

表4-16 各变量的年龄方差分析表

影响因素		平方和	自由度	均方	F	显著性
硬件设施因素	组间	2.22	3	0.74	2.55	0.05
	组内	192.20	663	0.29		
	总计	194.42	666			

续表

影响因素		平方和	自由度	均方	F	显著性
体育管理因素	组间	1.56	3	0.52	1.90	0.13
	组内	181.34	663	0.27		
	总计	182.90	666			
个人生理因素	组间	0.63	3	0.21	0.80	0.50
	组内	173.84	663	0.26		
	总计	174.47	666			
个人心理因素	组间	0.83	3	0.28	1.30	0.27
	组内	142.24	663	0.21		
	总计	143.07	666			
监狱特殊因素	组间	0.52	3	0.17	0.65	0.58
	组内	174.63	663	0.26		
	总计	175.15	666			

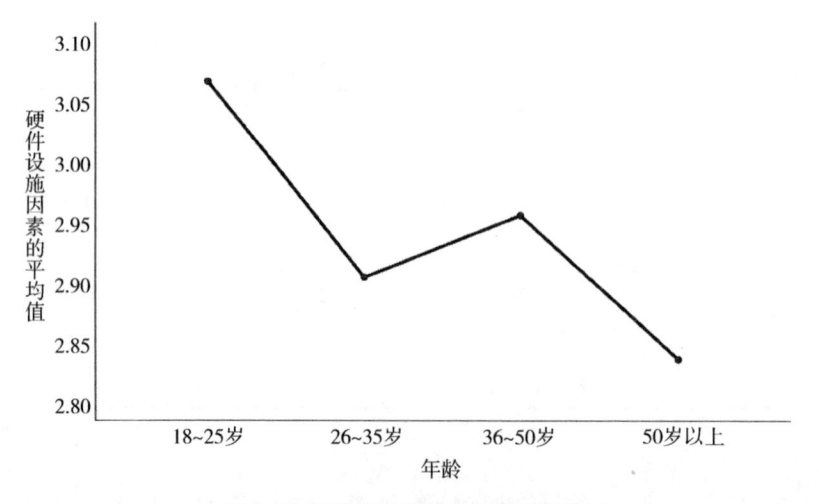

图 4.8　硬件设施因素的年龄折线图

由表4-15、表4-16和图4.8可知，硬件设施因素对服刑人员参与体育活动的影响，随着年龄的降低而逐渐增加，即年龄越低的服刑人员，硬件设施因素对其影响越大。年龄较低的服刑人员，其体力和精力相对较好，故对体育活动的要求相对较多，而这种要求更多地体现在对硬件设施的需求上。随着年龄的逐渐增长,参与体育活动的体力和精力相对降低,参与的体育活动也逐渐减少,项目也逐渐转为场地较小、活动量要求较小的项目,对硬件设施的需求也逐渐降低。因此,在监狱体育改造设计时,应充分考虑服刑人员的年龄分布情况,对年龄偏低的群体,加大其对硬件设施需求的关注,通过硬件设施的不断完善,促进其积极参与体育改造,进而提高改造效果。

二、监狱体育活动开展影响因素在文化程度维度的差异分析

本研究采用单因素方差分析检验硬件设施因素、体育管理因素、个人生理因素、个人心理因素和监狱特殊因素在文化程度上的差异。经过 LSD 事后检验可知,个人生理在文化程度上的差异显著($p<0.05$),个人心理在文化程度上的差异边缘显著($p=0.07$),监狱特殊因素在文化程度上的差异显著($p<0.05$)。具体情况如下。

本科及以上文化程度服刑人员在个人生理因素上的得分(3.16±0.30)显著地高于文盲或半文盲的服刑人员的得分(2.81±0.61),显著地高于小学文化程度的服刑人员的得分(2.87±0.51),显著地高于初中文化程度的服刑人员的得分(2.91±0.51),显著地高于高中或中专文化程度的服刑人员的得分(2.81±0.45)。

本科及以上文化程度服刑人员在个人心理因素上的得分(3.41±0.42)显著地高于文盲或半文盲的服刑人员的得分(3.09±0.44),显著地高于小学文化程度的服刑人员的得分(3.18±0.46),显著地高于初中文化程度的服刑人员的得分(3.19±0.48),显著地高于高中或中专文化程度的服刑人员的得分(3.17±0.42)。

本科及以上文化程度服刑人员在监狱特殊因素上的得分(3.21±0.39)显著地高于文盲或半文盲的服刑人员的得分(2.86±0.53);显著地高于小学文化程度的服刑人员的得分(2.92±0.51);显著地高于初中文化程度的服刑人员的得分(2.94±0.52);显著地高于高中或中专文化程度的服刑人员的得分(2.86±0.48)。

其他不同文化程度之间的服刑人员在内部影响因素上差异均不显著。具体结果如表4-17、表4-18及图4.9、图4.10、图4.11所示。

表4-17 各变量不同文化程度得分表

影响因素	文化程度	平均值	标准差
硬件设施因素	文盲或者半文盲	2.89	0.54
	小学文化程度	2.94	0.54
	初中文化程度	2.93	0.57
	高中或中专	2.91	0.41
	本科及以上	3.07	0.44
体育管理因素	文盲或者半文盲	2.98	0.56
	小学文化程度	3.04	0.50
	初中文化程度	3.04	0.54
	高中或中专	2.96	0.49
	本科及以上	3.16	0.52
个人生理因素	文盲或者半文盲	2.81	0.61
	小学文化程度	2.87	0.51
	初中文化程度	2.91	0.51
	高中或中专	2.81	0.45
	本科及以上	3.16	0.30
个人心理因素	文盲或者半文盲	3.09	0.44
	小学文化程度	3.18	0.46
	初中文化程度	3.19	0.48
	高中或中专	3.17	0.42
	本科及以上	3.41	0.42
监狱特殊因素	文盲或者半文盲	2.86	0.53
	小学文化程度	2.92	0.51
	初中文化程度	2.94	0.52
	高中或中专	2.86	0.48
	本科及以上	3.21	0.39

表4-18 各变量的年龄方差分析表

影响因素		平方和	自由度	均方	F	显著性
硬件设施因素	组间	0.58	4	0.15	0.50	0.74
	组内	193.83	662	0.29		
	总计	194.42	666			
体育管理因素	组间	0.92	4	0.23	0.83	0.50
	组内	181.98	662	0.27		
	总计	182.90	666			
个人生理因素	组间	2.88	4	0.72	2.78	0.03
	组内	171.59	662	0.26		
	总计	174.47	666			
个人心理因素	组间	1.83	4	0.46	2.14	0.07
	组内	141.25	662	0.21		
	总计	143.07	666			
监狱特殊因素	组间	2.64	4	0.66	2.53	0.04
	组内	172.50	662	0.26		
	总计	175.15	666			

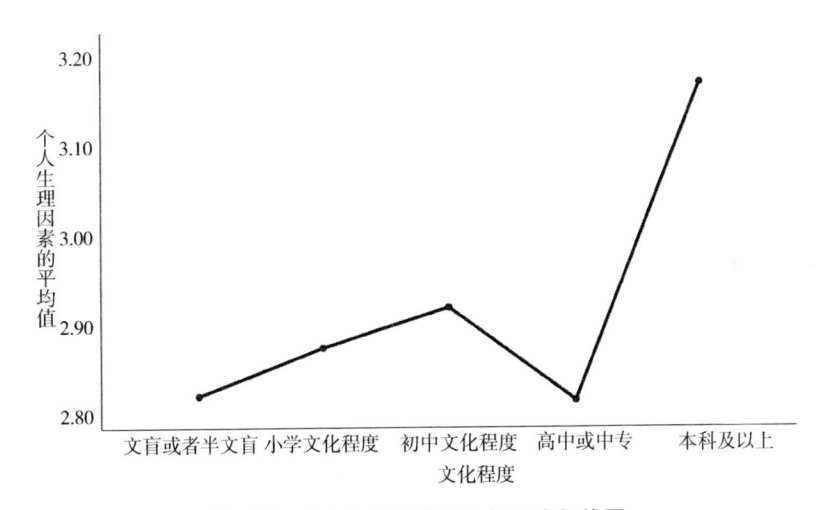

图4.9 个人生理因素的文化程度折线图

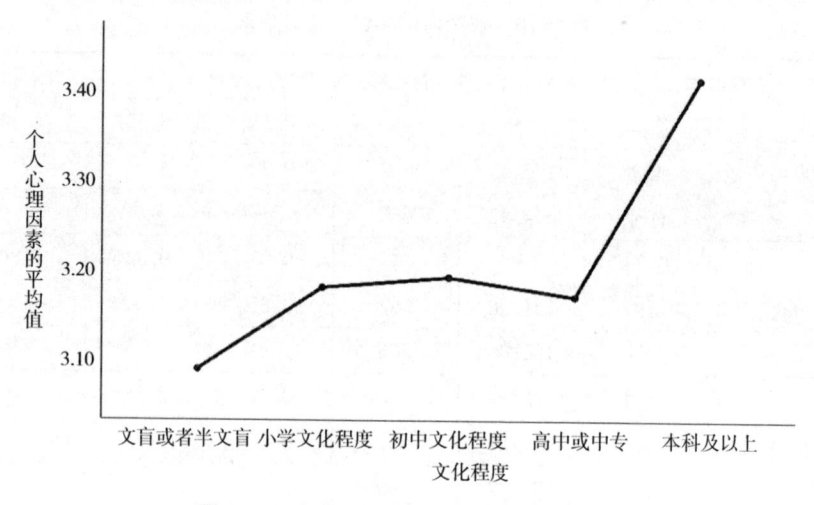

监狱体育的改造机理及改造模式研究 >>>

图 4.10 个人心理因素的文化程度折线图

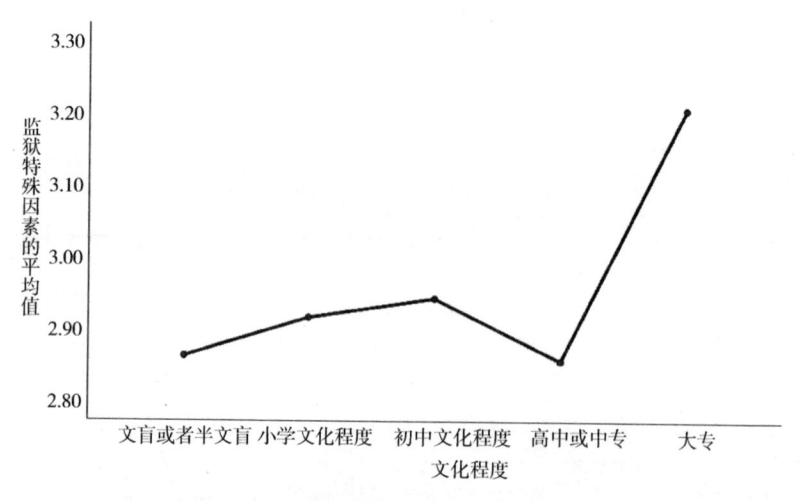

图 4.11 监狱特殊因素的文化程度折线图

由表 4-17、表 4-18 及图 4.10、图 4.11 可以推测，文化程度越高的服刑人员，个人生理因素、个人心理因素以及监狱特殊因素对其参与监狱体育活动影响越大。这个研究结果在一定程度上验证了前人的研究结果，即教育资本（受教育年限）越高的群体，越倾向于从事体育锻炼。[1] 文化

---

[1] 彭大松. 体育锻炼中的社会分层：现象、机制与思考 [J]. 体育科学, 2012, 32（5）: 24-33.

程度越高的服刑人员,其对体育改善体质健康状况、生命和生活质量方面的认识越高,能够更加重视体育锻炼的益处,因此在他们参加体育活动过程中,随着文化程度的提高,个人生理因素和个人心理因素的影响更加显著。同时,文化程度的高低是社会分层和流动的重要机制,由不同文化程度所衍生出来的不同社会阶层,在生活方式、行为上存在较为明显的差异性,这些差异和监狱特殊因素关系较为紧密。因此,随着文化程度的提高,监狱特殊因素对服刑人员参与体育活动的影响更加显著。由此可知,在进行监狱体育改造设计时,应充分考虑服刑人员的文化程度,针对文化程度较高的群体,加大身心健康促进内容的比例,同时更多地关注监狱特殊因素对他们的影响,从而促进其积极参与体育改造,提高改造效果。

三、监狱体育活动开展影响因素在入狱前工作性质维度的差异分析

本研究采用单因素方差分析检验硬件设施因素、体育管理因素、个人生理因素、个人心理因素和监狱特殊因素在入狱前工作性质上的差异。经过 LSD 事后检验得出:体育管理因素在入狱前工作性质上的差异边缘显著($p=0.06$),个人生理因素在入狱前工作性质上的差异显著($p<0.05$),监狱特殊因素在入狱前工作性质上的差异边缘显著($p=0.08$)。具体情况如下。

国家干部在体育管理因素上的得分（3.34±0.64）显著地高于农牧渔民的得分（3.05±0.52），显著地高于无业者的得分（3.03±0.56），显著地高于个体户的得分（2.83±0.52），显著地高于其他职业的得分（3.00±0.48）。

国家干部在个人生理因素上的得分（3.35±0.52）显著地高于农牧渔民的得分（2.90±0.50），显著地高于无业者的得分（2.84±0.53），显著地高于个体户的得分（2.81±0.50），显著地高于其他职业的得分（2.90±0.54）。

国家干部在监狱特殊因素上的得分（3.29±0.47）显著地高于农牧渔民的得分（2.91±0.53），显著地高于无业者的得分（2.95±0.48），显著

地高于个体户的得分（2.91±0.48），其他入狱前不同职业之间的特殊因素得分不存在显著差异。

具体结果如表 4-19、表 4-20 及图 4.12、图 4.13、图 4.14 所示。

表 4-19　各变量入狱前工作性质得分表

影响因素	入狱前工作性质	平均值	标准差
硬件设施因素	农牧渔民	2.93	0.53
	国家干部	3.12	0.50
	无业者	2.91	0.58
	个体户	2.88	0.56
	其他职业	2.98	0.53
体育管理因素	农牧渔民	3.05	0.52
	国家干部	3.34	0.64
	无业者	3.03	0.56
	个体户	2.83	0.52
	其他职业	3.00	0.48
个人生理因素	农牧渔民	2.90	0.50
	国家干部	3.35	0.52
	无业者	2.84	0.53
	个体户	2.81	0.50
	其他职业	2.90	0.54
个人心理因素	农牧渔民	3.18	0.45
	国家干部	3.27	0.31
	无业者	3.20	0.50
	个体户	3.18	0.58
	其他职业	3.14	0.46
监狱特殊因素	农牧渔民	2.91	0.53
	国家干部	3.29	0.47
	无业者	2.95	0.48
	个体户	2.91	0.48
	其他职业	3.01	0.46

第四章 因素分析：监狱体育活动开展的影响因素

表 4-20 各变量的入狱前工作性质方差分析表

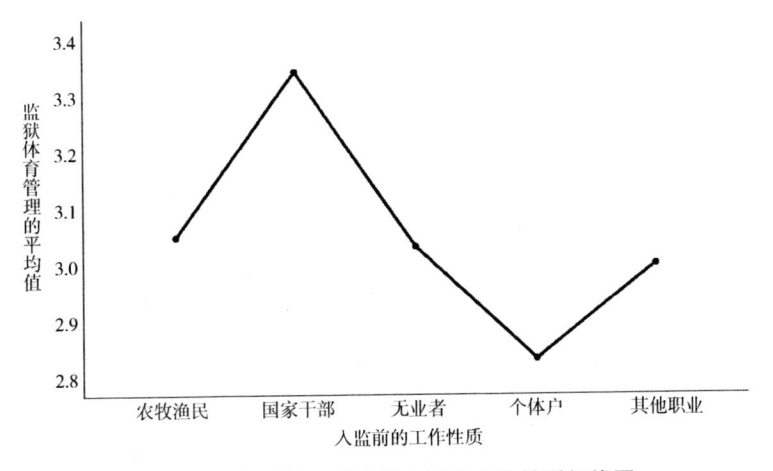

影响因素		平方和	自由度	均方	F	显著性
硬件设施因素	组间	0.65	4	0.16	0.55	0.70
	组内	193.77	662	0.29		
	总计	194.42	666			
体育管理因素	组间	2.49	4	0.62	2.28	0.06
	组内	180.41	662	0.27		
	总计	182.90	666			
个人生理因素	组间	3.14	4	0.79	3.03	0.02
	组内	171.33	662	0.26		
	总计	174.47	666			
个人心理因素	组间	0.25	4	0.06	0.29	0.88
	组内	142.82	662	0.22		
	总计	143.07	666			
监狱特殊因素	组间	2.21	4	0.55	2.11	0.08
	组内	172.94	662	0.26		
	总计	175.15	666			

图 4.12 体育管理因素的入狱前工作性质折线图

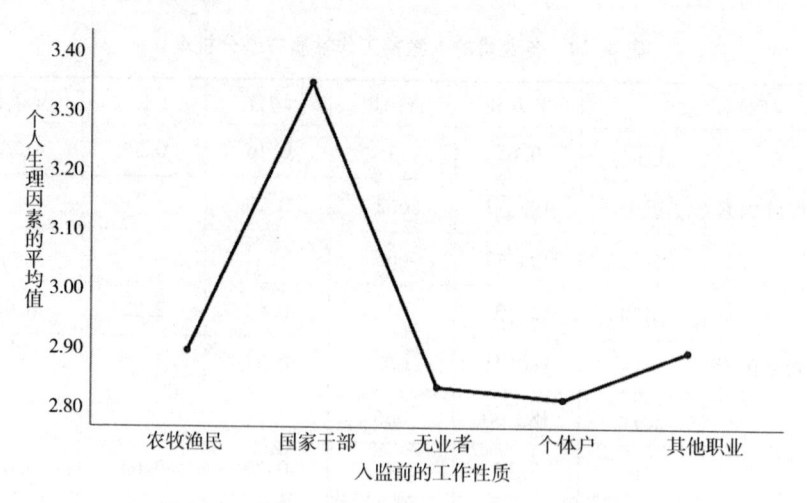

图 4.13 个人生理因素的入狱前工作性质折线图

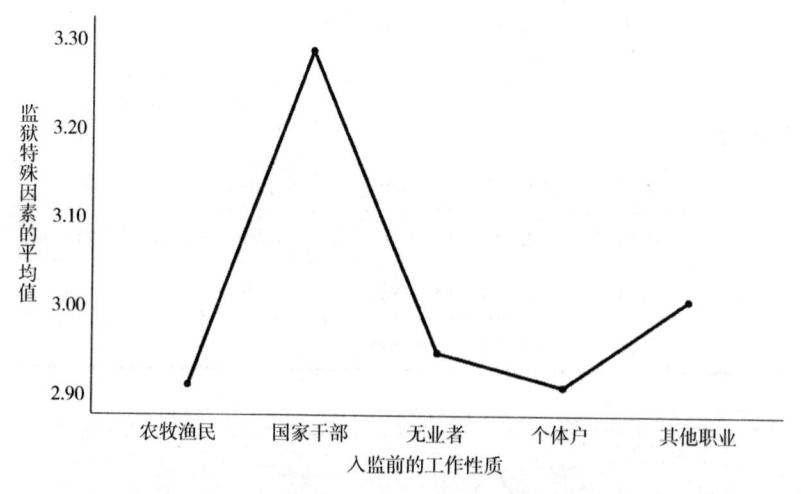

图 4.14 监狱特殊因素的入狱前工作性质折线图

由表 4-19、表 4-20 和图 4.12、图 4.13、图 4.14 可以看出，入狱前为国家干部的服刑人员，体育管理因素、个人生理因素、监狱特殊因素对其参与监狱体育活动影响较大。入狱前其他工作性质的服刑人员无差异性。这与相关研究结果较为一致，即国家机关、企事业单位负责人、管理者有相对更高的体育参与率，体制内从业者在体育参与上比体制外从业者更有优势。[①] 入狱前工作性质为国家干部的服刑人员，他们往往文化程度相对较高，因此，在参与体育活动的影响因素中，个人生理因素和监狱特殊因素对他们的影响相对较大，这也与上一节的研究结果相呼应。同时，由于入狱前工作性质问题，他们往往会对监狱工作的管理情况更为了解和关注，由此可以推测，他们对监狱体育活动的体育管理因素更为重视，因此体育管理因素对他们参与体育活动的影响相对较大。由此可知，在进行监狱体育改造设计时，应充分考虑服刑人员入狱前的工作性质，针对入狱前是政府官员的群体，加大体质健康促进内容的比例，更多地关注监狱特殊因素对他们的影响，同时完善在体育指导、活动组织等管理因素上的设计，从而促进其积极参与体育改造，提高改造效果。

四、监狱体育活动开展影响因素在判处刑期维度的差异分析

本研究采用单因素方差分析检验硬件设施因素、体育管理因素、个人生理因素、个人心理因素和监狱特殊因素在判处刑期上的差异。经过 LSD 事后检验得出：个人心理因素在判处刑期上的差异边缘显著（$p=0.05$）；监狱特殊因素在判处刑期上的差异显著（$p<0.05$）。具体情况如下。

2 年以下刑期在个人心理因素上的得分（3.09±0.50）显著低于 2 年以上 5 年以下得分（3.23±0.47），显著低于无期徒刑得分（3.25±0.44），显著低于死缓得分（3.25±0.42）。

刑期为死缓的监狱特殊因素得分（3.10±0.52）显著高于 2 年以下刑期得分（2.80±0.51），显著高于 2 年以上 5 年以下刑期得分（2.95±0.53），显著高于 5 年以上 10 年以下刑期得分（2.95±0.48），显著高于 10 年以上 15 年以下刑期得分（2.87±0.48），显著高于 15 年以上 20 年以下刑期得分（2.93±0.55）。

其他刑期之间的内部影响因素得分不存在显著差异。具体结果见表 4-21、表 4-22 及图 4.15、图 4.16。

[①] 许玮，朱建勇. 体育参与阶层化趋势及其影响因素 [J]. 体育学研究，2020，34（1）：77-86.

表 4-21 各变量判处刑期得分表

影响因素	判处刑期	平均值	标准差
硬件设施因素	2 年以下	2.85	0.61
	2 年以上 5 年以下	2.94	0.54
	5 年以上 10 年以下	2.95	0.51
	10 年以上 15 年以下	2.92	0.54
	15 年以上 20 年以下	2.94	0.56
	无期徒刑	2.93	0.53
	死缓	3.02	0.52
体育管理因素	2 年以下	2.95	0.49
	2 年以上 5 年以下	3.04	0.54
	5 年以上 10 年以下	3.06	0.51
	10 年以上 15 年以下	2.99	0.54
	15 年以上 20 年以下	3.07	0.59
	无期徒刑	3.05	0.42
	死缓	3.11	0.51
个人生理因素	2 年以下	2.85	0.51
	2 年以上 5 年以下	2.90	0.57
	5 年以上 10 年以下	2.92	0.52
	10 年以上 15 年以下	2.87	0.46
	15 年以上 20 年以下	2.88	0.54
	无期徒刑	2.90	0.49
	死缓	2.91	0.47
个人心理因素	2 年以下	3.09	0.50
	2 年以上 5 年以下	3.23	0.47
	5 年以上 10 年以下	3.21	0.44
	10 年以上 15 年以下	3.09	0.44
	15 年以上 20 年以下	3.19	0.53
	无期徒刑	3.25	0.44
	死缓	3.25	0.42

续表

影响因素	判处刑期	平均值	标准差
监狱特殊因素	2年以下	2.80	0.51
	2年以上5年以下	2.95	0.53
	5年以上10年以下	2.95	0.48
	10年以上15年以下	2.87	0.48
	15年以上20年以下	2.93	0.55
	无期徒刑	2.99	0.51
	死缓	3.10	0.52

表4-22 各变量的判处刑期方差分析表

影响因素		平方和	自由度	均方	F	显著性
硬件设施因素	组间	0.97	6	0.16	0.55	0.77
	组内	193.44	660	0.29		
	总计	194.42	666			
体育管理因素	组间	1.41	6	0.24	0.86	0.53
	组内	181.49	660	0.27		
	总计	182.90	666			
个人生理因素	组间	0.31	6	0.05	0.19	0.98
	组内	174.16	660	0.26		
	总计	174.47	666			
个人心理因素	组间	2.68	6	0.45	2.10	0.05
	组内	140.40	660	0.21		
	总计	143.07	666			
监狱特殊因素	组间	3.86	6	0.64	2.48	0.02
	组内	171.29	660	0.26		
	总计	175.15	666			

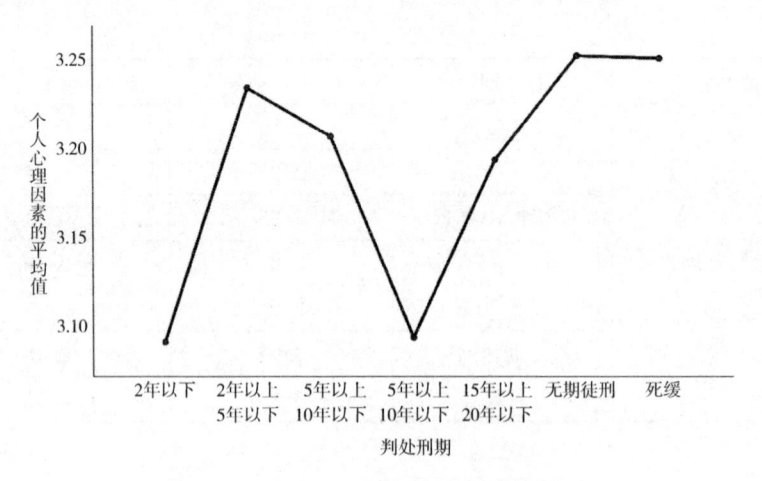

图 4.15　个人心理因素的判处刑期折线图

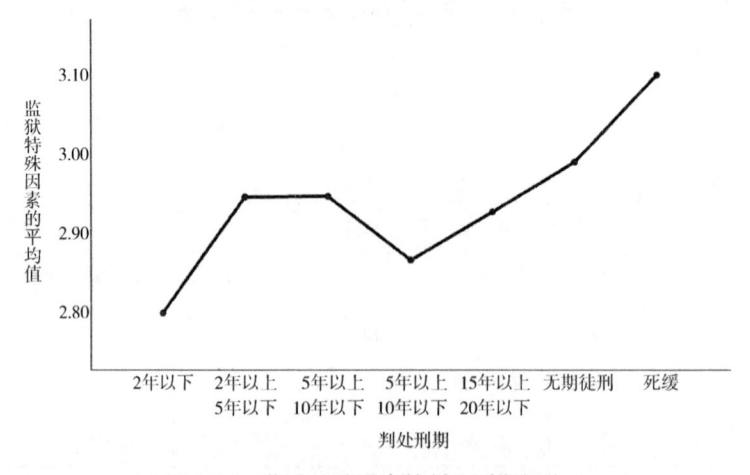

图 4.16　监狱特殊因素的判处刑期折线图

由表 4-21、表 4-22 和图 4.15、图 4.16 可以看出，服刑人员的判处刑期越长，监狱特殊因素对其参与监狱体育活动的影响越大。由于身处监狱，服刑人员的时间和空间自主权都受到了较大程度的限制，这不可避免地会给他们带来消极的影响，刑期越长的服刑人员，其时间和空间剥夺带来的影响就越大。而在漫长的服刑过程中，减刑则成为他们改造的唯一动力，监狱管理者也往往将服刑人员加分减刑的动力融入监管和改造中。同时，由于空间的限制，刑期长的服刑人员更需要良好的人际关系来适应监禁生活。因此，加分减刑、促进狱友间关系、适应监狱生活等监狱特殊因素对刑期长的服刑人员参与体育活动影响较大。由此可知，在进行监狱体育改造设计时，应充分考虑服刑人员的刑期情况，针对刑期较长的服刑人员，更多地关注监狱特殊因素对他们的影响，通过加分减刑、集体项目等激励条件的设置，促进其积极参与体育改造，提高改造效果。

五、监狱体育活动开展影响因素在犯罪类型维度的差异分析

本研究采用单因素方差分析检验硬件设施因素、体育管理因素、个人生理因素、个人心理因素和监狱特殊因素在犯罪类型上的差异。经过 LSD 事后检验得出：硬件设施因素、体育管理因素、个人生理因素、个人心理因素和监狱特殊因素在犯罪类型上的差异均不显著。具体结果如表 4-23、表 4-24 所示。

表 4-23 各变量犯罪类型得分表

影响因素	犯罪类型	平均值	标准差
硬件设施因素	危害公共安全罪	2.85	0.52
	破坏社会主义市场经济秩序罪	3.05	0.55
	侵犯公民人身权利、民主权利罪	2.91	0.58
	侵犯财产罪	2.98	0.49
	妨碍社会管理秩序罪	2.88	0.53
	贪污受贿罪	2.88	0.54
	渎职罪	2.96	0.56
	总计	2.94	0.54
体育管理因素	危害公共安全罪	2.96	0.49
	破坏社会主义市场经济秩序罪	3.04	0.52
	侵犯公民人身权利、民主权利罪	3.02	0.59
	侵犯财产罪	3.07	0.47
	妨碍社会管理秩序罪	3.04	0.50
	贪污受贿罪	3.09	0.51
	渎职罪	3.01	0.55
	总计	3.04	0.52

续表

影响因素	犯罪类型	平均值	标准差
个人生理因素	危害公共安全罪	2.90	0.50
	破坏社会主义市场经济秩序罪	2.87	0.52
	侵犯公民人身权利、民主权利罪	2.90	0.56
	侵犯财产罪	2.85	0.54
	妨碍社会管理秩序罪	2.90	0.42
	贪污受贿罪	2.89	0.56
	渎职罪	2.95	0.48
	总计	2.89	0.51
个人心理因素	危害公共安全罪	3.22	0.42
	破坏社会主义市场经济秩序罪	3.21	0.47
	侵犯公民人身权利、民主权利罪	3.16	0.51
	侵犯财产罪	3.19	0.49
	妨碍社会管理秩序罪	3.19	0.46
	贪污受贿罪	3.15	0.44
	渎职罪	3.18	0.43
	总计	3.18	0.46
监狱特殊因素	危害公共安全罪	2.91	0.54
	破坏社会主义市场经济秩序罪	2.95	0.50
	侵犯公民人身权利、民主权利罪	2.92	0.57
	侵犯财产罪	2.89	0.51
	妨碍社会管理秩序罪	2.93	0.53
	贪污受贿罪	3.00	0.43
	渎职罪	2.95	0.49
	总计	2.93	0.51

表 4-24 各变量的犯罪类型方差分析表

影响因素		平方和	自由度	均方	F	显著性
硬件设施因素	组间	2.74	6	0.46	1.57	0.15
	组内	191.68	660	0.29		
	总计	194.42	666			
体育管理因素	组间	0.74	6	0.12	0.45	0.85
	组内	182.15	660	0.28		
	总计	182.90	666			
个人生理因素	组间	0.51	6	0.08	0.32	0.93
	组内	173.96	660	0.26		
	总计	174.47	666			
个人心理因素	组间	0.23	6	0.04	0.18	0.98
	组内	142.84	660	0.22		
	总计	143.07	666			
监狱特殊因素	组间	0.60	6	0.10	0.38	0.89
	组内	174.55	660	0.26		
	总计	175.15	666			

由表 4-23 和表 4-24 可知，服刑人员参与体育活动，不受其犯罪类型的特殊影响。同时，各影响因素对于不同犯罪类型的影响均不显著，因此，在进行监狱体育改造设计时，应充分考虑各因素直接的协调关系，综合制订服刑人员体育改造计划，保障体育改造效果。

本章小结

本章运用扎根理论方法，通过 NVivo 软件，对资料进行编码处理，得出 27 个观测指标，并形成初始调查问卷。

通过问卷调查，验证得出监狱体育活动开展的 26 个影响因素，并确定影响因素的权重。所有影响因素可以分为 5 个维度，分别为硬件设施因素、体育管理因素、个人生理因素、个人心理因素和监狱特殊因素。

采用单因素方差分析，检验影响因素对不同人口学因素服刑人员的差异。具体为：（1）年龄越低的服刑人员，硬件设施因素对其参与监狱体育活动影响越大；（2）文化程度越高的服刑人员，个人生理因素、个人心理因素以及监狱特殊因素对其参与监狱体育活动影响越大；（3）入狱前为国家干部的服刑人员，体育管理因素、个人生理因素、监狱特殊因素对其参与监狱体育活动影响较大，入狱前其他工作性质的服刑人员无显著差异；（4）服刑人员的判处刑期越长，监狱特殊因素对其参与监狱体育活动的影响越大；（5）服刑人员参与体育活动不受其犯罪类型的影响。

第五章

机理探讨：体育改造服刑人员的机理

前面章节的研究，为体育改造服刑人员的机理探讨提供了较为全面的理论和实践基础。而提出全面系统的监狱体育改造模式，需要进一步对体育改造服刑人员的机理进行详细论证。机理主要是指事物变化的理由与道理，较早应用于化学动力学研究，后逐渐应用于人文社科领域研究中。关于"机理"的研究，目前并没有统一的范式，但总结前人研究可知，机理研究主要是指对某一事物相关基础性问题的分析和探讨。[①][②] 因此，本章运用质化与量化相结合的研究思路，分析和探讨了体育改造服刑人员的机理，主要包括概念与内涵、性质与特征、逻辑结构、改造功能等问题。同时，本章的机理研究也为下一章监狱体育改造模式的构建提供了理论依据。

第一节 体育改造服刑人员的概念与内涵

定义体育改造服刑人员，首先要明确监狱体育活动的概念。给监狱体育活动确定一个明确合理的概念，可以帮助监狱体育活动在理论层面构建起逻辑一致的理论体系，同时，还可以在实践层面对于监狱体育改造服刑人员功能的实现进行有效指导。

[①] 于思远，刘桂海. 体育与构建人类命运共同体：机理与路径 [J]. 体育科学，2019，39 (9)：82-88.

[②] 黄海燕，张林. 体育赛事经济影响的机理 [J]. 上海体育学院学报，2009，33 (4)：5-8.

关于监狱体育活动概念的研究很少，至今还未取得共识，相关概念有"监狱体育""服刑人员体育"等：R. Meek 认为监狱体育是在监狱内开展的体育运动，是监狱环境的基石；G. Sempe 认为，监狱体育在理论上是监狱改造服刑人员，使其重返社会的一种手段；王若光认为，监狱体育是指被约束在监狱中的服刑人员所从事的身体活动用以达到教育改造目的及一定的娱乐效果与健康效果的体育过程。

结合前人研究成果，在给监狱体育活动下定义之前，我们需要厘清以下几个因素。一是监狱体育活动的开展环境。我们知道，监狱是我国的刑罚执行机构，服刑人员均要在监狱内完成改造，因此，监狱体育活动必定是在监狱环境内部开展的。二是监狱体育活动的参与主体。监狱中主要包括两类群体，即监狱警察和服刑人员，因此，他们是监狱体育活动的参与主体。具体来说，服刑人员是监狱体育活动的直接参与者，而监狱警察主要在监狱体育活动中起到组织管理的职能。而监狱警察的体育活动不应列入服刑人员体育活动的范畴，应当属于职工体育。三是监狱体育活动的主要目的。目前，监狱体育活动主要起到促进服刑人员身心健康、充实闲暇时间的作用，部分监狱将体育活动作为教育改造的方式之一。四是监狱体育活动的属性。根据监狱体育活动的开展目的、开展环境和活动主体，我们可以将监狱体育活动定位为社会体育中的特殊人群体育活动。五是监狱体育活动的研究对象。监狱内的体育行为是监狱体育活动研究的基本对象，一切有关于监狱体育活动的假设都要基于对监狱内体育行为的探讨才能得以验证。

基于此，我们认为，监狱体育活动是监狱警察在监狱内组织开展的，服刑人员自愿参加的，以增进身心健康、提高改造效果为主要目的的体育活动。

体育改造服刑人员是监狱体育活动的下位概念，其本质明确了监狱体育活动相较于其他体育的特殊作用，即对服刑人员的改造。可以说，体育改造服刑人员是监狱体育活动特有的属性和意义，而定义体育改造服刑人员，必须明确两点：其一，体育改造服刑人员不能脱离了监狱体育活动的概念范畴；其二，体育改造服刑人员需体现出其在体育范畴中的特殊性。因此，结合前文探讨，本书认为，体育改造服刑人员是指将体育活动作为一种改造方式或手段来矫正服刑人员犯罪心理，最终达到促进其再社会化目标的过程。

在定义了体育改造服刑人员后，我们需要进一步明确其内涵，主要包括以下四点。第一，体育改造服刑人员的改造主体是在监狱内的服刑人员。在我国，根据服刑地点划分，服刑人员主要分为社区服刑人员和监狱服刑人员，而本书主要是针对监狱体育活动进行的。服刑人员是监狱体育活动的具体参与者，同时，服刑人员体育项目的选择、时间的安排以及具体的管理实施均需要充分考虑服刑人员的具体因素，因此需要明确服刑人员在监狱体育活动中的主体地位。第二，体育改造服刑人员的基本目的是增进服刑人员的身心健康。体育活动可以有效增进人的身心健康，而在监狱中的服刑人员，其身心健康也得到了监狱管理者的重视，通过体育活动提高服刑人员身体健康状况、改善不良心理症状成为监狱体育活动的基本目标。第三，体育改造服刑人员的最终目的是促进服刑人员再社会化。教育改造服刑人员，帮助服刑人员再社会化，是监狱的根本目标和核心任务，因此，监狱内的一切工作和活动都应以此为核心开展，监狱体育活动的开展同样要遵循监狱工作的这一中心任务，因此，体育改造的最终目标是促进服刑人员的再社会化。第四，体育改造服刑人员的根本保障是制度。制度是工作开展的基本保障，目前，监狱体育活动的开展仅有政策法律的允许，还没有具体的执行制度，因此，体育改造服刑人员功能的实现还需要建立健全相关规章制度。

第二节 体育改造服刑人员的性质与特征

一、体育改造服刑人员的性质

性质是指一件事物本身所具有的与其他事物不同的根本属性。明确体育改造服刑人员的性质，即将体育视为监狱改造工作的一种形式，充分发挥体育本身的价值和功能，通过明确其在监狱服刑人员改造中的功能归属，确定其应扮演的角色，进而根据监狱的发展形成自身的组织行为模式。明确体育改造服刑人员的性质，有助于体育改造服刑人员的良性运行，而体育改造服刑人员的良性运行也会对监狱体育价值观和监狱体育活动的定位产生深刻的影响。

体育改造服刑人员是体育学和监狱学的交叉领域，研究起步较晚，根据当前研究的现状和水平看，研究相对薄弱并处于初级阶段，尚未形成公认或成熟的理论体系，还需学者进一步建构、思辨、验证和提炼。因此，本书将现阶段的体育改造服刑人员暂定为监狱学和体育学的交叉研究方向，而体育改造服刑人员的研究性质为理论性、应用性或综合性，目前尚未见到这方面的定性报道。体育改造服刑人员的性质既是一个深层的理论问题，也是一个思维观和方法论问题。本书通过体育改造服刑人员相关问题的研究，结合监狱学和体育学相关基本理论观点认为：体育改造服刑人员是集理论性和应用性研究于一体的综合性研究方向。其中的理论性，主要指学者对体育改造服刑人员自身的基础理论问题进行研究，如概念、本质、特征、性质、分类等，其中最关键的基础理论问题是如何合理运用体育的特殊功能改造服刑人员，反映出其作为改造手段之一的性质。这方面的研究，需要将体育对人身心促进功能和服刑人员身心改造目标相统一，进而明确体育改造服刑人员的具体理论内容体系。其中的应用性，主要是指体育改造服刑人员的实践问题，例如，体育改造服刑人员的程序、步骤、方法、要求、原则等，体育改造服刑人员的计划与分配，体育改造服刑人员实施过程中资源配置、开发利用、改造政策和管理等。通过实践问题的研究，总结、提炼和吸纳相对科学和有效的经验与方法，以提升实践的操作水平，反映出体育改造服刑人员的特征。这方面的探究，通常以实用性和操作性较强的现实问题为对象。

因此，本书认为体育改造服刑人员是集理论性和应用性研究于一体的综合性研究。通过体育对人身心促进功能和服刑人员身心改造目标的辩证统一，可以明确其理论性；通过体育改造服刑人员机理的探究和模式的构建，可以明确其应用性。

二、体育改造服刑人员的特征

体育改造服刑人员主要有以下四个特征：

（一）开展区域的局限性

众所周知，监狱是一个封闭的环境，高墙之内的生活对人们来说是神秘而且陌生的。由于监狱空间的限制性，服刑人员是绝对不能走出监狱进行体育活动的，所以监狱体育活动往往是在活动面积比较小的场地。

（二）改造主体的服从性

目前，监狱体育活动的开展已逐步常规化、制度化，监狱文体活动也逐渐成为监狱工作的规定工作之一。在此前提下，服刑人员需要根据监狱工作的安排，按时参加相关活动。因此，监狱体育活动就不像社会体育一样，存在参与的随意性，而是体现出一定的强制性。同时，当监狱体育活动上升为改造手段之一时，服刑人员必须服从改造安排，参与体育改造，这就体现出其作为改造主体的服从性。

（三）改造项目的指定性

监狱体育活动项目的选择不仅受到区域的限制，而且还要充分考虑到项目的激烈程度。服刑人员的受教育程度普遍不高，做事容易冲动，比较倾向于用武力解决问题，如果没有考虑好这个问题，则会使改造效果事倍功半，甚至产生负面影响。针对这种情况，在运动项目的选择上一般倾向于运动技巧类和对抗强度相对较低的项目，如开设乒乓球、棋牌类以及太极、瑜伽、心理保健操等活动项目。

（四）改造安全的首要性

在监狱文化的众多分支中，监狱安全文化是最重要的，我们所说的安全不仅是服刑人员在监狱里的人身安全，还包括监狱的整体环境处在一个安全可控的范围之内。在服刑人员中进行体育改造，既要防止因高对抗而产生的运动损伤或情绪过激行为，也要防止因群体体育活动形成改造上的团伙，引发群体性突发事件。

第三节　体育改造服刑人员的逻辑结构

若要将体育改造服刑人员作为现代监狱改造体系中的组成部分，形成体育改造服刑人员模式，甚至将监狱体育建立成一门独立的学科，明确其逻辑结构是基本问题之一。根据黑格尔的《逻辑学》和马克思的《资本论》，可以将逻辑结构分为逻辑起点、逻辑中介和逻辑终点三部分，结合体育改造服刑人员的实际情况，可以将三部分分别确定为服刑人员体育行为、监狱体育活动管理和服刑人员再社会化。

一、逻辑起点：服刑人员体育行为

逻辑起点，是指事物的起始范畴，是整个逻辑结构的思维起点，是从抽象上升到具体的逻辑行程中经历的第一个环节。逻辑起点存在的前提条件是逻辑关系的存在，无论这种逻辑关系是应然的、潜在的还是实在的。如果没有逻辑关系的存在，也就无所谓逻辑起点、逻辑中介或逻辑终点。例如，马克思在《资本论》中将"商品"定性为经济范畴的逻辑起点，进而建立起了资产阶级社会经济的逻辑结构。作为现代社会生活的必要组成部分之一，体育对人的全面发展具有不可忽视的作用，而体育何以改造服刑人员，如何让体育更好地发挥改造服刑人员功能，则需要通过明确体育改造服刑人员的逻辑起点来进一步实现。体育改造服刑人员的逻辑起点，需要从最直接存在的事物中进行确定。

逻辑起点是一个理论的起始范畴，根据黑格尔的《逻辑学》和马克思的《资本论》中确定逻辑起点的方法，确定逻辑起点的原则可以概括为：逻辑起点是一个理论中最简单、最直接、最基本、最抽象的范畴；逻辑起点是构成体系的细胞、元素；逻辑起点与逻辑终点是辩证统一的；逻辑起点与历史起点相一致。按照上述原则，对体育改造服刑人员理论体系中相关基本范畴进行比较分析，发现"服刑人员体育行为"可以作为逻辑起点。第一，"服刑人员体育行为"是监狱体育活动中最直接、最简单、最抽象的范畴，是最直接存在的，是服刑人员可以感知到的客观实在，具有直接性、个体性的特点。第二，"服刑人员体育行为"是构成体育改造服刑人员理论的细胞和元素。相比于社会上的体育活动，监狱体育活动还需要发挥其特有的改造功能，因此监狱体育活动是一个多性质、多层次、多目标、多功能的综合整体，但透过这个整体可以发现，监狱体育活动仍是以服刑人员的运动、活动为主要特征的现实存在，因此，"服刑人员体育行为"是体现监狱体育活动实践活动特征的"细胞"和"元素"。第三，"服刑人员体育行为"是逻辑起点也是逻辑终点。"服刑人员体育行为"作为直接存在，是人们认识监狱体育活动的开端，通过逻辑中介的推动，逐渐从抽象上升到具体，最终达到逻辑终点，这标志着一定认识过程的结束。"服刑人员再社会化"作为逻辑终点，将全部实践活动的意义最终又落实到"服刑人员体育行为"上，因此它既是体育改造服刑人员的目标，又是更高一级监狱体育活动发展的起点。第四，"服刑人员体育行为"是逻辑起点也是历史起点。通过研究监狱体育活动的发展历程可知，体育在监狱创立之初便存在，早期的体育并没有作为改造手段，但其消磨时光、促进警囚关系的作用在一定程度上体现出其改造功能，后经不断发展，监狱体育活动逐步成为监狱日常工作之一，其改造功能也被不断证实并加以运用，因此，"服刑人员体育行为"作为体育改造服刑人员的逻辑起点，与历史起点是相统一的。

由此可见，"服刑人员体育行为"是监狱体育活动中最普遍、最基本的存在形式，在对监狱体育活动进行的分析研究中，"服刑人员体育行为"就是最基本的分析单位，可以以此来对监狱体育活动进行较为合理的逻辑结构构建。因此，本书将"服刑人员体育行为"作为逻辑结构中的起点。

二、逻辑中介：监狱体育活动管理

逻辑中介是运用从抽象上升到具体的方法以形成系统理论而确定的，联结起点和终点的，由一系列概念、范畴所组成的中间环节。"服刑人员体育行为"是人们认识体育改造服刑人员的开端和最直接形式,"服刑人员再社会化"则是体育改造服刑人员的最终目标和逻辑终点,在体育改造服刑人员的逻辑结构中,如何从逻辑起点出发,最终顺利达到逻辑终点,则需要将理论原理与实践有机结合起来,实现理论与实践的良性互动。因此,必须明确体育改造服刑人员逻辑结构中的中介,将理论与实践有机结合起来。

在理论与具体实践的相关因素中,只有"监狱体育活动管理"具有充当逻辑中介的特质。"监狱体育活动管理"是在服刑人员体育行为开展的前提下,为保障这一行为顺利开展而进行的决策、计划、领导、组织、控制、创新等职能。"监狱体育活动管理"是监狱体育活动从简单到复杂、从初级到高级、从余暇活动到改造方式不断转变的逻辑动力,也是监狱体育活动朝着"体育改造服刑人员"目标发展的必要逻辑枢纽。作为体育改造服刑人员逻辑结构中的动力和枢纽,监狱体育活动管理在体育改造服刑人员中主要发挥着管理职能,具体包括决策、计划、领导、组织、控制、创新等。监狱体育活动决策主要是指为了达到改造服刑人员的目的,在预测基础上按照最优化要求,选择体育改造服刑人员方案,并予以实施的过程;监狱体育活动计划是指对即将进行的体育改造服刑人员工作的预先谋划;监狱体育活动组织是指在目标已确定的情况下,将实现目标需要进行的各项工作加以分类组合,并根据监狱相关管理原则制度,明确部门及相关职权;监狱体育活动领导是指指挥、带领、引导和鼓励体育改造服刑人员及其他参与人员为实现目标而努力的过程;监狱体育活动控制是指依据监狱体育活动计划,检查、衡量计划的执行情况,并根据偏差或调整方案或调整计划;监狱体育活动创新,是指为了更好地改造服刑人员而进行的体育改造模式、方案等的创新,主要包含寻求目标、确定事实、识别问题、寻求创意、创意评估和创意实现六个阶段。

"监狱体育活动管理"这一基本范畴概括反映了由服刑人员体育行为引发的改造活动,体现了体育改造服刑人员的本质特征,发挥着整合监狱体育活动参与者、调控服刑人员体育行为的重要功能。同时在体育改造服刑人员由行为到改造、由初级到高级、由无序到有序、由简单到复杂的整个过程中,从逻辑层面上体现出其中介作用,是体育改造服刑人员逻辑结构构建中的关键一环。因此,本书将"监狱体育活动管理"作为逻辑结构中的中介。

三、逻辑终点:服刑人员再社会化

黑格尔认为,有起点就必须有终点,终点是起点的目的,起点在终点中实现,这样它才是现实的起点。起点和终点的辩证统一体现为一个圆圈,"科学的整体本身是一个圆圈,在这个圆圈中,最初的将是最后的东西,最后的也将是最初的东西"[①]。体育改造服刑人员理论体系的构建过程,其最终要归结到逻辑终点上来。逻辑终点是指运用从抽象上升到具体的方法以形成系统理论最后所获得的最丰富、最具体的范畴。体育改造服刑人员逻辑终点的确定,要充分考虑监狱的中心工作任务以及监狱体育活动的最终目标,因此,将"服刑人员再社会化"作为逻辑终点,是监狱体育活动的最终目标(改造服刑人员)和监狱中心工作(服刑人员的再社会化)的辩证统一。同时,"服刑人员再社会化"这一逻辑终点的表现形式和依托即为"服刑人员体育行为",这也符合黑格尔"有起点就必须有终点,终点是起点的目的,起点在终点中实现,这样它才是现实的起点"的辩证逻辑。

服刑人员的再社会化,是服刑人员改造的最终体现,其主要表现在服刑人员的身心健康、反社会人格障碍消失、犯罪心理矫正等方面,这也是体育改造服刑人员需要达成的目标。参与体育活动,可以有效改善人的身心健康状况、提高社会适应能力、矫正不良心理,这些将有助于服刑人员的改造和再社会化,而达成以上效果,需要通过长期稳定的服刑人员体育行为来实现。而长期稳定的服刑人员体育行为,需要科学合理的监狱体育活动管理来促进。因此,"服刑人员再社会化"作为逻辑终点,是服刑人员体育行为和监狱体育活动管理的最终目标和价值体现,也是贯穿服刑人员改造理念的全部体育实践过程,是体育改造服刑人员的终极目标。

---

① 黑格尔. 逻辑学:上卷 [M]. 杨之一,译. 北京:商务印书馆,1966.

总而言之，体育改造服刑人员的逻辑进程大致是：以"服刑人员体育行为"的逻辑起点为开端，经由"监狱体育活动管理"这个逻辑中介，最后到达"服刑人员再社会化"这个最终目标和逻辑终点，即服刑人员体育行为→监狱体育活动管理→服刑人员再社会化。体育改造服刑人员逻辑结构的构建过程，实质上就是这样一个从具体的逻辑起点开始，经过一系列由组织、计划、控制等组成的逻辑中介环节，进而逐步推演至逻辑终点的螺旋上升的过程。

第四节　体育改造服刑人员的功能

基于前文对体育改造服刑人员的研究，以其他专家学者关于参与体育活动积极作用的相关研究成果，结合第四章确定的监狱体育活动开展的影响因素模型，本部分将验证体育改造服刑人员的功能。首先，根据前人相关研究以及实地访谈情况，提出研究假设；其次，根据第四章得出的影响因素模型以及其他成熟量表，进行问卷调查；再次，对收集的数据进行分析，进行假设的验证；最后，根据验证结果，讨论体育改造服刑人员的功能。

一、问卷的发放与回收情况

选取山东省N监狱、山东省L监狱、山东省Q监狱、山东省B监狱、山东省Z监狱、广东省F监狱、江苏省S监狱共7所监狱发放问卷，采取分层随机抽样法，每所监狱发放问卷100份，共发放问卷700份，回收问卷700份，其中有效问卷667份，问卷发放情况满足研究要求。问卷各部分发放情况如下。

（一）参加体育活动影响因素测量工具——监狱体育活动开展影响因素量表

《服刑人员参与体育活动影响因素量表》为本书自编量表，共26道题目，采用李克特五级评分，信度、效度检验见第四章。

（二）服刑人员参加体育运动情况测量工具——经常参加体育活动性量表

《经常参加体育活动量表》由刘微娜等编制的《青少年户外经常参加体育活动性量表》改编得来，共6道题目，采用李克特五级评分。采用Mplus8.4对《经常参加体育活动量表》进行验证性因素分析模型拟合检验，并将结构模型测算出的拟合指标与理想指标进行对比（图5.1）。

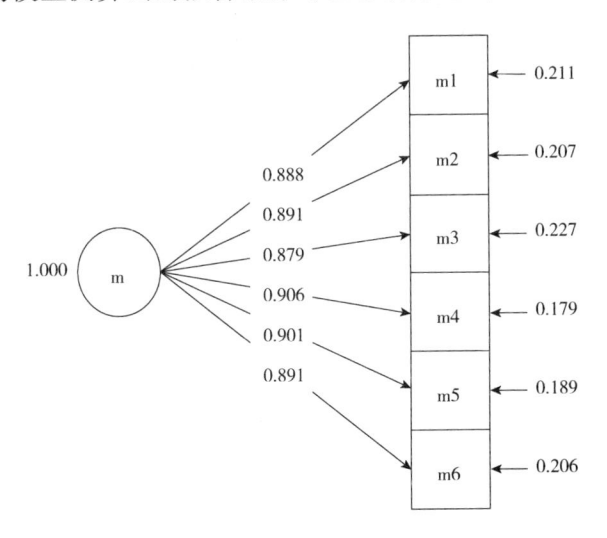

图5.1 《经常参加体育活动量表》验证性因素分析完全标准化路径系数图

如表5-1所示，χ^2/df值为2.14小于5；CFI值为0.986，大于0.9；TLI值为0.985，大于0.9；SRMR值为0.016，小于0.05；RMSEA值为0.041，小于0.08。可见，各项拟合指标均在理想范围内，说明《经常参加体育活动量表》的验证性因素分析具有较好的拟合度。量表内部一致性信度Cronbach's $\alpha=0.867$，说明本量表具有较高的可靠性。

表5-1 《经常参加体育活动量表》验证性因素分析模型拟合表

	χ^2/df	CFI	TLI	SRMR	RMSEA
拟合指标	2.14	0.986	0.985	0.016	0.041
理想指标	<5	>0.9	>0.9	<0.05	<0.08

（三）服刑人员失眠症状测量工具——阿森斯失眠量表（AIS）

《阿森斯失眠量表》为国际公认的睡眠质量自测量表。以对睡眠的主观感受为主要评定内容，用于睡眠障碍的自我评估。该量表共 8 个条目，每条从无到严重分为 0、1、2、3 四级评分。评分方法：总分小于 4，表示无睡眠障碍；总分在 5～6，表示可疑失眠；总分大于 6，表示失眠。采用 Mplus8.4 对《阿森斯失眠量表》进行验证性因素分析模型拟合检验，并将结构模型测算出的拟合指标与理想指标进行对比（图 5.2）。

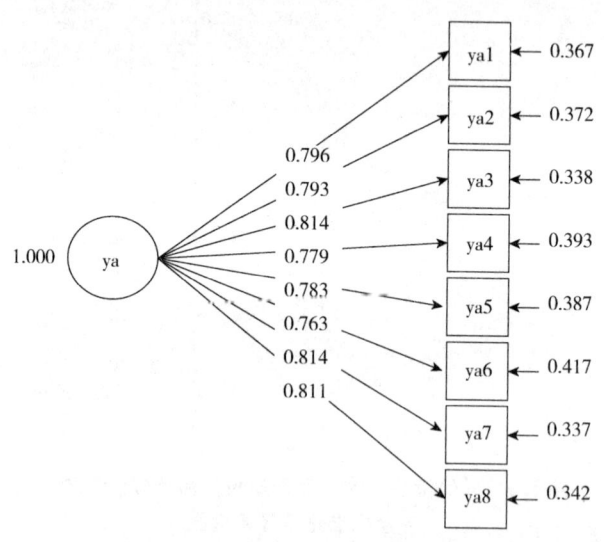

图 5.2　《阿森斯失眠量表》验证性因素分析完全标准化路径系数图

如表 5-2 所示，χ^2/df 值为 2.14 小于 5；CFI 值为 0.935，大于 0.9；TLI 值为 0.909，大于 0.9；SRMR 值为 0.043，小于 0.05；RMSEA 值为 0.052，小于 0.08。可见，各项拟合指标均在理想范围内，说明《阿森斯失眠量表》的验证性因素分析具有较好的拟合度。量表内部一致性信度 Cronbacha's α＝0.713，说明本量表具有较高的可靠性。

表 5-2　《阿森斯失眠量表》验证性因素分析模型拟合表

	χ^2/df	CFI	TLI	SRMR	RMSEA
拟合指标	2.14	0.935	0.909	0.043	0.052
理想指标	<5	>0.9	>0.9	<0.05	<0.08

(四)服刑人员社会适应能力测量工具——服刑人员社会适应能力量表

《服刑人员社会适应能力量表》由刘朝莹编制的《劳教人员社会适应量表》改编得来,共 20 道题目,采用李克特五级评分。采用 Mplus8.4 对《服刑人员社会适应能力量表》进行验证性因素分析模型拟合检验,并将结构模型测算出的拟合指标与理想指标进行对比(图 5.3)。

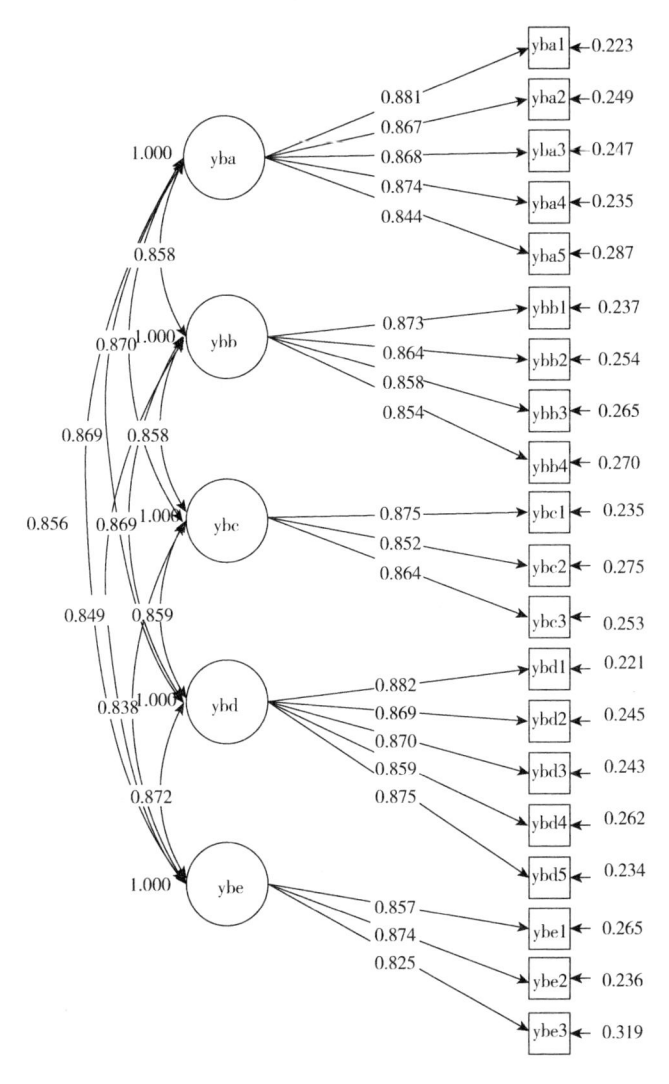

图 5.3 《服刑人员社会适应能力量表》验证性因素分析完全标准化路径系数图

如表 5-3 所示，χ^2/df 值为 2.20 小于 5；CFI 值为 0.981，大于 0.9；TLI 值为 0.977，大于 0.9；SRMR 值为 0.043，小于 0.05；RMSEA 值为 0.052，小于 0.08。可见，各项拟合指标均在理想范围内，说明《服刑人员社会适应能力量表》的验证性因素分析具有较好的拟合度。量表内部一致性信度 Cronbacha's $\alpha = 0.887$，说明本量表具有较高的可靠性。

表 5-3　《服刑人员社会适应能力量表》验证性因素分析模型拟合表

	χ^2/df	CFI	TLI	SRMR	RMSEA
拟合指标	2.20	0.981	0.977	0.043	0.052
理想指标	<5	>0.9	>0.9	<0.05	<0.08

（五）服刑人员积极情绪测量工具——积极情绪量表

《积极情绪量表》来自《积极情绪、消极情绪量表》（PANAS）中积极情绪测量部分，共 10 道题目，采用李克特五级评分。测评办法：数值越大，情绪越积极。采用 Mplus8.4 对《积极情绪量表》进行验证性因素分析模型拟合检验，并将结构模型测算出的拟合指标与理想指标进行对比（图 5.4）。

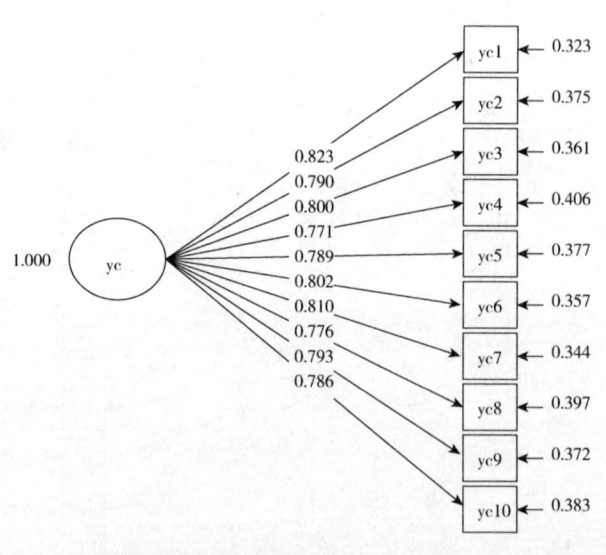

图 5.4　《积极情绪量表》验证性因子分析完全标准化路径系数图

如表 5-4 所示，χ^2/df 值为 4.211 小于 5；CFI 值为 0.932，大于 0.9；TLI 值为 0.912，大于 0.9；SRMR 值为 0.021，小于 0.05；RMSEA 值为 0.041，小于 0.08。可见，各项拟合指标均在理想范围内，说明《积极情绪量表》的验证性因素分析具有较好的拟合度。量表内部一致性信度 Cronbach's α=0.813，说明本量表具有较高的可靠性。

表 5-4 《积极情绪量表》验证性因素分析模型拟合表

	χ^2/df	CFI	TLI	SRMR	RMSEA
拟合指标	4.211	0.932	0.912	0.021	0.041
理想指标	<5	>0.9	>0.9	<0.05	<0.08

（六）服刑人员焦虑症状测量工具——焦虑自评量表

服刑人员焦虑症状测量采用华裔教授 Zung 编制的《焦虑自评量表》（self-rating anxiety scale，SAS），共 20 道题，采用 4 级评分，主要评定症状出现的频度。其中，第 5、9、13、17、19 题，按 4—1 顺序反向计分，其余题目按 1—4 顺序正向计分。总分乘以 1.25 取整数，即得标准分，分值越小越好，焦虑症状分界值为 50 分，50 分以下为无焦虑，50~59 分为轻度焦虑，60~69 分为中度焦虑，70 分以上为严重焦虑。采用 Mplus8.4 对《焦虑自评量表》进行验证性因素分析模型拟合检验，并将结构模型测算出的拟合指标与理想指标进行对比（图 5.5）。

如表 5-5 所示，χ^2/df 值为 1.213 小于 5；CFI 值为 0.988，大于 0.9；TLI 值为 0.989，大于 0.9；SRMR 值为 0.017，小于 0.05；RMSEA 值为 0.018，小于 0.08。可见，各项拟合指标均在理想范围内，说明《焦虑自评量表》的验证性因素分析具有较好的拟合度。量表内部一致性信度 Cronbach's α=0.749，说明本量表具有较高的可靠性。

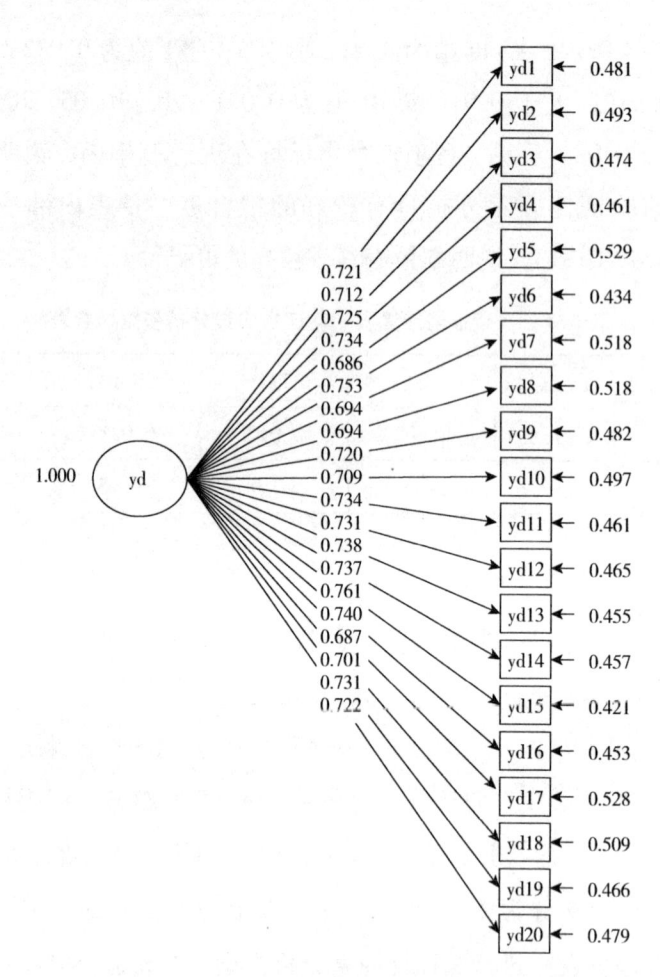

图 5.5　《焦虑自评量表》验证性因子分析
完全标准化路径系数图

表 5-5　《焦虑自评量表》验证性因素分析模型拟合表

	χ^2/df	CFI	TLI	SRMR	RMSEA
拟合指标	1.213	0.988	0.989	0.017	0.018
理想指标	<5	>0.9	>0.9	<0.05	<0.08

二、体育改造服刑人员功能假设的提出

体育活动能给人们身心带来诸多益处，对于服刑人员亦是如此。在进

行实地调研访谈时，有针对性地就体育活动对于服刑人员积极作用进行了有倾向性地提问及交流，并对访谈内容进行了标记和梳理，随后通过NVivo软件将体育活动对服刑人员的积极作用进行编码。编码结果发现，体育改造服刑人员的功能主要集中在"降低失眠症状""提高社会适应能力""提升积极情绪""降低焦虑症状"四个方面，具体情况将在后文阐述。根据扎根理论得出的结论，结合第四章得出的监狱体育活动开展影响因素量表，本章研究的理论假设模型如图5.6所示。

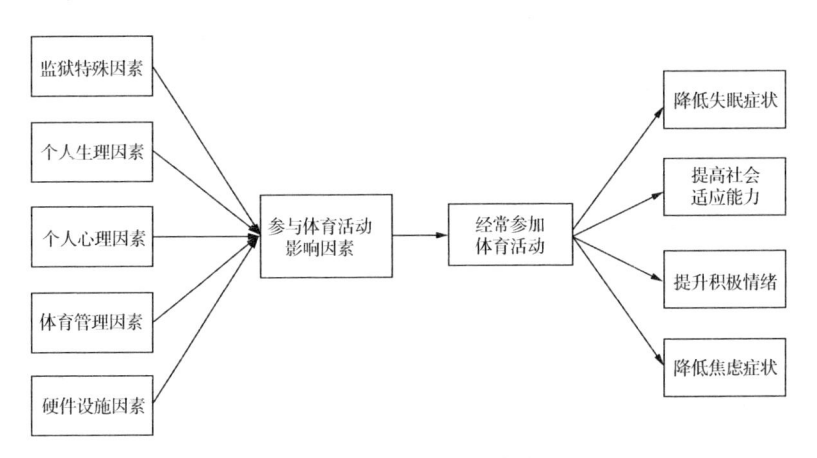

图5.6 本章研究理论模型图

（一）影响因素对服刑人员经常参加体育活动的影响

在第四章，通过研究得出了监狱体育活动开展影响因素。为进一步检验研究得出的影响因素对服刑人员参与体育活动的有效性，提出如下假设：

H_1：监狱体育活动开展影响因素显著正向影响服刑人员经常参加体育活动。

H_{1a}：硬件设施因素显著正向影响服刑人员经常参加体育活动；

H_{1b}：体育管理因素显著正向影响服刑人员经常参加体育活动；

H_{1c}：个人生理因素显著正向影响服刑人员经常参加体育活动；

H_{1d}：个人心理因素显著正向影响服刑人员经常参加体育活动；

H_{1e}：监狱特殊因素显著正向影响服刑人员经常参加体育活动。

（二）经常参加体育活动对服刑人员失眠症状的影响

失眠症状是服刑人员中普遍存在的一个问题。1985年美国《学校卫生》杂志对失眠做出界定，出现以下现象之一即为失眠：1. 每周有3晚失眠；2. 每晚就寝后至入睡，所需要的时间超过45分钟；3. 每周的晚间入睡后再醒并持续30分钟以上的次数超过3个晚上。本书对山东省N监狱两个监区的200名服刑人员进行失眠状况调查，结果发现，有失眠问题困扰的服刑人员有135名，比例高达63.5%。根据中国睡眠研究会公布的最新睡眠调查结果，中国成年人失眠发生率为38.2%。可见，服刑人员的失眠情况要远高于社会其他群体。而失眠对人的生活有着很严重的影响，最常表现的特征为疲劳、困倦、心境紊乱、认知功能降低、运动功能障碍、社会及人际交往困难，以及非特异的生理功能失调。[①] 从监狱管理层面来说，服刑人员失眠情况普遍，在一定程度上属于安全隐患。对于此，L监狱教育科的裴警官表达了相似的观点，具体如表5-6所示。

表5-6　服刑人员失眠问题的安全隐患开放式编码举例表

观测指标节点	观测指标初始表达	原始资料内容举例	资料来源
降低失眠症状	失眠的危害	犯人睡不好觉是个比较普遍的问题，这个也可以理解，毕竟这样的环境，身心压力都很大。从另一个角度来说，人在睡不好的时候心情肯定也不好，身体肯定也会有问题，所以这也算是一种安全隐患	监狱警察访谈-JYJC 6

在实地访谈中发现，大多数服刑人员肯定参加体育活动对睡眠的帮助，认为参加体育活动能够改善失眠问题，具体情况如表5-7所示。

[①] 叶瑞繁. 失眠的评估[J]. 中国临床心理学杂志, 2004 (2): 207-209.

表 5-7 体育活动降低服刑人员失眠症状开放式编码举例表

观测指标节点	观测指标初始表达	原始资料内容举例	资料来源
降低失眠症状	提高睡眠质量	周末有时间的时候，联系好了，组个球队就去（别的监区）了，到那儿就打球，一打就打一下午，打完之后互相交流交流，累了，晚上什么也不想，就睡了，睡得很踏实	服刑人员访谈-FXRY 9
	提高睡眠质量	活动好处很多，有助于食欲，白天活动出出汗，晚上能睡个好觉	服刑人员访谈-FXRY 15
	减少入睡时间	我情绪波动比较大的时候就是家里要来人看的时候，来之前两三天都睡不好觉，来了之后心里也不好受，又得难受几天，这个时候我就去跑跑步，要么打打球，跑累了就没工夫想那些了，上床就能很快睡着	服刑人员访谈-FXRY 18

对于体育活动治理失眠问题，相关学者进行了一定的研究。苏娟等认为："通过体育运动的发泄可逆转精神紧张、忧郁症等恶性症状，使患者自信心增强，焦虑和压抑等情绪障碍得以缓解……在非药物治疗中，体育行为及心理调控对失眠症治疗的确有明显疗效。"[1] Bernice S. Elger 对英国 173 名服刑人员进行了研究，其中有 102 人有睡眠问题，占总人数的 59%，而 61 名没有睡眠问题的服刑人员中，有 43 人（70.5%）经常参加体育活动，有睡眠问题的服刑人员中，经常参加体育活动的仅有 42 人（41.2%），他认为：经常参加体育锻炼的服刑人员患失眠症的比例较低[2]。Jette M. 和 Sidney K. 对加拿大矫正中心进行了有关体育活动对服刑人员矫正作用的测试，结果表明：体育活动对于服刑人员的睡眠有着有利的改

---

[1] 苏娟，卞小平．体育行为与心理调控相结合的康复方法治疗大学生失眠症状的研究[J]．北京体育大学学报，2006（8）：1051-1053．
[2] ELGER S B. Prison life: Television, sports, work, stress and insomnia in a remand prison [J]. International Journal of Law and Psychiatry, 2009, 32 (2): 74-83.

变,不仅如此,还会改善他们对烟酒的依赖①。

从之前的假设来看,参与体育活动影响因素的5个维度均能显著正向影响服刑人员经常参加体育活动。同时,从已有研究来看,经常参加体育活动能够显著负向影响失眠症状。因此可以预测,经常参加体育活动有可能在参与体育活动影响因素的5个维度和失眠症状之间起到中介作用。基于此,本书提出了如下假设:

H_2:经常参加体育活动显著负向影响服刑人员的失眠症状。

H_{2a}:经常参加体育活动在服刑人员参与体育活动硬件设施因素和失眠症状的关系中起中介作用;

H_{2b}:经常参加体育活动在服刑人员参与体育活动体育管理因素和失眠症状的关系中起中介作用;

H_{2c}:经常参加体育活动在服刑人员参与体育活动个人生理因素和失眠症状的关系中起中介作用;

H_{2d}:经常参加体育活动在服刑人员参与体育活动个人心理因素和失眠症状的关系中起中介作用;

H_{2e}:经常参加体育活动在服刑人员参与体育活动监狱特殊因素和失眠症状的关系中起中介作用。

(三)经常参与体育活动对服刑人员社会适应能力的影响

社会适应能力,从某种意义上来说就是指社交能力、处事能力、人际关系能力,同时是人这个个体融入社会、用道德规范约束自己能力的表现。服刑人员是社会中的一个特殊群体,他们在外界的社会生活中,没有和社会环境达到一种平衡,做出了危害他人、影响社会的行为。换言之,缺乏较好的社会适应能力,是服刑人员触犯法律获得刑期的一个重要因素。因此,对服刑人员进行有针对性的社会适应培养教育一直是监狱的改造工作之一。

在实地访谈中发现,经常参加体育活动可以从多个方面促进服刑人员

---

① JETTE M, SIDNEY K. The benefits and challenges of a fitness and lifestyle enhancement program for correctional officers [J]. Canadian Journal of Public Health, 1991, 82 (1): 46-51.

社会适应能力的提升，具体体现在以下几点：

第一，帮助服刑人员适应改造环境。服刑人员入狱后，由于人身自由的丧失，加之原有家庭社会支持系统的破坏等其他因素，容易产生恐惧、焦虑、抑郁、过度敏感等问题。研究表明，服刑人员由于年龄、文化程度、生活经历、家庭情况、入监前的职业以及是否是累犯等方面的差异，在入监后容易产生焦虑恐惧、悲观失望、绝望抗拒、痛苦怨恨、负疚忏悔五类心理特征，目前监狱主要通过入监学习和心理矫治来应对服刑人员的入监初期心理。在调研中发现，体育运动作为一种交流的良好方式，可以帮助服刑人员融入改造群体、适应改造生活。对于此，L监狱的朱警官通过案例支撑了本观点，如表5-8所示。

表5-8 体育活动促进服刑人员适应改造环境开放式编码举例表

观测指标节点	观测指标初始表达	原始资料内容举例	资料来源
提高社会适应能力	适应改造环境	服刑人员张某入狱前从事金融工作，入狱后情绪低落，整天闷闷不乐，经常一个人对着窗外呆坐，有时因一点小事就和周围的人发生争吵，属于典型的痛苦怨恨心理。同室的服刑人员看着他年龄较大、文化程度比较高，试着和他接触，但是他从来不给任何人笑脸，更不主动和他人交谈，别人问他话也是不理不睬，慢慢地同犯都远离了他，他变得更加孤独。 　　一次偶然的机会，乒乓球改变了他。他有一个同乡，在周日休息的时候邀请他打乒乓球，他不是非常乐意，但是由于两人家住得不远，偶尔能谈谈家里的情况，碍于面子，他跟着去了。他的球打得不错，但是年龄大了，一轮球下来就大汗淋漓，打了两轮球，全赢了，虽然还想再打，但是力不从心，就坐到一边休息。这时老乡递给他一条毛巾擦汗，又让人给他端来一杯水。他露出了笑容，并说了声"谢谢"。这是他入狱后第一次笑，也是第一次向别人表示感谢。 　　此后，由别人邀请到主动邀请别人打球的次数越来越多，他的心理症状逐渐好转，偶尔还和同犯开一点玩笑，改造生活也逐渐充实了	监狱警察访谈-JYJC 11

第二，促进服刑人员间的和谐相处。人际关系是社会适应能力的主要体现之一，积极的人际关系会让人产生心理的满足感、自信感和安全感，可以加快人们对环境的适应。服刑人员在服刑期间，原有的人际关系网络由于自由权利的剥夺而受到限制，他们需要在新的环境中建立起新的人际关系，而人际关系建立的速度及融洽与否，会直接影响服刑人员的身心健康及改造生活。体育活动对于促进个体的人际交往有着十分积极的作用，对于服刑人员也是如此，在实地调研中，服刑人员刘某就是一个非常典型的例子，具体情况如表5-9所示。

表5-9 体育活动促进服刑人员人际交往开放式编码举例表

观测指标节点	观测指标初始表达	原始资料内容举例	资料来源
提高社会适应能力	促进人际交往	我曾经是某县的高中英语老师，由于女朋友的继父对她进行性骚扰，我失手将她继父打死，被判了无期徒刑。我是属于冲动型犯罪，所以入狱之后非常后悔，一直在封闭自己，没有朋友。是监狱一年一度的篮球赛让我交到了朋友，让我不再自我封闭	服刑人员访谈-FXRY3
		服刑人员刘某监狱生活记录节选： 1. 入改之初，面对陌生的人群和陌生的环境，我的心是孤独而冰冷的。没有亲情的温暖，也没有友情的慰藉，爱情更是如我的刑期变得遥遥无期。我的心中塞满了迷茫和绝望，就像一个人在茫茫戈壁中找不到出路。那时心境真可谓是心灰意懒、了无生趣。 2. 入狱一个多月后，监狱开始举行一年一度的篮球比赛，我一直喜欢篮球，所以报名参加，入选了监区篮球队，面对"魔鬼"训练，我们没有喊苦喊累，也没有偷奸耍滑，更没有轻易言弃的，显示出了高度的组织性、纪律性和团队精神。 3. 通过训练，我交到了新的朋友。 4. 作为一名新队员，球队并没有排斥我，更没有歧视我，而是很快接纳了我。 5. 一种新的归属感油然而生，我蓦然发现，我已经喜欢上这支球队，喜欢上了球队的每一名球员	服刑人员提供资料-FXRY3

续表

观测指标节点	观测指标初始表达	原始资料内容举例	资料来源
提高社会适应能力	促进人际交往	（参加体育活动）能噶或（交往）得很好，和你刚才聊天的那个，我们是铁杆（好朋友），就是因为都喜欢打球	实地访谈-SDFT2
		就像我们这些打球的这几个人，给别人的第一感觉就是开朗，都比较活泼好动，不闷，据我的了解，平时这所有的球员，基本上没有和别人发生过争吵的事	实地访谈-SDFT2

第三，提高服刑人员的规矩意识。服刑人员都是因为触犯法律犯罪入狱的，生活中没有守住法律的红线受到了应有的处罚。因此，加强服刑人员遵规守纪意识，加强他们的依法、按程序做事的意识是教改的重要工作内容。在狱内服刑，学习、生活、劳动都有严格的要求，这些要求都是强制性的，也是必须做的，否则将受到惩罚，这样做是为了强制他们知法、守法、明法，是使用强制手段矫治他们的恶习。而参加体育运动，通过在体育活动中遵守运动规则，进而提高规矩意识，也是一个非常有效的手段。服刑人员对规则的接受与遵守也将对其在刑满释放之后遵守社会规范，如法律、法规及其他规章制度等打下基础，这正是体育教育功能的一个重要方面，也是发挥体育运动为社会培养遵纪守法的合格公民的关键所在。对于体育运动提高服刑人员的规矩意识，在访谈中也得到了证实。

对于体育活动提高社会适应能力，相关学者进行了一定的研究，但主要集中在大学生群体的研究。如，肖丽琴（2007）探讨了体育运动与大学生社会适应能力的关系，体育活动对男生"独立生活能力""人际交往能力"和"学习能力"呈显著性相关，对女生"行为约束能力""独立生活能力"和"人际交往能力"呈显著性相关[1]；潘彦谷等人（2016）认为，参加课外活动可以促进大学生的社会适应，是学校培养大学生社会适应能

---

[1] 肖丽琴. 体育运动与大学生社会适应能力的关系 [J]. 体育学刊, 2007 (2): 79-82.

力的重要途径之一[①]；孙双明等（2019）对清华大学2015级学生体育参与和社会适应的关系进行了实证研究，结果显示，不同强度体育参与和社会适应之间存在不同程度的关联性，高强度、中强度身体活动对青少年社会适应能力具有非常显著的正向影响[②]。

表5-10 体育活动提高服刑人员规矩意识开放式编码举例表

观测指标节点	观测指标初始表达	原始资料内容举例	资料来源
提高社会适应能力	提高规矩意识	服刑人员刘某因盗窃罪入狱，刘某虚荣心强，日常改造中喜欢攀比，常常和别人比"阔气"。刘某家境并不富裕，但是为了炫耀自己有钱，采取两种方式满足自己的虚荣心：一是经常伸手向家里要钱，如果家里不给钱就在会见时和亲人发脾气，造成亲人想见不敢见；二是看到哪个同犯用的日常用品好，在别人不注意的时候偷偷拿走，牙刷、牙膏、香皂、香烟、食品，什么都拿。 后来刘某偷东西被发现，管教人员及时对他进行了教育和处罚，刘某的行为有所收敛，但是偶尔还会做一些偷摸的事情。 体育活动对他的坏习惯也起到了矫治作用。刘某比较喜欢打篮球，一般是打中锋，有时自嘲说跟自己以前的职业有关，让人发现后经常被追着跑。一次打球时他误将篮球投入自己一方篮筐，队友都抱怨他，其中一个和他比较投缘的同犯说："不按规则轻易获得的东西即使你得到了，也会受到严厉的处罚。自己的篮筐容易投进，那是自欺欺人。就像不是你的东西，就是放进自己的口袋，也不会是你的。"刘某被说得满脸通红。后来，打球时经常有同伴半开玩笑半认真地说他。渐渐地，他感到同伴并没有因他的小毛病而嫌弃他，还是一如既往地邀他打球，他偷窃的毛病也慢慢地改掉了	监狱警察访谈-JYJC 6

[①] 潘彦谷，张大均，刘广增等. 大学生社会适应的影响因素及其培养途径——来自心理学的研究［J］. 西南大学学报（社会科学版），2016，42（5）：108-113，191.

[②] 孙双明，刘波，孙妍等. 青少年体育参与和社会适应关系的实证研究——以清华大学为个案［J］. 北京体育大学学报，2019，42（2）：76-85，125.

从之前的假设来看，参与体育活动影响因素的5个维度均能显著正向影响服刑人员经常参加体育活动。同时，从已有研究来看，经常参加体育活动能够显著正向影响社会适应能力。因此可以预测，经常参加体育活动有可能在参与体育活动影响因素的5个维度和社会适应能力之间起到中介作用。基于此，本书提出了如下假设：

H_3：经常参加体育活动显著正向影响服刑人员的社会适应能力。

H_{3a}：经常参加体育活动在服刑人员参与体育活动硬件设施因素和社会适应能力的关系中起中介作用；

H_{3b}：经常参加体育活动在服刑人员参与体育活动体育管理因素和社会适应能力的关系中起中介作用；

H_{3c}：经常参加体育活动在服刑人员参与体育活动个人生理因素和社会适应能力的关系中起中介作用；

H_{3d}：经常参加体育活动在服刑人员参与体育活动个人心理因素和社会适应能力的关系中起中介作用；

H_{3e}：经常参加体育活动在服刑人员参与体育活动监狱特殊因素和社会适应能力的关系中起中介作用。

（四）经常参与体育活动对服刑人员积极情绪的影响

积极情绪，是与消极情绪相对的一种情感，主要是指由外因或内因影响而产生的有助于人们继续完成工作或者正常思考的情感。积极情绪主要包括希望、信心、同情、乐观、忠诚等。有学者对服刑人员的心理情绪进行过深入研究，研究结果表明：服刑人员的心理情绪普遍存在一定问题，积极情绪不高，消极情绪占主导地位，造成的影响主要是好攻击、支配欲强、冷漠、非人化、不入俗等[1]。如何提高服刑人员的积极情绪，确保其有一个相对积极的心态去接受改造，是提高服刑人员再社会化的有效措施之一。在实地访谈中发现，经常参加体育活动可以从多个方面提高服刑人

---

[1] 刘素珍，朱久伟，樊琪等. 社区服刑人员心理健康状况调查［J］. 心理科学，2006，29（6）：1452-1455.

员的积极情绪，具体如表 5-11 所示。

表 5-11 体育活动提高服刑人员积极情绪开放式编码举例表

观测指标节点	观测指标初始表达	原始资料内容举例	资料来源
提高积极情绪	忘记烦恼	服刑人员刘某监狱生活记录节选：（一年一度的篮球赛）比赛质量并不是很高，但是我能明显感觉到，无论是赛场每一个远投入网，一次成功的配合，一个漂亮的传球，一次成功的快攻，都会赢得场下的一阵掌声或者一片喝彩，而这些情况在高墙外似乎随意可见，但是在高墙内，却能让我们忘却了自己身在囹圄，忘却了烦恼	服刑人员提供资料-FXRY3
	增强自信	服刑人员孙某因强奸罪被判入狱，入监后心理压力非常大，常常一个人独处，不与他人交谈，不愿和家人联系，有时家人来探监他也不愿意会见，整日生活在忧郁之中。 一次偶然的机会，同室服刑人员看他一人在院内闲逛，邀他一起做三分投篮游戏，投不中者要被罚捡球，一开始他屡投不中，满操场跑着捡球。后来经常有同犯要他参加此项活动，但是他的命中率一直很差，同犯都笑话他是"职业捡球手"。 分管管教的干警了解到这个情况，就找他谈话说："知道为什么你经常投球不中吗？因为你忘不掉前面失误投球，影响了你的正常发挥，故而经常失球。其实人生也是一样，你老是不愿和他人接触，将自己封闭起来，改造不积极，生活失去信心，但是总有一天你要面对外面的世界，逃避不是办法。要珍惜当下的每一个机会，就像我们投篮一样，深吸一口气，面带微笑投好手中的每一个球。" 教官干警的话起到了明显作用。工余休息时间他总是第一个到球场喊其他同犯一起打篮球，球技明显提高，后来大家又送了他一个外号"职业三分投球手"。他空闲时间也喜欢给家人发短信、打电话了。他跟同犯说是篮球打开了他封闭的空间，篮球让他重拾信心	监狱警察访谈-JYJC 1

续表

观测指标节点	观测指标初始表达	原始资料内容举例	资料来源
提高积极情绪	提高积极性	我因故意杀人罪被判死缓，刚入监时，想到如此长的刑期，我非常悲观绝望，完全失去了生活的勇气。那时候我对别人说，我和你们不一样，因为我杀人现在家已毁了，妻子离婚，孩子到处流浪，老人没有人过问，我现在是一无所有，过一天离坟墓就近一天，早死早解脱。其他狱友都躲着我，警官没办法。 育新文化节期间，我因为喜欢乒乓球，就报名参加了，警官知道了之后，就多次创造机会让我上场。在球场上，我忘记了自己的烦恼和绝望，别人都说我只有在球场上才会有笑容。 就这样，我的心态也慢慢转变了，笑容多了，容易接触了，懂得谦让了，喜欢配合了，干什么都积极了，可以说，小小的乒乓球给我的监狱生活带来了惊人的变化	服刑人员访谈-FXRY23
	提高进取心	我是二劳改（第二次入狱），这次被判14年的刑期，服刑前五年，不但未得一分考核分（一般一年正常得四五十分），反而考核分为负一分。那时候我最常说的一句话是"无所谓"，也经常出现违规违纪行为，扣分也是常事。就是缺乏改造信心，有一种"到点发车"（不减一天刑期）的心情，混刑度日。对于警官的劝导也是采取你说你的，我听我的，该怎么还是怎么。 但是一次小小的游戏，改变了我的"无所谓"性格。那天是休息日，几个同犯在做投篮球游戏，输的要用头将篮球拱进指定的位置，直到拱进指定位置才能继续做投球游戏。一次球滚到我身边，我嘲笑别人说："投几次了还投不进，干脆拱球吧！"那个同犯不服气地说："不服我们比比。"我说："比就比，我一个老犯能输给你。" 由于长时间没有投过球，连连失误，一个下午我都是在拱球中度过的。人的好胜心激起了我练球的欲望，并且常常找那个同犯比球，渐渐地胜多输少。后来我不仅和那个同犯比投球，还比内务卫生，比劳动产量，比考核成绩。年底考核分扭亏转盈，还被评为监区级的改造骨干。现在我经常对别的同犯说：二劳改也有春天，不服就和我比一比	服刑人员访谈-FXRY15

图 5.8 服刑人员在心理矫正室

对于体育活动提高积极情绪，相关学者进行了一定的研究。邱芬、季浏、崔德刚等（2011）对 686 名大学生进行了实证研究，发现体育锻炼高分组的大学生积极情绪较多，体育锻炼低分组的大学生消极情绪较多[①]。任锴、张力为（2015）通过研究发现，抗阻训练可以有效促进个体的积极情绪改善，同时能缓解消极情绪[②]。李焕玉（2015）对 303 名体质弱势学生参加体育锻炼的阶段、运动量及其情绪状态进行调查与分析，发现偶尔参加或有规律地参加体育锻炼有利于促进体质残障型、肥胖型大学生的积极情绪体验，中等运动量的体育锻炼有利于促进体质瘦弱型大学生的积极情绪体验[③]。

从之前的假设来看，参与体育活动影响因素的 5 个维度均能显著正向影响服刑人员经常参加体育活动。同时，从已有研究来看，经常参加体育活动能够显著正向影响积极情绪。因此可以预测，经常参加体育活动有可能在参与体育活动影响因素的 5 个维度和积极情绪之间起到中介作用。基于此，本书提出了如下假设：

H_4：经常参加体育活动显著正向影响服刑人员的积极情绪。

---

① 邱芬，季浏，崔德刚等. 体育锻炼对大学生的时间管理倾向与情绪健康的调节作用[J]. 体育学刊，2011，18（2）：86-90.
② 任锴，张力为. 积极还是消极？阻力训练对情绪的影响：来自元分析的证据[C]//中国体育科学学会. 2015 第十届全国体育科学大会论文摘要汇编（二）. 杭州：浙江大学，2015：735-737.
③ 李焕玉. 体育锻炼与大学生体质弱势群体情绪状态的关系[J]. 首都体育学院学报，2015，27（1）：80-84.

H_{4a}：经常参加体育活动在服刑人员参与体育活动硬件设施因素和积极情绪的关系中起中介作用；

H_{4b}：经常参加体育活动在服刑人员参与体育活动体育管理因素和积极情绪的关系中起中介作用；

H_{4c}：经常参加体育活动在服刑人员参与体育活动个人生理因素和积极情绪的关系中起中介作用；

H_{4d}：经常参加体育活动在服刑人员参与体育活动个人心理因素和积极情绪的关系中起中介作用；

H_{4e}：经常参加体育活动在服刑人员参与体育活动监狱特殊因素和积极情绪的关系中起中介作用。

（五）经常参与体育活动对服刑人员焦虑症状的影响

焦虑，是指个人对即将来临的、可能会造成的危险或威胁所产生的紧张、不安、忧虑、烦恼等不愉快的复杂情绪状态。服刑人员在犯罪过程中、审判过程中以及服刑改造过程中都会伴有焦虑情况出现，严重者也可造成情绪、情感障碍[1]。如何降低服刑人员的焦虑症状，确保其有一个相对积极轻松的心情去接受改造，是提高服刑人员改造效果的有效途径之一。在实地访谈中发现，经常参加体育活动可以有效降低服刑人员的焦虑症状，具体如表5-12所示。

表5-12 体育活动降低服刑人员焦虑症状开放式编码举例表

观测指标节点	观测指标初始表达	原始资料内容举例	资料来源
降低焦虑症状	放松心情	我在监狱活动，主要是因为我很喜欢。同时，在活动的时候，我就能全身心的放松，根本感觉不到我在里面还是在外面	服刑人员访谈-FXRY13

---

[1] 郭翔，鲁士恭. 犯罪学辞典 [M]. 上海：上海人民出版社，1989.

续表

观测指标节点	观测指标初始表达	原始资料内容举例	资料来源
降低焦虑症状	放松心情	我是2001年进来的，跟着中队（分监区）训了三年吧，每年监狱各个监区之间都有一个（比赛）。玩起来之后真是什么都忘了，忘了自己在这里面了	服刑人员访谈-FXRY5
		在这里面，除了劳务加工，旁（别）的时间怪（非常）多，但是有时间你也没什么事干。我觉得吧，玩玩（参加体育活动）可以让你更充实点	服刑人员访谈-FXRY28
	发泄情绪	服刑人员赵某，云南人，30岁。家中有一子一女，还有父母双亲，全靠妻子一人照顾。五年前因盗窃罪被判刑9年。 入狱后他改造非常积极，脏活累活抢着干，谁有困难他都会热情帮助。可是，就在离出狱还有半年的时间，妻子提出和他离婚，并要求将两个孩子带走。听到这个消息，赵某愤怒了，情绪也随之失去控制，只要看到不顺眼的事，就会破口大骂或者挥拳就打，谁的劝说他都听不进去。 有一个和他是同乡的服刑人员，劝他说：还有半年，忍忍就过去了。他说：我知道这样不好，可就是忍不了，现在快憋疯了，有时都想自杀。同乡说：要不你到刚建好的发泄室试试，我在门口等你。 半小时后，赵某筋疲力尽地从发泄室出来，明显感觉到他不再那么烦躁了。他说：有点累了，想休息，这段时间没有休息好。此后，赵某的同乡天天下午收工后陪他到发泄室进行发泄，过了一段时间，赵某的情绪明显得到了改善，后来顺利刑满释放	监狱警察访谈-JYJC 5

续表

观测指标节点	观测指标初始表达	原始资料内容举例	资料来源
降低焦虑症状	释放压力	集体访谈内容摘录： ——我觉得我个人在里面的主要问题，就是心理压力，特别是刚进来的时候，感觉整个人都蒙了，不知道干什么。后来咱们这边有腰鼓队招人，我一想，反正闲着也没事，就参加吧，兴许还能挣点分，一参加果然感觉不一样，你天天练这个，就没心思寻思旁的了，也认识了不少人，慢慢这个心理就调整过来了，我觉得对我的帮助是挺大的。 ——（体育活动对我）很有帮助，就像我们这些打球的这几个人，给别人的第一感觉，就是开朗，都比较活泼好动，不闷，据我的了解，平时这所有的球员，基本上没有和别人发生过吵吵闹闹的事。运动就没有压力，每个星期能释放一次，没有过多的压力……运动在监狱里面，就目前的情况来说，是最好的释放压力的方式。 ——在里面服刑，（参加体育活动）也属于一种释放压力的办法，天天在这干活，放假的时候玩玩（参加体育活动），对思想上是一种放松吧。 ——我觉得体育活动对人的身心健康真不孬。活动，跑跑颠颠，打打球什么的，对释放压力，很有帮助。有时候，这里面的人，都需要发泄，就像我，脾气比较急，如果有个什么活动，比方说，打打球啦，跳跳绳啦，或者七队（7监区）弄的那个小玩意啦（空竹），玩玩那些挺好的，都能发泄发泄，出出汗，心理就能平稳一些。 ——就我而言的话，改造生活比较枯燥，参加活动可以丰富生活，是减轻自己的心理压力很有效的一种办法。就我个人来说的话，可以说是最有效的。加上以前我上学的时候也喜欢体育活动，篮球、足球、乒乓球、羽毛球什么都玩，来了这边也是，能玩的都玩	集体访谈-JTFT2

139

对于体育活动降低焦虑症状，相关学者进行了一定的研究。姚崇等（2013）运用体育运动处方和团体心理辅导相结合的模式，对具有焦虑症状的大学生进行了8周的干预治疗，发现大学生焦虑状态缓解，该模式可以有效干预治疗大学生的焦虑症状[①]。张连成等（2015）对752名天津市在读大学生进行了实证调查研究，发现参加体育锻炼降低大学生的社会体格焦虑[②]。宋海燕等（2010）经过8周的体育疗法干预实验发现，体育疗法对于不同程度焦虑症的干预效果不同，对于中度或重度症状的干预效果好于轻度症状[③]。杜铭等（2013）对大学毕业生进行了8周的体育干预实验，发现有节奏的、具有一定强度和负荷的运动项目能很好地降低大学生的就业焦虑情绪[④]。

从之前的假设来看，参与体育活动影响因素的5个维度均能显著正向影响服刑人员经常参加体育活动。同时，从已有研究来看，经常参加体育活动能够显著负向影响焦虑症状。因此可以预测，经常参加体育活动有可能在参与体育活动影响因素的5个维度和焦虑症状之间起到中介作用。基于此，本书提出了如下假设：

H_5：经常参加体育活动显著负向影响服刑人员的焦虑症状。

H_{5a}：经常参加体育活动在服刑人员参与体育活动硬件设施因素和焦虑症状的关系中起中介作用；

H_{5b}：经常参加体育活动在服刑人员参与体育活动体育管理因素和焦虑症状的关系中起中介作用；

H_{5c}：经常参加体育活动在服刑人员参与体育活动个人生理因素和焦虑症状的关系中起中介作用；

[①] 姚崇，熊正英，兰继军. 体育运动处方和团体心理辅导对焦虑大学生干预治疗的试验研究［J］. 天津体育学院学报，2013，28（2）：143-146.
[②] 张连成，窦皓然，高淑青. 体育锻炼提高身体自我概念的心理机制［J］. 天津体育学院学报，2015，30（3）：190-194.
[③] 宋海燕，李志清，余世和等. 大学生心理障碍（抑郁症、焦虑症、强迫症）的体育干预治疗［J］. 体育学刊，2010，17（7）：51-55.
[④] 杜铭，韩志霞，肖坤鹏. 体育运动干预对大学生就业焦虑情绪影响的实验研究［J］. 东北师大学报（哲学社会科学版），2013（5）：217-220.

H_{5d}：经常参加体育活动在服刑人员参与体育活动个人心理因素和焦虑症状的关系中起中介作用；

H_{5e}：经常参加体育活动在服刑人员参与体育活动监狱特殊因素和焦虑症状的关系中起中介作用。

二、测试对象与数据收集

选取山东 N 监狱、山东 L 监狱、山东 Q 监狱、山东 B 监狱、山东 Z 监狱、广东 F 监狱、江苏 S 监狱共 7 所监狱发放问卷，采取分层随机抽样法，每所监狱发放问卷 100 份，共发放问卷 700 份，回收问卷 700 份，其中有效问卷 667 份，问卷发放情况满足研究要求。回收问卷的基本情况如表 5-13 所示。

表 5-13 回收问卷基本情况表

项目	类别	数量（人）	百分比（%）
年龄	18~25 岁	74	11.09
	26~35 岁	282	42.28
	36~50 岁	258	38.68
	50 岁以上	53	7.95
受教育文化程度	文盲或者半文盲	47	7.05
	小学	200	29.99
	初中	334	50.07
	高中或中专	60	9.00
	本科及以上	26	3.90
入监前的工作性质	农牧渔民	474	71.06
	国家干部	13	1.95
	无业者	91	13.64
	个体户	27	4.05
	其他职业	62	9.30

续表

项目	类别	数量（人）	百分比（%）
判处刑期	2年以下	67	10.04
	2~5年	123	18.44
	5~10年	132	19.79
	10~15年	133	19.94
	15~20年	87	13.04
	无期徒刑	60	9.00
	死缓	65	9.75
犯罪类型	危害公共安全罪	60	9.00
	破坏社会主义市场经济秩序罪	113	16.94
	侵犯公民人身权利、民主权利罪	120	17.99
	侵犯财产罪	100	14.99
	妨碍社会管理秩序罪	113	16.94
	贪污受贿罪	67	10.04
	渎职罪	94	14.09
总计		667	100.00

从表5-13中可知，收集到的数据中，从年龄维度看，18~25岁的共有74人（11.09%），26~35岁共有282人（42.28%），36~50岁的共有258人（38.68%），50岁以上的共有53人（7.95%）；从受教育文化程度来看，文盲或者半文盲的共有47人（7.05%），小学的共有200人（29.99%），初中的共有334人（50.07%），高中或中专的共有60人（9.00%），本科及以上的共有26人（3.90%）；从入监前的工作性质看，农牧渔民的共有474人（71.06%），国家干部的共有13人（1.95%），无业者共有91人（13.64%），个体户的共有27人（4.05%），其他职业的共有62人（9.30%）；从判处刑期来看，2年以下的共有67人（10.04%），

2~5 年的共有 123 人（18.44%），5~10 年的共有 132 人（19.79%），10~15 年的共有 133 人（19.94%），15~20 年的共有 87 人（13.04%），无期徒刑的共有 60 人（9.00%），死缓的共有 65 人（9.75%）；从犯罪类型来看，危害公共安全罪的共有 60 人（9.00%），破坏社会主义市场经济秩序罪的共有 113 人（16.94%），侵犯公民人身权利、民主权利罪的共有 120 人（17.99%），侵犯财产罪的共有 100 人（14.99%），妨碍社会管理秩序罪的共有 113 人（16.94%），贪污受贿罪的共有 67 人（10.04%），渎职罪的共有 94 人（14.09%）。从调查人员的基本情况来看，与监狱服刑人员的相关情况比例大体一致，说明本次问卷发放覆盖率较好。

三、数据分析

（一）描述性统计分析

服刑人员参与体育活动影响因素，经常参加体育活动，失眠，社会适应，积极情绪和焦虑的描述统计如表 5-14 所示。

表 5-14　变量描述统计分析表

因子	最小值	最大值	均值	标准差
硬件设施因素	1.25	4.50	2.94	0.54
体育管理因素	1.60	4.80	3.04	0.52
个人生理因素	1.50	5.00	2.89	0.51
个人心理因素	1.17	4.67	3.18	0.46
监狱特殊因素	1.43	4.43	2.93	0.51
经常参加体育活动	6.00	30.00	17.88	3.97
失眠	0.00	24.00	12.32	3.65
社会适应	26.00	99.00	59.78	11.91
积极情绪	15.00	49.00	29.91	5.95
焦虑	22.00	77.00	51.96	8.10

（二）同源偏差控制与检验

为避免同源偏差对研究结果的影响，本书在设计问卷和现场发放问卷时均强调了"本书仅用于学术研究,不会对问卷内容进行泄露",希望以此来减轻服刑人员填写问卷带来的顾虑。同时,为更准确地让服刑人员了解问卷调查内容,本书将问卷分为 6 个部分,并对每一部分都进行了介绍,帮助服刑人员作答。对于服刑人员来说,本问卷数量相对较多,因此在问卷排版上,同样进行了美化处理,让整个版面清晰整洁,便于服刑人员耐心作答。同时,对于文盲、半文盲或者文化程度较低的服刑人员,则由研究者或者监狱警察辅助填写问卷。

本书同源偏差程度的测量,采用了 Harman 单因素检验的方法。在选择不旋转的情况下,对问卷的所有题项进行因子分析,共得到 2 个特征根大于 1 的因子,且第一个因子的方差贡献率为 32.35%,低于临界值的水平,因此可以认为本书的共同方法偏差不严重。

(三) 相关分析

各因子相关分析情况如表 5-15 所示。表中,因子 1 到因子 10 分别为硬件设施因素、体育管理因素、个人生理因素、个人心理因素、监狱特殊因素、经常参加体育活动、失眠症状、社会适应能力、积极情绪、焦虑症状。

由表 5-15 可知,服刑人员参与体育活动影响因素之间存在显著的中等程度正相关($r=0.338\sim0.546$,$p<0.001$);服刑人员参与体育活动各影响因素与经常参加体育活动呈极其显著的正相关($r=0.609\sim0.668$,$p<0.001$);服刑人员参与体育活动各影响因素与失眠呈极其显著的负相关($r=-0.479\sim-0.415$,$p<0.001$);服刑人员参与体育活动各影响因素与社会适应呈极其显著的正相关($r=0.515\sim0.571$,$p<0.001$);服刑人员参与体育活动各影响因素与积极情绪呈极其显著的正相关($r=0.345\sim0.368$,$p<0.001$);服刑人员参与体育活动各影响因素与焦虑呈极其显著的负相关($r=-0.254\sim-0.308$,$p<0.001$)。由此可见,相关关系符合假设思路。

表 5-15 各因子相关分析表

因子	1	2	3	4	5	6	7	8	9	10
1	1	.471**	.338**	.380**	.400**	.609**	-.432**	.528**	.345**	-.254**
2	.471**	1	.392**	.395**	.418**	.628**	-.483**	.542**	.370**	-.248**
3	.338**	.392**	1	.511**	.528**	.624**	-.415**	.515**	.367**	-.285**
4	.380**	.395**	.511**	1	.546**	.653**	-.432**	.571**	.349**	-.276**
5	.400**	.418**	.528**	.546**	1	.668**	-.479**	.565**	.368**	-.308**
6	.609**	.628**	.624**	.653**	.668**	1	-.688**	.756**	.574**	-.454**
7	-.432**	-.483**	-.415**	-.432**	-.479**	-.688**	1	-.580**	-.446**	.316**
8	.528**	.542**	.515**	.571**	.565**	.756**	-.580**	1	.479**	-.387**
9	.345**	.370**	.367**	.349**	.368**	.574**	-.446**	.479**	1	-.326**
10	-.254**	-.248**	-.285**	-.276**	-.308**	-.454**	.316**	-.387**	-.326**	1

（四）结构方程模型分析

1. 结构方程模型的建立

本书采用Mplus8.4进行结构方程模型的检验。根据研究假设，本部分研究的结构方程模型路径如图5.9所示。由于Mplus自动导出的模型图和路径系数图不能清晰展现研究内容，故运用ProcessOn在线画图程序进行替代。

图5.9中，xa代表"硬件设施因素"，xa1至xa4分别为其观察变量；xb代表"体育管理因素"，xb1至xb5分别为其观察变量；xc代表"个人生理因素"，xc1至xc6分别为其观察变量；xd代表"个人心理因素"，xd1至xd4分别为其观察变量；xe代表"监狱特殊因素"，xe1至xe7分别为其观察变量；m代表"经常参加体育活动"，m1至m6分别为其观察变量；ya代表"失眠症状"，ya1至ya8分别为其观察变量；yb代表"社会适应能力"，yba、ybb、ybc、ybd、ybe分别为其观察变量；yba代表"工作适应"，yba1至yba5分别为其观察变量；ybb代表"人际信任"，ybb1至ybb4分别为其观察变量；ybc代表"人际满意"，ybc1至ybc3分别为其观察变量；ybd代表"回归社会"，ybd1至ybd5分别为其观察变量；ybe代表"遵守法规"，ybe1至ybe3分别为其观察变量；yc代表"积极情绪"，yc1至yc10分别为其观察变量；yd代表"焦虑症状"，yd1至yd20分别为其观察变量。

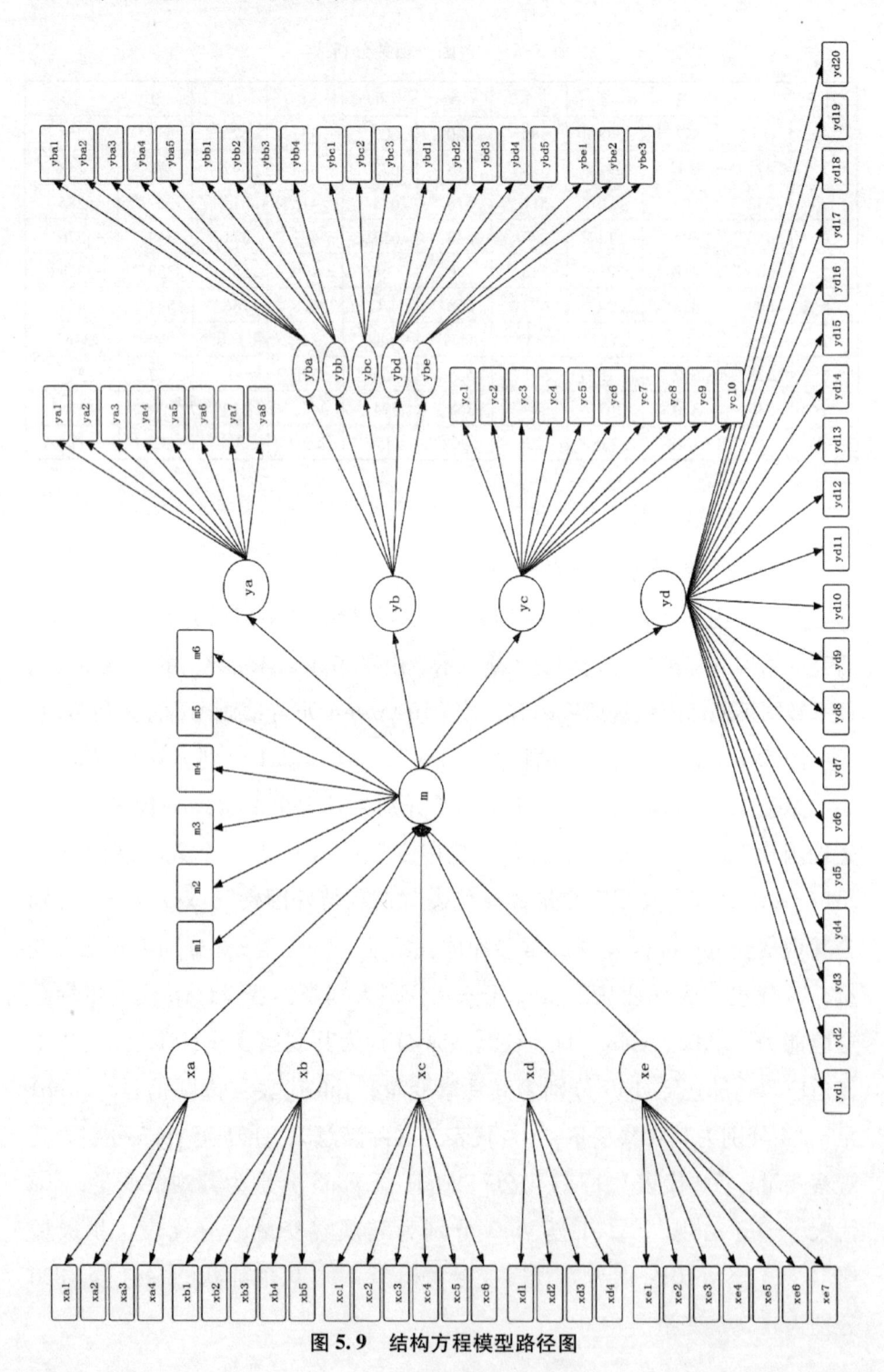

图 5.9 结构方程模型路径图

2. 路径系数假设检验

运用结构方程模型对假设模型进行验证。具体拟合指标情况见表5-16。表中，χ^2/df值为1.087，小于5；CFI值为0.980，大于0.9；TLI值为0.981，大于0.9；SRMR值为0.029，小于0.05；RMSEA值为0.011，小于0.08。可见，各项拟合指标均在理想范围内表明该模型拟合情况良好。

表5-16 验证性因素分析模型拟合表

	χ^2/df	CFI	TLI	SRMR	RMSEA
拟合指标	1.087	0.980	0.981	0.029	0.011
理想指标	<5	>0.9	>0.9	<0.05	<0.08

在模型拟合情况良好的前提下，通过路径显著性来对本部分所提出的研究假设进行检验，路径系数显著性检验情况如表5-17所示。

表5-17 路径系数显著性检验表

因变量	自变量	Estimate	S.E.	Est./S.E.	p
经常参加体育活动	硬件设施因素	0.401	0.058	6.969	0.000
经常参加体育活动	体育管理因素	0.336	0.054	6.260	0.000
经常参加体育活动	个人心理因素	0.321	0.064	5.056	0.000
经常参加体育活动	个人生理因素	0.342	0.064	5.324	0.000
经常参加体育活动	监狱特殊因素	0.256	0.054	4.753	0.000
失眠	经常参加体育活动	-0.525	0.028	-18.706	0.000
社会适应	经常参加体育活动	0.795	0.036	22.147	0.000
积极情绪	经常参加体育活动	0.602	0.039	-15.590	0.000
焦虑	经常参加体育活动	-0.298	0.026	-11.426	0.000

由表可知，硬件设施因素显著正向影响服刑人员经常参加体育活动（Estimate=0.401，p<0.001），因此假设H1a得以验证；

体育管理因素显著正向影响服刑人员经常参加体育活动（Estimate=0.336，p<0.001），因此假设H1b得以验证；

个人生理因素显著正向影响服刑人员经常参加体育活动（Estimate = 0.342，p<0.001），因此假设 H1c 得以验证；

个人心理因素显著正向影响服刑人员经常参加体育活动（Estimate = 0.321，p<0.001），因此假设 H1d 得以验证；

监狱特殊因素显著正向影响服刑人员经常参加体育活动（Estimate = 0.256，p<0.001），因此假设 H1e 得以验证。

我们之前验证了监狱体育活动影响因素各因子与其之间的关系，各因子均显著影响服刑人员经常参加体育活动，由此可以推断，监狱体育活动开展影响因素显著正向影响服刑人员经常参加体育活动，因此假设 H1 得以验证；

经常参加体育活动显著负向影响服刑人员的失眠症状（Estimate = -0.525，p<0.001），因此假设 H_2 得以验证；

经常参加体育活动显著正向影响服刑人员的社会适应能力（Estimate = 0.795，p<0.001），因此假设 H_3 得以验证；

H_4：经常参加体育活动显著正向影响服刑人员的积极情绪（Estimate = 0.602，p<0.05），因此假设 H_4 得以验证；

H_5：经常参加体育活动显著负向影响服刑人员的焦虑症状（Estimate = -0.298，p<0.05），因此假设 H_5 得以验证。

3. 中介效应假设检验

中介效应假设检验，采用偏差校正的 Bootstrap 法（抽取 5000 次）检验该模型中介效应的显著性，如果通径系数 95% 的可信区间中不包括 0，则能表明中介效应有统计学意义。以硬件设施因素、体育管理因素、个人生理因素、个人心理因素、监狱特殊因素为自变量，以经常参加体育活动为中介变量，以失眠症状、社会适应能力、积极情绪和焦虑症状为因变量，进行中介效应检验。中介效应情况如表 5-18 所示，结构方程模型路径系数结果如图 5.10 所示。

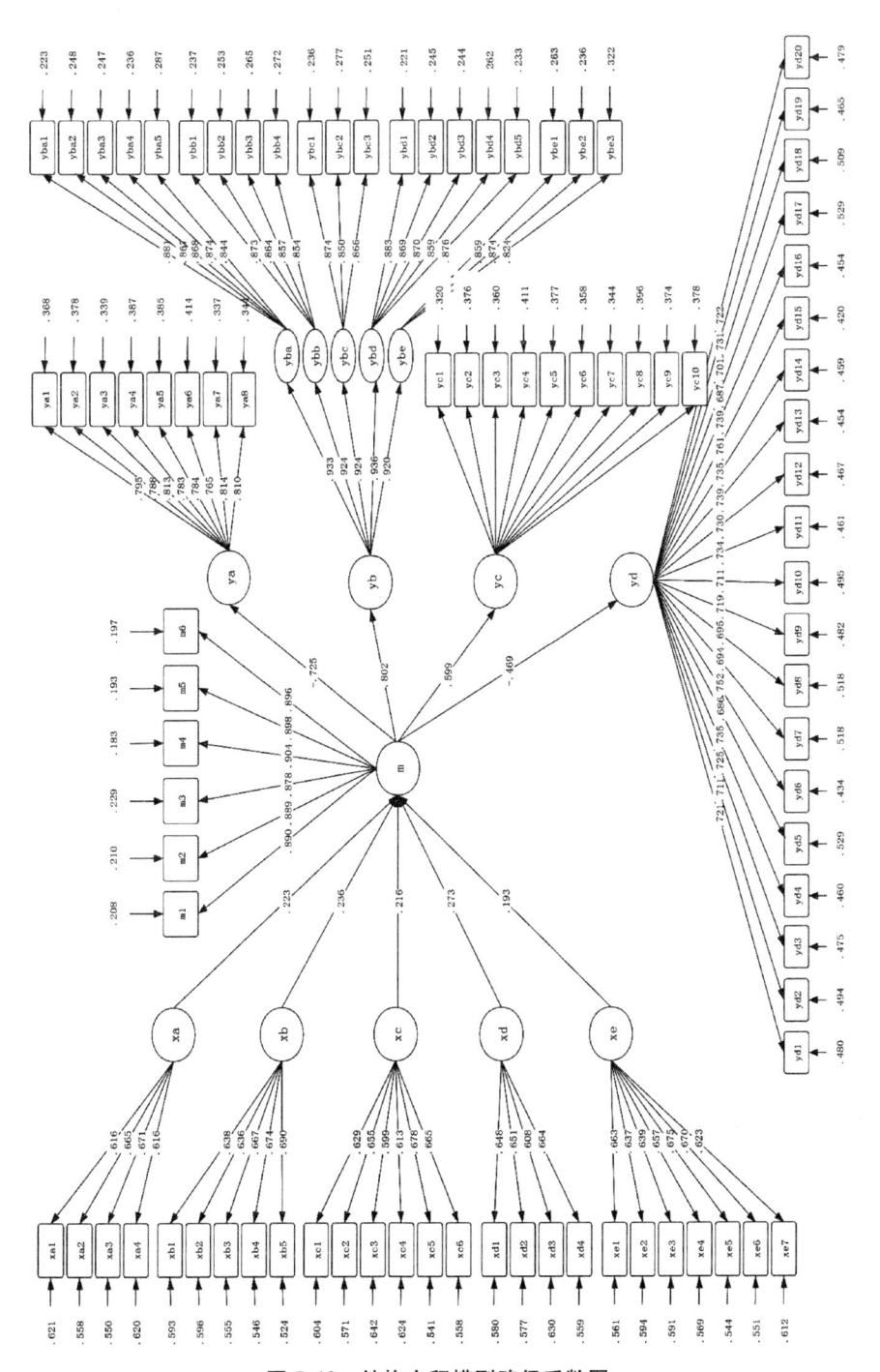

<<< 第五章 机理探讨：体育改造服刑人员的机理

图 5.10 结构方程模型路径系数图

表 5-18 中介效应 Bootstrap 95%置信区间表

自变量	中介变量	因变量	标签	中介效应值	Bootstrap 95%下限	Bootstrap 95%上限
硬件设施因素	经常参加体育活动	失眠症状	IND17	-0.282	-0.210	-0.132
硬件设施因素		社会适应能力	IND18	0.202	0.319	0.417
硬件设施因素		积极情绪	IND19	0.311	0.141	0.241
硬件设施因素		焦虑症状	IND20	-0.160	-0.119	-0.067
体育管理因素		失眠症状	IND13	-0.231	-0.176	-0.123
体育管理因素		社会适应能力	IND14	0.188	0.267	0.363
体育管理因素		积极情绪	IND15	0.278	0.146	0.202
体育管理因素		焦虑症状	IND16	-0.134	-0.100	-0.066
个人生理因素		失眠症状	IND5	-0.294	-0.179	-0.121
个人生理因素		社会适应能力	IND6	0.182	0.272	0.465
个人生理因素		积极情绪	IND7	0.370	0.206	0.126
个人生理因素		焦虑症状	IND8	-0.182	-0.102	-0.068
个人心理因素		失眠症状	IND9	-0.247	-0.169	-0.098
个人心理因素		社会适应能力	IND10	0.161	0.255	0.345
个人心理因素		积极情绪	IND11	0.278	0.148	0.193
个人心理因素		焦虑症状	IND12	-0.132	-0.096	-0.066
监狱特殊因素		失眠症状	IND1	-0.208	-0.134	-0.083
监狱特殊因素		社会适应能力	IND2	0.127	0.203	0.296
监狱特殊因素		积极情绪	IND3	0.228	0.089	0.154
监狱特殊因素		焦虑症状	IND4	-0.128	-0.076	-0.042

由表 5-18 和图 5.10 所示，中介效应假设验证情况如下：

经常参加体育活动在硬件设施因素与失眠症状间的中介效应值为 -0.282，中介效应的 Bootstrap 95%置信区间 [-0.210, -0.132] 的上下限不含有 0，因此，经常参加体育活动在硬件设施因素与失眠症状间的中介效应显著，假设 H_{2a} 得以验证；

经常参加体育活动在硬件设施因素与社会适应能力间的中介效应值为 0.202，中介效应的 Bootstrap 95%置信区间［0.319，0.417］的上下限不含有 0，因此，经常参加体育活动在硬件设施因素与社会适应能力间的中介效应显著，假设 H_{3a} 得以验证；

经常参加体育活动在硬件设施因素与积极情绪间的中介效应值为 0.311，中介效应的 Bootstrap 95%置信区间［0.141，0.241］的上下限不含有 0，因此，经常参加体育活动在硬件设施因素与积极情绪间的中介效应显著，假设 H_{4a} 得以验证；

经常参加体育活动在硬件设施因素与焦虑症状间的中介效应值为 -0.160，中介效应的 Bootstrap 95%置信区间［-0.119，-0.067］的上下限不含有 0，因此，经常参加体育活动在硬件设施因素与焦虑症状间的中介效应显著，假设 H_{5a} 得以验证；

经常参加体育活动在体育管理因素与失眠症状间的中介效应值为 -0.231，中介效应的 Bootstrap 95%置信区间［-0.176，-0.123］上下限不含有 0，因此，经常参加体育活动在体育管理因素与失眠症状间的中介效应显著，假设 H_{2b} 得以验证；

经常参加体育活动在体育管理因素与社会适应能力间的中介效应值为 0.188，中介效应的 Bootstrap 95%置信区间［0.267，0.363］的上下限不含有 0，因此，经常参加体育活动在体育管理因素与社会适应能力间的中介效应显著，假设 H_{3b} 得以验证；

经常参加体育活动在体育管理因素与积极情绪间的中介效应值为 0.278，中介效应的 Bootstrap 95%置信区间［0.146，0.202］的上下限不含有 0，因此，经常参加体育活动在体育管理因素与积极情绪间的中介效应显著，假设 H_{4b} 得以验证；

经常参加体育活动在体育管理因素与焦虑症状间的中介效应值为 -0.134，中介效应的 Bootstrap 95%置信区间［-0.100，-0.066］的上下限不含有 0，因此，经常参加体育活动在体育管理因素与焦虑症状间的中介

效应显著,假设 H_{5b} 得以验证;

经常参加体育活动在个人生理因素与失眠症状间的中介效应值为 -0.475,中介效应的 Bootstrap 95%置信区间 [-0.179, -0.121] 的上下限不含有 0,因此,经常参加体育活动在个人生理因素与失眠症状间的中介效应显著,假设 H_{2c} 得以验证;

经常参加体育活动在个人生理因素与社会适应能力间的中介效应值为 0.273,中介效应的 Bootstrap 95%置信区间 [0.272, 0.465] 的上下限不含有 0,因此,经常参加体育活动在个人生理因素与社会适应能力间的中介效应显著,假设 H_{3c} 得以验证;

经常参加体育活动在个人生理因素与积极情绪间的中介效应值为 0.403,中介效应的 Bootstrap 95%置信区间 [0.206, 0.126] 的上下限不含有 0,因此,经常参加体育活动在个人生理因素与积极情绪间的中介效应显著,假设 H_{3c} 得以验证;

经常参加体育活动在个人生理因素与焦虑症状间的中介效应值为 -0.323,中介效应的 Bootstrap 95%置信区间 [-0.102, -0.068] 的上下限不含有 0,因此,经常参加体育活动在个人生理因素与焦虑症状间的中介效应显著,假设 H_{5c} 得以验证;

经常参加体育活动在个人心理因素与失眠症状间的中介效应值为 -0.247,中介效应的 Bootstrap 95%置信区间 [-0.169, -0.098] 的上下限不含有 0,因此,经常参加体育活动在个人心理因素与失眠症状间的中介效应显著,假设 H_{2d} 得以验证;

经常参加体育活动在个人心理因素与社会适应能力间的中介效应值为 0.161,中介效应的 Bootstrap 95%置信区间 [0.255, 0.345] 的上下限不含有 0,因此,经常参加体育活动在个人心理因素与社会适应能力间的中介效应显著,假设 H_{3d} 得以验证;

经常参加体育活动在个人心理因素与积极情绪间的中介效应值为 0.278,中介效应的 Bootstrap 95%置信区间 [0.148, 0.193] 的上下限不含有 0,因此,经常参加体育活动在个人心理因素与积极情绪间的中介效应显著，假设 H_{4d} 得以验证；

经常参加体育活动在个人心理因素与焦虑症状间的中介效应值为 -0.132，中介效应的 Bootstrap 95% 置信区间［-0.096，-0.066］的上下限不含有 0，因此，经常参加体育活动在个人心理因素与焦虑症状间的中介效应显著，假设 H_{5d} 得以验证；

经常参加体育活动在监狱特殊因素与失眠症状间的中介效应值为 -0.208，中介效应的 Bootstrap 95% 置信区间［-0.134，-0.083］的上下限不含有 0，因此，经常参加体育活动在监狱特殊因素与失眠症状间的中介效应显著，假设 H_{2e} 得以验证；

经常参加体育活动在监狱特殊因素与社会适应能力间的中介效应值为 0.127，中介效应的 Bootstrap 95% 置信区间［0.203，0.296］的上下限不含有 0，因此，经常参加体育活动在监狱特殊因素与社会适应能力间的中介效应显著，假设 H_{3e} 得以验证；

经常参加体育活动在监狱特殊因素与积极情绪间的中介效应值为 0.228，中介效应的 Bootstrap 95% 置信区间［0.089，0.154］的上下限不含有 0，因此，经常参加体育活动在监狱特殊因素与积极情绪间的中介效应显著，假设 H_{4e} 得以验证；

经常参加体育活动在监狱特殊因素与焦虑症状间的中介效应值为 -0.128，中介效应的 Bootstrap 95% 置信区间［-0.076，-0.042］的上下限不含有 0，因此，经常参加体育活动在监狱特殊因素与焦虑症状间的中介效应显著，假设 H_{5e} 得以验证。

四、体育改造服刑人员功能的具体表现

根据之前的研究可以证实，经常参加体育活动有利于降低服刑人员的失眠症状，提高社会适应能力、提高积极情绪、减轻焦虑症状，而这些方面的改变，同样属于服刑人员改造的内容，因此通过梳理可知，体育对服刑人员改造的过程如图 5.11 所示。

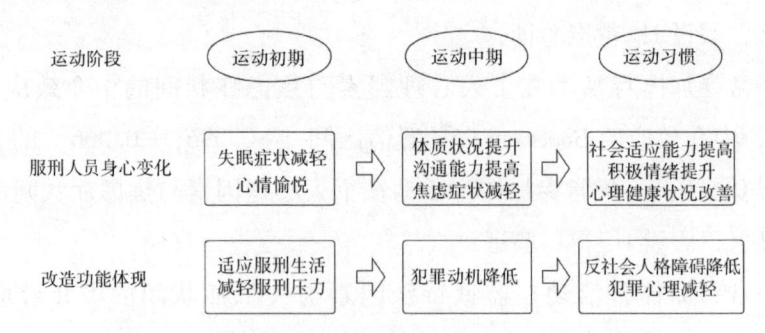

```
运动阶段        运动初期           运动中期           运动习惯

服刑人员身心变化  失眠症状减轻   ⇨  体质状况提升   ⇨  社会适应能力提高
                心情愉悦          沟通能力提高       积极情绪提升
                                 焦虑症状减轻       心理健康状况改善

改造功能体现     适应服刑生活   ⇨  犯罪动机降低   ⇨  反社会人格障碍降低
                减轻服刑压力                         犯罪心理减轻
```

图 5.11 不同运动阶段体育改造服刑人员的功能表现图

（一）降低失眠症状，减轻服刑压力，提高改造身心效果

之前通过实地调查和文献梳理可知，失眠症状是服刑人员中普遍存在的一个问题，且有失眠困扰的服刑人员比例远高于社会其他群体。失眠对人的生活有着很严重的影响，如疲劳、困倦、心境紊乱、认知功能降低等等，这些影响会严重干扰人的正常生活。而对于服刑人员来说，这些影响会更为明显，不仅会影响服刑人员身体健康、降低改造效果，甚至会影响到监狱的安全管理。因此，减轻服刑人员的失眠症状是监狱管理者不可忽视的工作之一。

由于目前还未出现针对服刑人员失眠症状的专门测试工具，因此本书选用了较为公认的《阿森斯失眠量表》，用于测试服刑人员失眠状况。通过研究，证实了经常参加体育活动对服刑人员失眠症状的积极作用。结合实地访谈资料可知，经常参加体育活动，可以消耗服刑人员多余的精力、放松服刑人员紧张情绪、降低服刑人员由于执行监禁带来的不安和恐惧，进而有效提高服刑人员的睡眠质量、降低失眠症状，可以说，经常参加体育活动，不仅可以有效避免因失眠问题带来的身体疾病，还可以有效保证服刑人员有良好的精神状态接受教育改造和劳动改造，提高改造身心效果。因此，减轻服刑人员失眠症状是监狱体育活动改造的功能之一。

（二）提高社会适应能力，降低反社会人格障碍

服刑人员是社会中的特殊群体，他们在以往的生活中违反了社会规范、法律，通过危害他人、影响社会才能达到在社会中生存的目的，因此

可以认为,他们无法与社会环境达到良性的平衡,多位学者的研究也证实,服刑人员社会适应情况较差,社会适应能力较弱。

通过监狱中的教育改造、心理疏导、劳动改造等方式,能够培养他们的法律意识、社会规范意识、社会责任感,进而消除他们的社会危险性,让他们能够在社会中良性生活。所以说,监狱改造工作的基本目标之一是促进服刑人员的再社会化。因此,提高服刑人员的社会适应能力,是监狱改造工作的重要组成部分。

本书选取了针对服刑人员社会适应能力的测试量表《劳教人员社会适应量表》,并根据实际情况进行了改编,因此具有一定的研究对象指向性。通过研究,证实了经常参加体育活动对服刑人员社会适应能力的积极作用。由此可知,经常参加体育活动能够有效提高服刑人员的社会适应能力,也就是说,可以通过监狱体育活动改造的方式降低服刑人员的社会危害性,进而降低反社会人格障碍,促进服刑人员的再社会化。因此,提高服刑人员社会适应能力是体育改造服刑人员的功能之一。

(三)提高积极情绪,矫正犯罪心理

有学者对服刑人员的心理情绪进行过深入研究,研究结果表明:服刑人员的心理情绪普遍存在一定问题,积极情绪不高,消极情绪占主导地位,造成的影响主要是好攻击、支配欲强、冷漠、非人化、不入俗等[1]。同时,消极情绪中的应激、心境、激情所具有的犯罪动机作用,歪曲的"公平正义感"、自我价值感与活动愉悦感也可能具有犯罪的动力性质[2]。因此,消极情绪不仅是服刑人员危害社会、违反法律的重要心理因素之一,同时也会对服刑人员入监后的改造带来较大的影响和阻力。所以,培养服刑人员的积极情绪是监狱改造工作的要点之一。

体育活动提高人的积极情绪,相关学者通过一定的研究进行了证实。但是,将服刑人员积极情绪作为因变量、经常参加体育活动作为自变量的

---

[1] 刘素珍,朱久伟,樊琪等. 社区服刑人员心理健康状况调查[J]. 心理科学,2006,29(6):1452-1455.

[2] 刘建清. 犯罪动机与人格[D]. 北京:中国政法大学,2009:108.

研究还未出现，同时，针对服刑人员积极情绪的测量工具也未有参考，因此，本书选取了《积极情绪、消极情绪量表（PANAS）》中积极情绪测量部分，进行服刑人员积极情绪的测量。通过研究证实，经常参加体育活动能够有效提高服刑人员的积极情绪。而归属感、自尊感、理智感、自我价值感等积极情绪的高低，对改善犯罪心理有着较为明显的影响[①]，由此可知，经常参加体育活动可以有效改善服刑人员的犯罪心理，即提高服刑人员积极情绪是体育改造服刑人员的功能之一。

（四）减轻焦虑症状，降低犯罪动机

有学者在研究中指出，服刑人员在犯罪过程中、审判过程中以及服刑改造过程中都会伴有焦虑情况出现，严重者也可造成情绪、情感障碍[②]。新入监服刑人员存在明显的心理问题，心理健康状况较正常人群普遍低下，主要心理问题集中在强迫、抑郁、焦虑等方面[③]。焦虑症状的特点是主体感到紧张不安、忧虑、烦恼和恐惧，只有焦虑处在较高水平时，才会演化成为犯罪动机的情绪成分。因此，降低焦虑症状，可以降低服刑人员的犯罪动机，避免其再次犯罪。

体育活动降低人的焦虑症状，在大学生群体得到了诸多证实，但是目前还未出现针对服刑人员群体的相关研究。对于服刑人员焦虑症状的研究，较多学者选择了焦虑自评量表（SAS）进行测量，本书经过分析证实，经常参加体育活动能够有效降低服刑人员的焦虑症状。因此可以推断，可以通过体育运动来降低服刑人员焦虑症状，进而消除其犯罪动机，促进服刑人员的再社会化。所以说，降低服刑人员焦虑症状是体育改造服刑人员的功能之一。

[①] 刘建清. 犯罪动机与人格 [D]. 北京：中国政法大学，2009：113.
[②] 郭翔，鲁士恭. 犯罪学辞典 [M]. 上海：上海人民出版社，1989：56.
[③] 梅峰. 临床心理学视野下的新入监服刑人员心理评估及干预策略研究 [D]. 南京：南京中医药大学，2012.

<<< 第五章 机理探讨：体育改造服刑人员的机理

本章小结

1. 监狱体育活动是监狱警察在监狱内组织开展的，服刑人员自愿参加的，以增进身心健康、提高改造效果为主要目的的体育活动。体育改造服刑人员是指将体育活动作为一种改造方式或手段来矫正服刑人员犯罪心理，最终达到促进其再社会化目标的过程。

2. 体育改造服刑人员是集理论性和应用性于一体的综合性研究方向。通过体育对人身心促进功能和服刑人员身心改造目标的融合统一，可以明确其理论性；通过体育改造服刑人员机理的探究和模式的构建，可以明确其应用性。

3. 由于监狱改造工作的强制性和服刑人员群体的特殊性，体育改造服刑人员呈现出开展区域的局限性、改造主体的服从性、改造项目的指定性、改造安全的首要性等特征。这些特征是体育改造服刑人员本质的具体体现。

4. 体育改造服刑人员的逻辑进程是以"服刑人员体育行为"的逻辑起点为开端，经由"监狱体育活动管理"这个逻辑中介，最后到达"服刑人员再社会化"这个最终目标和逻辑终点，即服刑人员体育行为→监狱体育活动管理→服刑人员再社会化。体育改造服刑人员逻辑结构的构建过程，实质上就是这样一个从具体的逻辑起点开始，经过一系列组织、计划、控制等组成的逻辑中介环节，进而逐步推演至逻辑终点的螺旋上升的过程。

5. 体育改造服刑人员功能主要表现在以下方面：可以有效避免因失眠问题带来的身体疾病，保障服刑人员有良好的精神状态接受教育改造和劳动改造，减轻服刑压力，提高改造身心效果；能够有效提高服刑人员的社会适应能力，降低服刑人员的社会危害性，进而降低其反社会人格障碍；能够有效提高服刑人员的归属感、自尊感、理智感、自我价值感等积极情绪，进而改善其犯罪心理；能够有效消除服刑人员的紧张不安、忧虑、烦恼、恐惧等焦虑情绪，减轻焦虑症状，进而消除其犯罪动机。

第六章

模式构建：监狱体育改造模式

通过文献的梳理、相关理论的学习、监狱体育活动历程的回顾、影响因素的研究、体育改造服刑人员机理的探究，为监狱体育改造模式研究奠定了良好的理论基础。本章从监狱体育改造模式的总体要求出发，通过改造模式主要内容的厘定、实施方式的设置、运行体系的构建、评价体系的建立，打造一个切实可行的监狱体育改造模式，以期为体育改造服刑人员工作开展提供思路和方法。

第一节 监狱体育改造模式的指导思想、原则、目标

一、监狱体育改造模式的指导思想

指导思想是监狱体育改造模式制定和实施的基本思路和观念，是引领整个模式运行的纲领性内容，是对监狱体育改造模式的原则、目标、框架、运行、评价等的高度概括和表达。只有确定了正确的指导思想，监狱体育改造模式才是一个行之有效的模式。

监狱体育改造模式的指导思想是：全面贯彻《中华人民共和国监狱法》《监狱教育改造工作规定》及党中央服刑人员改造工作相关精神，坚持以促进服刑人员的再社会化为根本目的，以体育的育人功能为关键动力，坚持教育改造与体育改造相结合，充分挖掘体育对服刑人员的改造功

能，在服刑人员体质健康提升、社会适应能力提高、积极情绪培养等方面体现体育功效，形成定位明确、组织规范、效果明显、特色鲜明的监狱体育改造模式，为我国监狱教育改造事业贡献体育力量。

二、监狱体育改造模式的基本原则

（一）坚持改造第一的原则

改造第一原则是指在监狱体育改造模式中，监狱体育活动的设计应以纠正服刑人员犯罪心理，促进服刑人员的再社会化为根本目标，即确定促进服刑人员改造效果的首要位置。首先，通过体育促进服刑人员的身体健康。体质健康状况是对服刑人员进行教育改造的基础条件，可以充分利用体育运动促进体质健康的功能，保障服刑人员身体健康；其次，通过体育提高服刑人员的社会适应能力。根据诸多改造理论可知，服刑人员大多存在一定的社会适应障碍，通过体育运动，可以有效提高服刑人员的社会适应能力，促进其改造；最后，通过体育提升服刑人员的积极情绪。实地调研发现，服刑人员的焦虑、抑郁等消极情绪表现较为明显，而经常参加体育活动的服刑人员，其积极情绪表现好，因此，可以通过监狱体育活动对其进行促进。

（二）坚持以人为本的原则

以人为本是构建监狱体育改造模式的出发点。其核心理念是把促进服刑人员的教育改造作为模式的工作核心，充分发挥体育的育人功能，创造性地开展监狱体育活动并实现改造目标。以人为本原则主要有两个内涵。第一，以服刑人员改造需求为本。不同服刑人员因为不同性质的犯罪，导致被判罚不同的刑期，而不同犯罪类型的服刑人员，犯罪心理也不同，改造思路也不同。因此，需要根据不同服刑人员的改造思路和方法，设置不同类型的体育活动加以促进。第二，以服刑人员体育需求为本。监狱是个特殊的机构，体育运动的设置受到更多限制条件，在体育的设置和组织中，应在尽可能满足服刑人员体育需求的基础上，充分激发服刑人员参加体育活动的积极性，营造良好的体育氛围。因此，需要广泛征求各方意见，了解服刑人员的实际体育需求，制订符合实际的体育方案。

(三) 坚持安全稳定的原则

监狱的安全稳定不仅是监狱运行的根本要求，同时也是社会安全稳定乃至构建社会主义和谐社会的重要一环。监狱的安全稳定对于保障服刑人员改造工作顺利开展、提高改造效果意义重大。目前，监狱体育活动可能会带来的安全稳定问题，是其开展的重要影响因素，因此，需要谨慎对待。首先，要做好监狱体育活动的组织开展工作。合理的安排、严密的管理是保障监狱体育活动开展的基本条件，也是预防监狱体育活动异化的关键因素。其次，加大体育健康知识的宣传教育。通过体育知识的传授、体育精神的宣传、体育文化的灌输，帮助服刑人员树立健康的体育观，减少运动损伤和体育暴力行为的产生。最后，加强监狱警察的体育管理能力。监狱警察是监狱体育活动的设计者和组织者，需要加强对监狱警察体育管理能力的培养，让他们能够全面深刻认识到体育改造服刑人员的指导思想，将体育改造服刑人员的内涵贯彻到监狱体育活动的各个环节中，同时提高组织管理能力，确保安全稳定高效开展体育活动。

(四) 坚持动态管理的原则

在监狱体育改造模式的运行过程中，要根据体育的循环动态变化，对监狱体育活动实施动态管理，通过不断调整各个环节以实现对服刑人员的体育改造。首先，定期评估体育改造效果。改造效果是监狱体育活动是否开展的重要依据，应采用多种方式，定期对服刑人员的身体健康状况、人格障碍、犯罪心理等进行评估，以判断体育的改造效果，积累服刑人员的体育改造实践经验。其次，及时反馈体育改造问题。在监狱体育活动实施过程中，硬件设施、监狱管理、服刑人员身心状况等方面的变化会对监狱体育活动的开展产生影响，监狱警察应通过快速、准确的反馈，及时把握和应对，将危险因素尽早排除，减少体育风险的产生。最后，弹性调整体育改造方案。通过评估和反馈，结合监狱实际，对既定体育改造服刑人员方案的步骤、目标、方法及手段进行灵活调整，从而保障服刑人员的体育改造效果。

三、监狱体育改造模式的主要目标

目标是制定监狱体育改造模式的核心内容，是未来监狱体育改造模式需要完成的总任务，决定着模式重点的选择、模式内容的划分和模式的组织运动等，具有宏观性、全面性、长期性和可操作性等特点。

根据相关理论基础及前期研究，监狱体育改造模式的主要目标是：建立科学、有效且与监狱教育改造模式相融合的监狱体育改造模式，让监狱管理者和服刑人员更深刻地认识到体育对于服刑人员的改造作用，通过建立效果明显、管理规范、运行畅通、保障有力的体育改造服刑人员内容、方式、体系，促进服刑人员更好更快地改造。

第二节　监狱体育改造模式的主要内容

通过前面体育改造服刑人员现状及监狱体育活动开展影响因素的研究，结合监狱体育改造模式的总体要求，明确了监狱体育改造模式的主要内容，主要包括监狱体育改造模式的建构依据、物质保障、运转中介、质量提升、效果保证、长效机制6个部分。

一、监狱体育改造模式的建构依据：政策法规支持

制定政策法律，促进监狱体育改造模式的构建，是政府部门的应然之举。我国监狱教育改造工作由政府行政主导，因此监狱的体育改造工作同样应以政府为主导，而政策法规的支持，是推动监狱体育改造模式建构的依据。目前，我国监狱体育改造模式尚处于探索时期，相关政策法规不够完善，现有的关于监狱体育活动开展的政策要求笼统且缺乏可操作性（见表6-1），进而导致模式的构建缺少了最基本的依据。

表 6-1 我国关于监狱体育活动开展的政策法规

序号	政策法规名称	相关要求表述
1	中华人民共和国监狱法	监狱应当组织服刑人员开展适当的体育活动和文化娱乐活动
2	司法部关于创建现代化文明监狱的标准和实施意见	开展多种形式的文化、文娱、体育活动，促进服刑人员积极改造
3	监狱教育改造工作规定	监狱应当根据自身情况，成立多种形式的文艺表演队、体育运动队等，组织服刑人员开展文艺、体育活动
4	教育改造服刑人员纲要	要广泛开展丰富多彩的文化、体育活动，定期举行文艺演出、体育比赛

因此，应在我国具体实际情况的基础上，借鉴国外监狱体育活动开展的优秀经验，加强政策法规的支持，明确监狱体育改造模式各项内容，注入政策法规活力，以此来保障监狱体育改造模式的建构。政策法规应从制定和实施两个方面加以支持。

第一，政策法规的制定。司法部门应从体育改造服刑人员的角度，制定、修订或者补充相应的政策法规，应联合体育相关部门，或者邀请体育教育领域的专家学者，结合监狱的实际和服刑人员的需求，从监狱体育活动的硬件设施、组织管理、评价反馈等方面，制定切实可行的体育改造服刑人员的政策法规。

第二，政策法规的实施。政策法规的制定需要贯彻落实才能体现其价值和作用，需要对监狱体育活动政策法规的执行情况进行检查，以确定政策法规的实施情况。体育活动给人们带来的益处并非短期内就能显现，因此需要在政策法规的助推下，逐渐形成常态化的体育改造服刑人员机制，进而不断提升体育改造效果。

二、监狱体育改造模式的物质保障：体育场地设施

人们的体育参与意识是建立在物质基础之上的，体育场地设施的建设

是国家推行全民健身的首要问题和必要问题①。体育场地设施是监狱体育改造模式构建的物质保障，同时也是监狱体育改造模式良性运行的载体。在模式构建初期，体育场地设施等硬件条件情况，最能够反映出监狱体育改造模式的实现程度，同时也极大影响着其他模式组成内容的开展。体育场地设施在监狱体育改造模式中处于基础物质保障的地位，会直接影响监狱体育活动开展的形式、时间和空间。目前，随着我国公共体育场地建设的数量及规模不断加大，绝大多数监狱都配备了一定的体育场地和设施，能够开展篮球、乒乓球、羽毛球、趣味运动会等体育运动项目，要达到改造服刑人员的目的，体育场地设施还需在以下几方面进行完善：

（一）体育场地规划方面。目前，在监狱的规划和建筑中，均是将体育活动作为服刑人员空余时间的休闲活动定位进行规划的（如表 6-2 所示），在监狱体育改造模式的构建中，无法将目前的体育场地从教育改造的目的角度出发进行设计。因此，应从服刑人员改造的角度出发，重新规划监狱体育活动场地，以满足体育改造工作的需求。同时，由于监狱空间的有限性，在规划设计体育场地时，应以多功能体育场地为主。

表 6-2　我国关于监狱中体育场地的相关要求

序号	政策法规名称	相关要求表述
1	司法部关于创建现代化文明监狱的标准和实施意见	健全教育改造机构，落实教育改造管理制度，保证教育改造经费。有固定的教学场所，必要的教育改造设备、电化教育设施和图书、阅览、活动室及运动场等文化、体育活动设施
2	监狱教育改造工作规定	监狱应当设立教育改造场所，包括教室、谈话室、文体活动室、图书室、阅览室、电化教育室、心理咨询室等，并配备相应的设施
3	教育改造服刑人员纲要	监狱应当依照规定设立教室、谈话室、文体活动室、图书室、阅览室、电化教育室、心理咨询室等教育改造场所，同时配备相应的设施

---

① 张宏，陈琦. 我国公共体育服务体系服务项目标准研究［J］. 成都体育学院学报，2012，38（9）：21-24.

(二）体育设施配置方面。尽管监狱对体育设施配置给予了一定的重视，但从体育改造服刑人员的角度来看，目前体育设施整体情况仍不算理想，存在着体育设施数量不能满足服刑人员需求、体育设施类型不能满足监狱改造需要、体育设施使用缺少制度性安排等不足。需要监狱根据服刑人员的体育需求以及改造需要，加强体育设施配置，同时，制定合理的使用规章制度，坚实监狱体育改造模式的物质保障。

三、监狱体育改造模式的运转中介：体育组织管理

监狱体育改造模式效果的发挥主要通过体育组织管理的有效运行和实施来实现，通过体育组织管理这个运转中介，才能让服刑人员体育行为逐渐达到体育改造服刑人员这个目标。监狱体育活动合理的组织结构和科学有效的管理活动是监狱体育改造模式良性运转的重要枢纽。

（一）监狱体育活动的组织结构。总体说来，监狱的组织结构是事业部组织结构，然而在监狱体育活动的开展中，监狱往往是采用的直线型组织结构（具体形式见图6.1），即在监狱体育活动的组织过程中，各种职务按照垂直性直线排列。这种结构比较简单明了，权力分配清晰，职责划分清楚，联系便捷，方便统一管理，可以应用于监狱体育改造模式的组织机构之中。

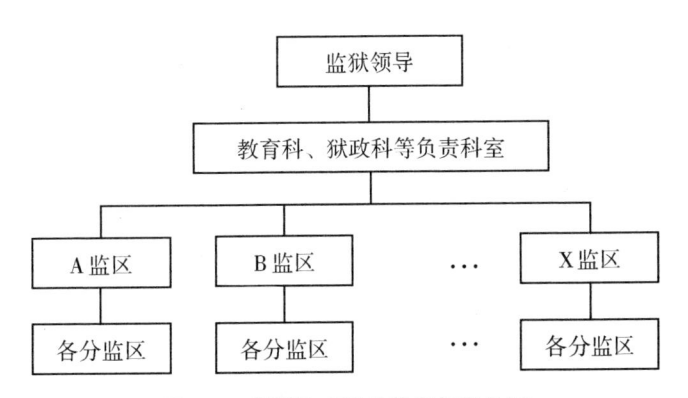

图6.1 监狱体育活动的组织结构图

（二）监狱体育活动的管理机制。科学合理的管理是体育改造服刑人员效果好坏的关键要素，监狱体育活动多年的开展经历积累了大量的宝贵经验，在组织管理方面已经基本形成了较为系统规范的机制，对于监狱体育活动的策划、组织、实施等工作有了较为规范的流程。但是，要想制定科学的监狱体育改造模式，需要在现有管理机制的基础上，充分考虑体育改造服刑人员的功能，从计划、领导、组织、控制、协调、创新等方面出发，对监狱体育活动的组织和管理进行科学化、精细化、个性化升级，制定体育改造服刑人员管理机制。

四、监狱体育改造模式的质量提升：专业体育指导

专业体育指导是指在监狱体育改造模式中，对监狱体育活动进行的技能传授、运动指导和组织管理等活动，是构建监狱体育改造模式、提高监狱体育活动水平、促进体育改造服刑人员效果、营造监狱体育活动文化的重要组成部分。专业的体育指导有预防运动损伤、提高运动效果、促进体育改造、提升监狱体育活动组织水平等积极作用。在对监狱体育活动开展影响因素的调查中，绝大多数服刑人员都选择了需要专业的体育指导，因此，需要通过多种途径，对监狱体育改造模式提供专业体育指导。具体说来，主要有以下几种形式。

（一）邀请社会体育指导员或志愿者来监狱指导。目前，我国社会体育指导员和社会体育志愿者队伍逐渐壮大，他们通过组织管理社会体育活动，举办全民健身宣传讲座，指导群众业余体育活动等形式，发动有意愿的人们参加到体育活动中。在监狱进行体育改造，可以和地方全民健身活动站点积极联系，邀请他们派出社会体育指导员或志愿者，对监狱体育活动提供专业的体育指导。

（二）派出监狱警察学习社会体育指导员证书。我国社会体育指导员技术等级制度规定，凡符合条件，履行社会体育指导员职责者，均可根据规定申请并获得社会体育指导员技术等级称号。监狱体育活动应当属于社会体育范畴，因此，可以根据相关制度，派出负责组织实施监狱体育活动

的监狱警察学习社会体育指导员证书，通过技能的学习、组织管理能力的提升，可有效提高监狱体育活动开展的规范性和有效性，能有效保障监狱体育改造模式的质量提升。

（三）成立监狱体育社团。监狱体育社团，主要是指为了开展监狱体育活动，满足服刑人员健身、休闲、社交等要求，促进体育改造服刑人员功能实现而设立的监狱组织。监狱体育社团的成立应由监狱警察牵头负责，由部分服刑人员中的体育骨干参与，主要负责监狱中闲暇时间体育活动的组织开展，是监狱体育改造模式的有效补充。通过监狱体育社团活动，可以不断提高服刑人员的专业体育知识和技能，提高服刑人员的体育活动组织能力，帮助服刑人员学习新的技能。

五、监狱体育改造模式的效果保证：改造监督评估

对改造效果的监督评估，是监狱体育改造模式健康、持续、规范化发展的内在要求。因此，必须充分考虑政策制度、硬件设施、方式方法、组织管理、体育指导等多方面，同时正视监狱体育活动目前存在的困境和问题，对监狱体育改造模式进行合理的监督评估，进而进行科学调整，以保证体育的改造效果。而对监狱体育改造模式进行监督评估，需要建立起科学的监督评估机制，目前监狱体育改造模式还未有成功案例，因此其监督评估的量化指标还未有具体参考，需要在科学探索后再作深入研究。通过本书了解，监狱体育改造模式效果的监督评估，可以从多个角度进行：

（一）从参与主体角度进行监督评估。针对监狱体育改造模式的具体情况，对监狱领导、监狱警察、服刑人员等不同参与主体，分别进行监督评估，前两者主要通过其在监狱体育活动的管理情况进行监督评估，服刑人员主要通过其在监狱体育活动中的参与情况进行监督评估。

（二）从影响因素角度进行监督评估。根据监狱体育改造模式的效果，从监狱体育活动开展的影响因素角度进行调研访谈，了解监狱体育活动开展中存在的问题，找出监狱体育改造模式效果不明显的具体原因，进而进行反馈和调整。

（三）从功能实现角度进行监督评估。通过对服刑人员的体质健康状况、心理健康状况、犯罪心理检测、再社会化程度等方面的评估，以验证监狱体育改造模式的效果，针对评估效果不明显的方面，进行专门性地调整，以保证监狱体育活动的改造效果。

（四）从组织管理角度进行监督评估。通过监狱管理学和体育管理学的视角，对监狱体育改造模式的组织管理情况进行监督评估，对于不符合教育改造规律和体育开展逻辑的情况，进行反馈和调整，以确保监狱体育改造模式的良性运行，保障改造效果的实现。

六、监狱体育改造模式的长效机制：体育文化营造

监狱文化是整个监狱工作的意识形态和上层建筑，监狱体育文化是监狱文化必不可少的一部分。浓厚的监狱体育文化可以对每一个服刑人员的体育行为和思想产生潜移默化的作用，形成一种无形的驱动力和约束力，可以帮助服刑人员树立正确的体育观，是服刑人员积极参加体育改造的重要因素，是监狱体育改造模式长期运行的重要保障。监狱体育文化的营造，可以从监狱体育活动物质文化、监狱体育活动制度文化、监狱体育活动精神文化和服刑人员体育行为文化四个方面进行。

（一）监狱体育活动物质文化。监狱体育活动物质文化主要指基础设施、监狱内部配置等直观层面上的文化内容，是监狱体育文化的基础，是其他文化营造的载体。在监狱体育活动物质文化的营造中，可以充分利用宣传栏、报栏、图书室、监舍等地点，设置体育文化相关内容，从而向服刑人员传递体育文化，提升其体育意识和参与动力。

（二）监狱体育活动制度文化。监狱体育活动制度文化是在监狱体育活动发展过程中，因各种需要而产生并逐渐发展的有组织的规范体系。监狱制度文化对服刑人员参与体育活动起到了约束和激励的作用。监狱体育制度文化是监狱体育精神文化和服刑人员体育行为文化的根本体现和保证，具有民主性、合法性、发展性、育人性等特征。在监狱体育改造模式中，必须以规章制度为依据，以客观事实为评判依据，以促进改造为营造

目标，进而营造与时俱进的监狱体育制度文化。

（三）监狱体育活动精神文化。监狱体育活动精神文化是监狱体育文化的深层次文化和核心文化，对监狱体育其他文化具有引领功能，对监狱体育文化具有丰富作用。通过监狱体育精神文化营造，可以引导和规范服刑人员的体育行为，深度挖掘和培养服刑人员正确的体育观，激励和凝聚服刑人员的体育精神力量。监狱体育精神文化的营造是一个继承借鉴、创新发展的过程，可以通过体育榜样树立、体育精神传输、体育励志故事讲解等方式方法予以培养。

（四）服刑人员体育行为文化。服刑人员体育行为文化是参与主体在体育实践过程中，促进监狱体育文化营造的文化形态的总和，是透过服刑人员体育行为折射出的体育行为、体育精神、人格魅力、价值追求等有形文化。因此，服刑人员体育行为文化是监狱精神、改造理念的动态体现，是监狱体育文化营造的最终落脚点。服刑人员体育行为文化建设应以组织管理为载体，以体育榜样为引领，以体育精神为核心，以监狱体育活动为表现形式，营造出特色鲜明、适应服刑人员改造的体育行为文化。

第三节 监狱体育改造模式的实施方式

一、基于体育本身改造功能的实施方式

基于体育本身改造功能的实施方式，是指利用体育本身的育人功能，改善服刑人员的身体、心理、思想等方面的健康状况，进而达到对服刑人员的改造功能。因此，在本方式的制定和实施过程中，应更加突出体育的主体地位，通过组织较为正规的体育活动，进而达到较好的改造效果。

在方式的目标设置方面，服刑人员改造模式构建的根本目的是促进服刑人员的再社会化，因此，在设置改造模式的实施方式时，也应以此为最终目标进行设计。我们知道，体育对人的改造并非短期就能实现，需要长期的科学干预才能达到较好的效果，因此在设计本实施方式时，应将方案的目标分为短期目标、中期目标、长期目标和最终目标四个阶段。

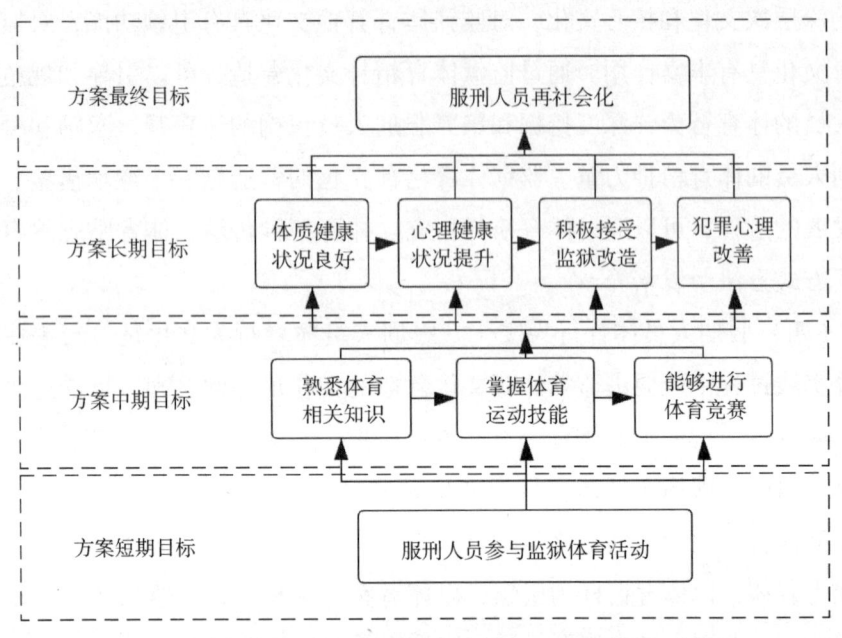

图6.2 基于体育本身改造功能的实施方式的目标阶段图

本实施方式的有效与否，主要依靠体育本身功能对于服刑人员的改造。因此，服刑人员参与监狱体育活动则是本方案的短期目标，也是基本目标，即没有体育参与，那么体育的改造功能也很难体现。同时，短期目标也是四个目标层次中最容易实现的目标，可以通过兴趣爱好、纪律要求、加分减刑等方式促进服刑人员参与监狱体育活动。在短期目标的基础上，通过体育知识技能的传授，帮助服刑人员实现中期目标，即熟悉体育相关知识、掌握体育运动技能、进行体育竞赛活动，通过中期目标的实现，才能帮助服刑人员对体育有一个更深刻的理解，产生对体育的兴趣，进而产生体育习惯，从而为下一步目标的实现创造条件。当服刑人员对于体育有了较为深刻的了解后，加之一段时间的体育参与实践，体育的育人功能得以逐步体现，本方案的长期目标也会逐渐完成，即服刑人员的体质健康状况良好、心理健康状况提升，身心健康的改善会帮助服刑人员积极接受监狱改造，进而改善服刑人员的犯罪心理。在前面三个阶段的目标逐渐完成后，基于体育本身改造功能的实施方式的最终目标也将实现，即服刑人员身心健康状况的提升、犯罪心理的改善，能够有效促进服刑人员的再社会化。由此可见，监狱体育改造模式中，基于体育本身改造功能的实施方式目标实现是需要多层级、多阶段、系统性的目标体系来实现的。

在方式内容设置方面，本实施方式主要内容的设置，需要充分考虑监狱体育活动开展的现状和影响因素，同时深度结合体育改造服刑人员的功能，通过合理的内容设置以有效促进体育改造服刑人员目标的实现。总而言之，方案内容的选择必须以目标体系为基础，以监狱环境、服刑人员个体状况等为依据进行设置。本实施方式主要内容设置情况如表6-3所示。

表6-3　基于体育本身改造功能的实施方式主要内容设置表

类别	名称	具体内容	时间安排
理论类	体育理论课程	体育概论、体育基本原理等	1~2次/周
	运动技能课程	拟开展运动项目的基本规则、技术动作、战术安排等	1~2次/周
	运动健康课程	运动生理学、体育心理学、体育保健学、运动处方制定等	1~2次/周
实践类	运动会	育新文化节、元旦运动会、春节运动会、趣味运动会等	根据监狱工作计划安排
	球类活动	篮球、乒乓球、羽毛球等	
	民族传统体育活动	舞龙舞狮、太极拳、腰鼓等	不少于3次/周
	其他体育活动	广播体操、跑步、棋牌类等	

（一）传授体育知识技能实施方式的设计

监狱劳动改造的主要目的之一是让服刑人员学习一门或多门生活技能，促进其返回社会后有一定的生存能力。监狱教育改造的主要目的之一是让服刑人员提高文化知识水平，避免与社会过于脱节。因此，在全民健身、体育强国等国家战略背景下，体育改造服刑人员应关注体育知识技能的学习，将体育知识技能学习作为实施方式之一。

1. 本实施方式的设计理念

本实施方式的设计理念主要包含以下几点：第一，传授体育知识技能实施方式的设计从整体上应充分考虑监狱改造工作、服刑人员体育基础、服刑人员体育需求等方面的现实状况，确立监狱改造工作与服刑人员和谐的设计理念；第二，传授体育知识技能是体育改造服刑人员工作的基础环节，通过本部分的学习，可以有效提高监狱体育活动开展的科学性，有效提高改造效果。

2. 本实施方式的具体形式

监狱体育改造模式中体育知识技能的学习主要分为体育知识的学习和体育技能的学习，体育知识的学习主要包括体育规则、体育健康知识、体育组织管理知识等方面的学习，体育技能的学习主要包括参与体育项目的技术、战术等方面的学习。

在本实施方式中，体育知识的学习主要通过以下两种形式来实现：其一，监狱购置体育知识相关书籍资料，设置体育图书角，让服刑人员进行学习；其二，开展体育知识课程，如运动心理学、运动生理学、运动与健康等基础性课程。相比而言，通过课程的学习更有助于服刑人员体育知识的习得。体育技能的学习则主要以实践教授为主，可以通过监狱警察教授、邀请监狱外社会体育指导员或教练等形式来实现。需要注意的是，在本实施方式中，应注意体育知识技能传授的专业性和准确性，保证服刑人员学习到正确的知识和技能，这样才能保证体育改造服刑人员的质量。本实施方式的内容设计如图6.3所示。

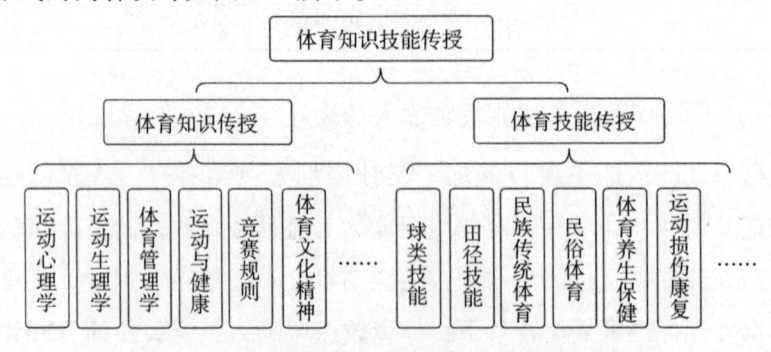

图6.3 传授体育知识技能实施方式的内容体系

(二) 提升身心健康状况实施方式的设计

保障服刑人员的身心健康是监狱的重要工作之一，同时也是对服刑人员进行改造的基本条件之一。调研中发现，相当一部分服刑人员参与监狱体育活动的初衷也是为了提升身心健康，同时，提高服刑人员身体健康水平也是体育改造服刑人员的功能表现之一，因此，监狱应将服刑人员身心健康提升作为实施方式之一。

1. 本实施方式的设计理念

本实施方式的设计理念主要包括以下几点：第一，提升身心健康状况实施方式的设计应充分考虑监狱体育基础设施情况、服刑人员身心健康状况、服刑人员个体需求等方面的协调，在满足基本条件的前提下，确立保障服刑人员需求的设计理念；第二，提升身心健康状况是体育改造服刑人员工作的关键环节，通过实施方案的设计运行，可以有效提高服刑人员的身心健康状况，为服刑人员完成改造提供有力帮助。

2. 本实施方式的具体形式

本实施方式的组织包括两种形式：一是根据服刑人员中存在的部分共性的问题进行体育改造，如目前监狱生产方式转型后，服刑人员劳动改造的主要内容是商品的流水线生产加工，久坐使服刑人员不同程度产生了腰部肌肉劳损、腰椎间盘疼痛以及发胖等问题，这就需要设置工间操、有氧运动等方式解决上述问题；二是根据不同服刑人员的身心健康状况进行相对个体化的设置，这就需要监狱在对服刑人员的身心健康状况有一个较为全面理解的基础上进行，如一名服刑人员由于入监产生了较为明显的抵触、逃避心理，这就可以通过安排其参加集体活动、娱乐性体育活动调动其情绪状态，促进其适应监狱环境，积极接受改造。本实施方式的内容设计如图 6.4 所示。

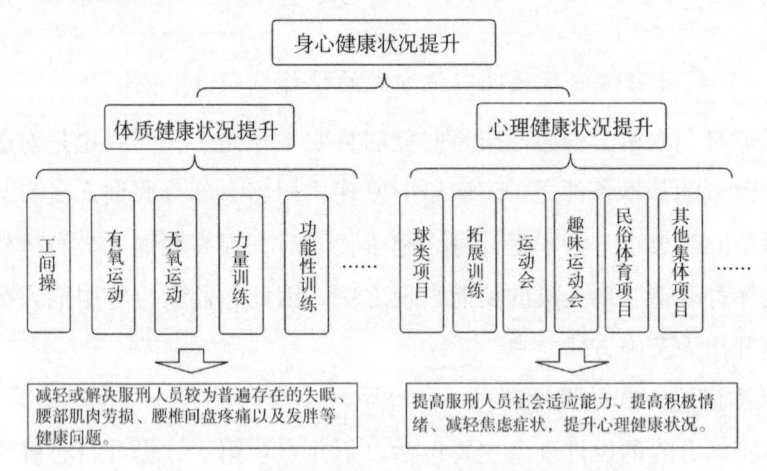

```
                    身心健康状况提升
              ┌──────────┴──────────┐
         体质健康状况提升          心理健康状况提升
    ┌──┬──┬──┬──┬──┐        ┌──┬──┬──┬──┬──┐
    工 有 无 力 功 ……        球 拓 运 趣 民 其 ……
    间 氧 氧 量 能             类 展 动 味 俗 他
    操 运 运 训 性             项 训 会 运 体 集
       动 动 练 训             目 练    动 育 体
                练                      会 项 项
                                           目 目
            ↓                              ↓
    减轻或解决服刑人员较为           提高服刑人员社会适应能力、提高积极情
    普遍存在的失眠、腰部肌           绪、减轻焦虑症状,提升心理健康状况。
    肉劳损、腰椎间盘疼痛以
    及发胖等健康问题。
```

图 6.4　提升身心健康状况实施方式的内容体系

本实施方式需对服刑人员的身心健康状况进行定期检测,以了解服刑人的准确情况,进行有效的干预促进。服刑人员的身体健康状况测试,可以采用《国民体质测定标准》中心理健康状况的测试,可以选用目前较为权威的症状自评量表(SCL-90)、大五人格测试、明尼苏达多项人格测验(MMPI)等,或者本书所使用的相关测试量表。

(三)矫正犯罪心理实施方式的设计

体育改造服刑人员是监狱教育改造的新方式和新途径,其本质属于教育改造的范畴,因此体育改造的最终目的就是矫正服刑人员的犯罪心理,完成服刑人员的再社会化。因此,监狱应充分利用好体育运动对人的改造功能,将矫正犯罪心理作为实施方式之一。

1. 本实施方式的设计理念

本实施方式的设计理念主要包括以下几点:第一,矫正犯罪心理实施方式的设计应充分考虑服刑人员犯罪心理、体育项目的改造功能类型、监狱体育活动基础设施等方面的因素,在最大化发挥体育改造服刑人员功能的前提下,合理设计本实施方式;第二,矫正服刑人员的犯罪心理是体育改造服刑人员工作的核心环节,也是最终目标,实施方式的设计应以此为基本原则。

2. 本实施方式的具体形式

本实施方式的设计，应从犯罪心理学角度出发，充分考虑不同类型犯罪的心理，设置不同类型的体育改造方式，进而改造服刑人员犯罪心理，促进其再社会化。根据犯罪心理学分类，犯罪主要包含过失犯罪、财产犯罪、暴力犯罪、性犯罪4种类型。如暴力犯罪（也称激情犯罪）的服刑人员，其多具有抗拒、固执的逆反心理，情绪不稳定、易冲动、对外界刺激过于敏感，对于此类服刑人员，如果选择对抗性体育项目，则有可能造成其情绪的不稳定，不利于监狱安全，应选择较为舒缓、能够培养意志品质的体育改造方式，如做操、太极拳、散步、慢跑等；再如，财产犯罪的服刑人员，其物质需要强烈、功利心理突出、规则意识差，对于此类服刑人员，应通过集体项目、比赛获得奖励等方式，提高规则意识，消除不劳而获心理，进而促进其改造。本实施方式的内容设计如表6-4所示。

表6-4　矫正犯罪心理实施方式的内容体系

犯罪类型	犯罪心理特征	体育改造具体内容	体育改造目标
过失犯罪	1. 后悔、自责、消极	瑜伽、太极拳、趣味运动项目、有氧运动等	减轻过失犯罪带来的后悔、自责等消极情绪，重新树立服刑人员信心
	2. 过于自信，责任心不强	拔河、球类等集体项目，运动会、体育文化精神学习等	提高责任心，消除侥幸心理
财产犯罪	1. 物质需要强烈、功利心理突出	拔河、球类等集体项目，运动会等体育竞赛	消除不劳而获心理，树立正确的物质需求观
	2. 过于炫耀能力、追求刺激感、规则意识差	拔河、球类等集体项目，体育组织管理、体育竞赛规则学习等	通过比赛获胜满足虚荣心，提高规则意识

175

续表

犯罪类型	犯罪心理特征	体育改造具体内容	体育改造目标
暴力犯罪	抗拒、固执，情绪不稳定、易冲动、对外界刺激过于敏感	做操、太极拳、瑜伽、散步、慢跑、趣味运动项目等	提高情绪稳定性，培养正确的意志品质
性犯罪	攻击性强、生理需求异常、情感易失控、自我克制能力差	瑜伽、太极拳、有氧运动、拔河、球类等集体项目，体育生理、体育与健康课程学习	树立正确的价值观，学习健康生理知识，提高情绪控制能力，降低攻击性

服刑人员的犯罪心理测试，可选择罪犯个性分测验（COPA-PI）、罪犯再犯风险评估量表（CRAS）、罪犯需求评估量表（The Criminal Needs Assessment Scale，CNAS）等。

（四）基于体育本身改造功能实施方式的执行

方式的执行是实现体育改造服刑人员的决定性因素，方式目标能够实现，依赖于方式执行所采用的组织形式、方法、策略等。基于体育本身改造功能实施方式执行的实质是监狱警察针对服刑人员的身心健康状态、体育需求等因素，充分考虑监狱当前的软硬件条件，运用合理的管理方法、组织形式、改造策略，将方式内容付诸行动的过程，方式执行过程的合理与否，对服刑人员的改造效果有直接影响。方式执行流程如图 6.5 所示。

由图可知，基于体育本身改造功能实施方式的执行包括服刑人员测试、方式制订、方式组织实施、方式效果评价、方式调整 5 个环节，最终达成方式的最终目标，即促进服刑人员的再社会化。服刑人员的测试是方式执行的第一个步骤，也是制订方式的依据和基础，主要包括 4 个部分内容：服刑人员体质健康状况的测试，可以采用《国民体质测定标准》进行；服刑人员心理健康状况的测试，可以选用目前较为权威的症状自评量表（SCL-90）、大五人格测试、明尼苏达多项人格测验（MMPI）等，或者本书所使用的相关测试量表；服刑人员的犯罪心理测试，可选择罪犯个

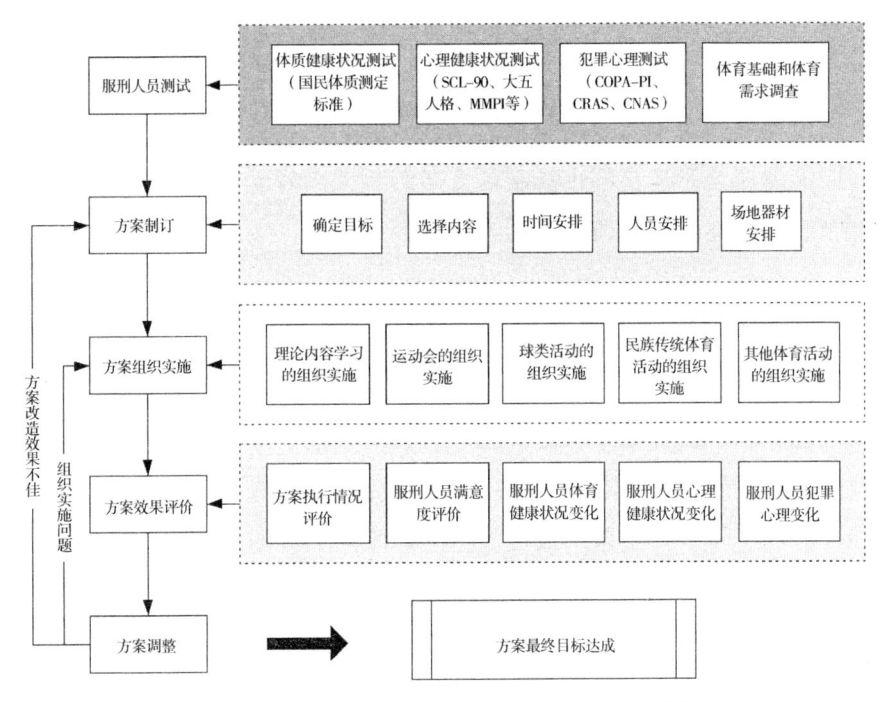

图 6.5　基于体育本身改造功能实施方式的执行流程图

性分测验（COPA-PI）、罪犯再犯风险评估量表（CRAS）、罪犯需求评估量表（CNAS）等；服刑人员的体育基础和体育需求，则可以通过访谈、调研等形式获得。测试过后，则可以开始方案制订这一步骤，方案制订主要包括五个方面的内容：先是确定目标，然后根据目标选择方案的内容，随后根据目标和内容，确定时间、人员和场地器材，生成拟执行的具体方案。方案执行的第三个步骤是方案的组织实施，根据方案内容不同，组织实施方式可以分为理论内容学习、运动会、球类活动、民族传统体育活动和其他体育活动的组织实施，其中理论内容的学习主要以课堂教授为主，其他各类实践性体育改造活动以室外为主。在方案执行了一段时间后（早期以 4 周为一个周期，中后期以 8 周为一个周期），需要对方案的改造效果进行评价，以检验方案的有效性，要对方案的执行情况进行评价，在方案按照原定计划执行的基础上，需要对服刑人员的体质健康状况、心理健康状况和犯罪心理进行再次测试，以检验方案的效果，同时，需要征求服刑人员对方案的满意情况，对于反映集中的问题，需要进行调整。方案评估后，则需要根据方案的评估情况进行调整，若属于组织实施方面的问题，则需要返回至第三步骤重新安排方案的组织实施，若方案改造效果不佳，则需返回至第二步骤重新制订方案的相关内容。根据此方案执行的五个环节，最终达成体育改造服刑人员的最终目的。

二、基于"体育改造+"的融合实施方式

基于"体育改造+"的融合实施方式，是指通过体育改造和监狱其他形式改造相融合的方式，实施对服刑人员的改造，最终达到再社会化目标的改造实施方式。通过本实施方式，可以更好地挖掘监狱体育活动的改造功能，有利于体育改造服刑人员成为监狱改造工作的常规方式之一。

探讨"体育改造+"融合实施方式，首先要明确体育改造服刑人员工作的格局。司法部部长在2018年全国监狱工作会议上强调，要坚持以政治改造为统领，统筹推进监管改造、教育改造、文化改造、劳动改造的五大改造新格局。五大改造格局的提出，进一步完善了我国服刑人员改造体系，丰富了罪犯改造手段，为我国监狱"惩罚和改造相结合，以改造人为宗旨"工作方针的全面贯彻落实提供了坚强保障，指明了新时代监狱改造工作的方向，同时也为基于"体育改造+"融合实施方式的研究提供了依据。

在五大改造方式中，政治改造是统领，监管改造是基础，教育改造是根本，文化改造是灵魂，劳动改造是载体。编制基于"体育改造+"融合实施方式的内容，需要寻求体育改造和政治改造、监管改造、教育改造、文化改造、劳动改造的结合点，分类制订方案内容。

（一）"体育改造+政治改造"实施方式设计

政治改造是指通过向服刑人员讲解党的历史、党的理论并对罪犯开展爱国主义、集体主义和民族团结教育与以宪法为重点的法治教育及时事政策教育，让服刑人员从思想上、情感上产生"五个认同"即认同党的领导、认同伟大祖国、认同中华民族、认同中华文化、认同中国特色社会主义道路。

"体育改造+政治改造",需要挖掘体育中蕴含的思政元素,让体育改造服刑人员和政治改造得到有机融合。主要可以通过两种方式进行融合:一是在体育改造中融入与政治教育相关的历史、人物或者事件,如中国女排爱国、拼搏、永不放弃的女排精神,足球运动员迪卡尼奥在对方门将受伤倒地后放弃射空门的公平竞争精神,"更高、更快、更强"的奥林匹克精神等;二是挖掘体育运动中的政治改造元素,即通过体育本身蕴含的精神、品质教育改造服刑人员,如通过体育礼仪讲解提高服刑人员的文化涵养,通过体育规则的传授提高服刑人员的规则意识,通过传统体育文化的讲授提高服刑人员对中华优秀传统的认识等。本实施方式的内容设计如表6-5所示。

表6-5 "体育改造+政治改造"实施方式的内容体系

改造目标	体育思政内容	参考资源
培养爱国主义精神	运动员为国争光相关事迹	1. 女排精神 2. 奥运冠军为国争光 3. 乒乓外交 4. 北京奥运会
树立正确的人生观、价值观	运动员努力拼搏,获得优异成绩相关事迹	1. 姚明、刘翔等国内优秀运动员成长纪录片 2. 乔丹、C罗等国外优秀运动员成长纪录片
学习中华优秀传统文化	传统体育文化相关资料	孔子六艺、蹴鞠、风筝、重阳登山、五禽戏、八段锦、舞龙舞狮等

(二)"体育改造+监管改造"实施方式设计

监管改造是基于罪犯特殊性和刑罚执行的法定性而实施的特殊管理,其主要功能是通过实施一系列科学、规范、文明管理,采取定标、导引、培养、形成等办法,以矫正罪犯各种不正确、不健康的生活方式和行为,促使其养成良好的习惯。

"良好习惯"不是指简单意义上的行为惯性,而是指一种成熟的、正确的、根深蒂固的思维、认知和行为上的方式模态,体现的是一种正能量的精神意识、行为方式和健全人格,如学习提高的自我驱动、正确的思维方式、友爱他人及集体和谐相处、妥善处理人际关系、执行规矩纪律的自觉、正确对待批评和监督、不同环境下的心理调适等，这些都和体育改造的部分功能不谋而合。因此，这应是体育改造和监管改造的主要融合点。例如，通过监狱纪律管理规定和体育规则共同提高服刑人员规矩意识，通过监管改造中的奖罚和体育运动的胜败共同降低服刑人员不劳而获的病态心理。同时，体育改造的部分功能同时可以降低监管改造给服刑人员带来的负面影响，如严格的监管改造会对部分新入狱服刑人员的心理产生强烈冲击，体育活动可以帮助服刑人员尽快熟悉服刑环境，促进人际交往，加快他们进入改造状况。本实施方式的内容设计如表6-6所示。

表6-6　"体育改造+监管改造"实施方式的内容体系

改造目标	体育改造内容	参考资源
学习提高的自我驱动、正确的思维方式	体育爱好培养、体育知识技能学习	1. 运动生理学、运动心理学、运动与健康 2. 运动技能学习、体育组织管理
友爱他人及集体和谐相处、妥善处理人际关系、不同环境下的心理调适	集体项目、运动会、趣味运动项目等	拔河、篮球、趣味运动会项目、舞龙舞狮、腰鼓等
执行规矩纪律的自觉、正确对待批评和监督	体育组织管理、体育竞赛规则学习、集体竞技性项目	1. 运动规则、体育组织管理培训 2. 篮球、乒乓球、羽毛球、运动会等

（三）"体育改造+教育改造"实施方式设计

教育改造是监狱改造的中心任务，服刑人员是否认罪悔罪，回归社会后能否做一名守法有用的新人，主要通过教育改造来实现。新时代的教育改造工作，应定位于促进人的全面发展，不仅要包括知识技能的传授、专业技术技能的掌握，还应包括认知水平、健康心理、法律素养、人格修养等方面的全面提升等。因此，监狱的教育改造，应以促进服刑人员德智体美劳的全面发展为根本目标。

因此，我们所讲体育改造和教育改造的融合，其实本质上来说，体育改造应是监狱教育改造工作的一部分。因此，在全民健身、体育强国等国家战略背景下，应在教育改造中增加体育改造部分内容，通过服刑人员体育知识技能的学习，促进服刑人员的全面发展。体育知识技能的学习主要分为体育知识的学习和体育技能的学习，体育知识的学习主要包括体育规则、体育健康知识、体育组织管理知识等方面的学习，体育技能的学习主要包括参与体育项目的技术、战术等方面的学习，此部分具体内容的设置可参考基于体育本身改造功能实施方式内容的设置。本实施方式的内容设计如图6.6所示。

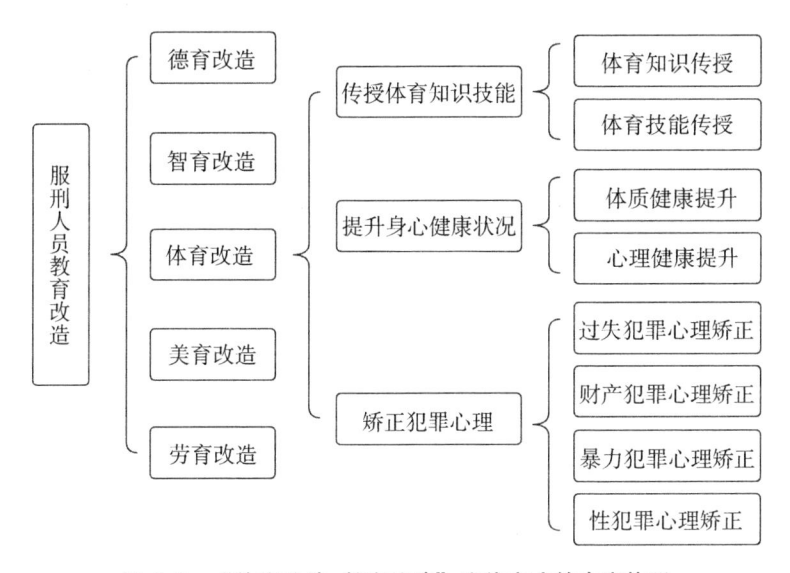

图6.6 "体育改造+教育改造"实施方式的内容体系

（四）"体育改造+文化改造"实施方式设计

加强监狱文化建设，是思想观念深刻变化、监狱体制深刻变革、行刑手段深刻调整的新形势下规范服刑人员改造行为的有力武器，是实现监狱工作科学发展的原动力和精神基石，对于充分发挥以文化作用丰富服刑人员改造文化生活，调动服刑人员改造的积极性，提高服刑人员的道德品质、生存技能，促进服刑人员顺利回归社会具有重要而深远的社会意义。

文化改造是以文化为载体，发挥"以文化人、以文塑人、以文育人"

的作用，其实质就是要发挥文化的教化作用，不断提升人的精神境界。体育文化在监狱文化建设过程中也应有一席之地，通过体育文化的宣传和渲染，可以有效提高服刑人员参与体育活动的热情和信心，能够有效树立起服刑人员正确的体育价值观，对于监狱体育活动发展及体育改造服刑人员功能的实现有着十分有益的积极作用。监狱体育文化的营造可以通过体育文化品牌创建、体育文化设施建设、体育文化活动组织等方式实现。本实施方式的内容设计如图6.7所示。

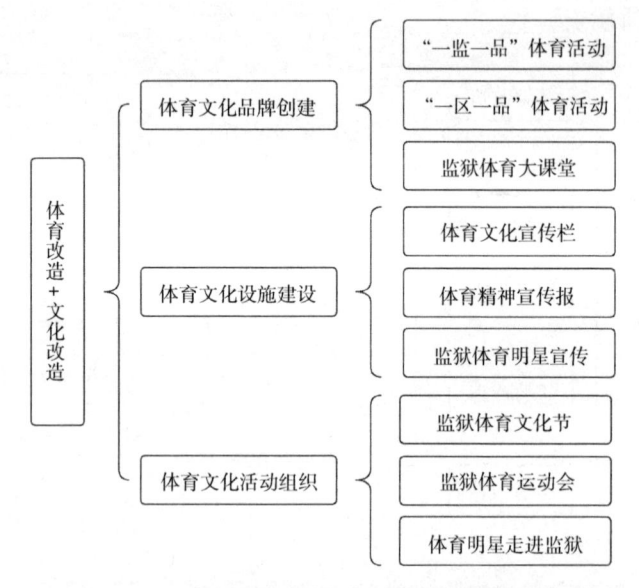

图6.7　"体育改造+文化改造"实施方式的内容体系

（五）"体育改造+劳动改造"实施方式设计

劳动改造，是指监狱机关根据改造服刑人员的需要，以生产劳动为载体，依法对服刑人员实施的改造思想、矫正恶习和职业技能训练的法律活动，是贯彻落实"惩罚与改造相结合，以改造人为宗旨"监狱工作方针的重要内容，在"五大改造"体系中，进一步明确了劳动改造的定位，即提升劳动素养，加强释前就业指导。

体育改造和劳动改造的结合，主要可以从两个方面来体现：一是通过监狱体育活动辅助劳动改造，如目前监狱生产方式转型后，服刑人员劳动改造的主要内容是商品的流水线生产加工，长期的久坐导致一定数量的服刑人员不同程度产生了腰部肌肉劳损、腰椎间盘疼痛以及发胖等问题，这就可以通过设置工间操、有氧运动等方式缓解上述问题；二是综合利用体育改造和劳动改造的改造功能。目前劳动改造的基本要求是，根据劳动市场和技能需求状况，推动监狱劳动生产转型升级，把车间办成中高技能人才的培训学校，并根据服刑人员不同情况，制订标准明确、内容具体、方法可行的技能培训计划并组织好实施。着力把生产车间办成现代企业，把罪犯培养成合格员工，让他们"出了监狱门，能进企业门"。因此，监狱可以和体育产业公司合作，创新制订"体育+劳动"的融合改造方式，将服刑人员培养成体育产业相关人才。本实施方式的内容设计如表6-7所示。

表6-7 "体育改造+劳动改造"实施方式的内容体系

融合方式	改造目标	具体内容
体育运动+劳动改造	减轻劳动改造过程中形成的腰部肌肉劳损、腰椎间盘疼痛以及发胖等问题	工间操、眼保健操、五禽戏、八段锦、有氧运动等
体育产业+劳动改造	将服刑人员培养成为体育产业相关人才	1. 体育产业政策学习 2. 体育生产技术学习 3. 体育产品生产制造

（六）基于"体育改造+"融合实施方式的执行

本实施方式的执行需要监狱领导统筹考虑监狱改造工作和监狱体育活动的关系，认可监狱体育活动的改造功能。同时需要监狱警察对服刑人员改造工作有一个全面准确的判断和认识，这样才能制订出切实可行的"体育改造+"融合实施方式。方案执行过程的合理与否，不仅对服刑人员的改造效果有直接影响，还直接影响整个监狱改造工作的进行。方案执行流程如图6.8所示。

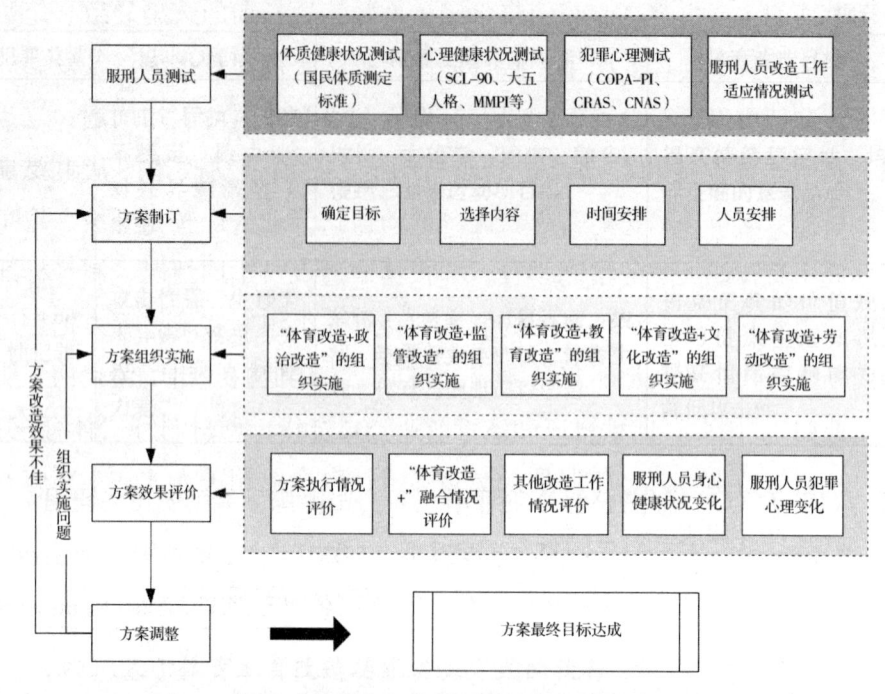

```
服刑人员测试 ← ┌──────────────────────────────────────────────────────┐
              │ 体质健康状况测试  心理健康状况测试  犯罪心理测试   服刑人员改造工作 │
              │ （国民体质测定   （SCL-90、大五   （COPA-PI、    适应情况测试    │
              │ 标准）          人格、MMPI等）   CRAS、CNAS）                │
              └──────────────────────────────────────────────────────┘
     ↓
方案制订   ← ┌──────────────────────────────────────────────────────┐
            │   确定目标      选择内容      时间安排      人员安排         │
            └──────────────────────────────────────────────────────┘
     ↓
方案组织实施 ← ┌────────────────────────────────────────────────────┐
              │ "体育改造+政  "体育改造+监  "体育改造+教  "体育改造+文  "体育改造+劳 │
              │ 治改造"的组  管改造"的组  育改造"的组  化改造"的组  动改造"的组 │
              │ 织实施       织实施       织实施       织实施       织实施      │
              └────────────────────────────────────────────────────┘
     ↓
方案效果评价 ← ┌────────────────────────────────────────────────────┐
              │ 方案执行情况 "体育改造  其他改造工作 服刑人员身心 服刑人员犯罪 │
              │ 评价         +"融合情况  情况评价   健康状况变化 心理变化   │
              │              评价                                      │
              └────────────────────────────────────────────────────┘
     ↓
方案调整 ━━━━▶  方案最终目标达成
```

图 6.8　基于"体育改造+"的融合实施方式的执行流程图

　　由图可知，本实施方式的执行包括服刑人员测试、方案制订、方案组织实施、方案效果评价、方案调整五个环节，最终达成方案的最终目标，即促进服刑人员的再社会化。服刑人员的测试是方案执行的第一个步骤，也是制订方案的依据和基础，主要包括四个部分内容：服刑人员的体质健康状况测试、服刑人员的心理健康状况测试、服刑人员的犯罪心理测试、服刑人员改造工作适应情况测试。前三个部分内容的测试和基于体育本身改造功能实施方式中的测试工具一致，服刑人员改造工作适应情况可以通过访谈、调研等形式获得。测试过后，则可以开始方案制订这一步骤，方案制订主要包括：先是确定目标，然后根据目标选择方案的内容，随后根据目标和内容，确定时间、人员，生成拟执行的具体方案，即如何将体育与其他改造工作进行合理的融合。方案执行的第三个步骤是方案的组织实施，根据和不同改造工作的融合，组织实施方式可以分为体育和五大改造工作的组织实施。在方案执行了一段时间后（早期以 4 周为一个周期，中后期以 8 周为一个周期），需要对方案的改造效果进行评价，以检验方案的有效性，首先要对方案的执行情况进行评价，在方案按照原定计划执行的基础上，需要对体育与五大改造工作的融合情况以及五大改造工作本身的开展情况进行评价，确保在不影响常规改造工作运行的前提下增加体育改造环节，随后，需要对服刑人员的身心健康状况和犯罪心理进行再次测试，以检验方案的效果，同时，需要征求服刑人员对方案的满意情况，对于反映集中的问题，需要进行调整。方案评估后，则需要根据方案的评估情况进行调整，若属于组织实施方面的问题，则需要返回至第三步骤进行重新安排方案的组织实施，若方案改造效果不佳，则需返回至第二步骤重新制订方案的相关内容。根据此方案执行的五个环节，最终达成体育改造服刑人员的最终目的。

第四节 监狱体育改造模式的运行

一、监狱体育改造模式运行的参与主体

参与主体是监狱体育改造模式最主要的构成单位，需要对其进行详细研究。根据之前的介绍，结合监狱体育活动开展过程中的具体职能分工，本书将监狱体育改造模式运行的参与主体分为监狱领导、监狱警察和服刑人员，并对各参与主体者的基本情况及职能进行了研究。

（一）监狱领导及其在模式运行中的职能

监狱领导，是整个监狱工作的组织实施者和协调管理者，他们需要正确履行监狱职能，新时期监狱改革发展的重任也都寄托在他们身上。监狱领导如何正确运用自身的权力去管理监狱，是监狱是否能够正常运转的基本条件，更是监狱事业持续健康发展的重要因素。我们之前提到，监狱领导对监狱内的所有事物拥有决策权，是监狱内权力结构的最顶层，而体育活动作为现阶段服刑人员空余生活的主要组成部分之一，其开展方式、规

模、频率以及开展所需的人力、物力等都是管理层需要决策的。因此，监狱领导是监狱体育改造模式运行的参与主体之一。

目前，我国监狱系统内部的管理体制大多采用三级管理层次，即"监狱领导—职能部门和监区—分监区"三个层次。其中职能部门对各监区实行业务线性垂直式管理，而监狱领导对各职能部门以及监区实行统筹管理。从体育管理学的角度来说，监狱领导在监狱体育活动管理中主要起决策、计划和领导的职能。

1. 决策职能

对监狱体育改造模式进行科学的决策是一个系统的过程，根据体育决策职能的五个步骤，再结合调研的具体情况，监狱领导在对监狱体育改造模式运行进行决策时大约经过五个阶段。第一，结合实际，发现问题。问题是决策的起点，在如何充实服刑人员的服刑生活这个问题上，监狱领导发现了体育运动的良好效果，在考虑了开展一定体育活动的可行性和必要性之后，有了开展体育改造服刑人员的最初想法。第二，明确开展目标。在最初阶段，充实改造生活是监狱领导开展监狱体育活动的最初目标，随着体育活动影响的不断扩大，监狱领导对监狱体育活动开展的目标又有了新的要求，如提高服刑人员身体健康水平、缓解紧张情绪等。第三，拟订备选方案。确定目标后，就需要制订多种实施方案进行选择，在这一点上，监狱体育活动的开展主要有分管部门设计提供拟开展方案，由管理层决策。第四，评价、选择方案。通过评价制订的各种备选方案，监狱应当根据实际情况，先选择容易开展的体育改造方案，随着以后改造效果的评估和反馈，再进行修订方案。第五，方案实施和控制。即对改造模式进行的"决策—执行—再决策—再执行"的过程。

2. 计划职能

计划的良好实施是保障体育运动正常运行的一个行之有效的办法。监狱领导对近期监狱体育改造模式运行做出预先筹划，就是监狱体育活动的计划职能。而监狱体育改造模式运行计划的编制主要包括三个步骤。第一，落实决策，分解目标。在落实好之前制定的体育决策之后，负责体育改造服刑人员工作的监狱领导将体育决策的总体目标进行分解，并分配到相应的部门中去，并确定各个部门的具体任务和对任务的具体要求。第二，统筹规划，资源预算。这是监狱体育改造模式运行计划中的一个重要步骤，就是把监狱可以利用的体育资源落实到各个具体计划中去，如活动开展所需的人力、物力、财力等方面，同时要留有余地，确保计划顺利实施。第三，制定计划实施细则。在这一步骤中，要将体育改造服刑人员实施的步骤、方法、具体措施以及一些必要的信息形成相应的文件，并下发各单位准备执行。

3. 领导职能

在监狱体育改造模式运行中，监狱领导的领导职能主要体现在以下三个方面。第一，引导作用。在为监狱体育活动的具体负责人员指明具体目标以及达到目标的途径之后，管理层通过引导、指导或者指挥等行为，帮助具体负责人尽可能地实现既定目标。第二，沟通作用。在监狱体育改造模式的开展过程中，产生分歧或者活动开展偏离目标的现实是不可避免的，在这种时候，就需要管理层从中协调各种关系，消除具体行动实施者对目标理解的差异，共同实现既定目标。第三，激励鼓舞作用。监狱领导会根据实际情况不断完善奖励制度，并合理地设置奖励结构，以达到促进体育改造服刑人员的作用。

(二) 监狱警察及其在模式运行中的职能

监狱警察（全称监狱人民警察），是我国人民警察的一个重要组成部分，是指在监狱内依法执行刑罚、管理监狱、教育改造服刑人员的监狱警察。本节内容所指的监狱警察，是指直接参与到监狱体育活动一线开展过程中的监狱警察，而非监狱领导。相对而言，监狱警察在监狱体育活动中主要发挥组织、控制、创新以及部分的计划职能。

1. 组织职能

监狱体育改造模式运行中组织工作内容主要包括以下几个方面。第一，明确活动基本方针，合理分工。根据模式的开展目的、监狱领导决策和制订的计划，确定基本思路，同时进行合理分工，将整体工作合理划分开来，为下一步做准备。第二，任务分配，配置管理人员。这一步骤是紧随上一步骤而进行的，将总体任务分开以后，就要针对不同的分任务进行分配，合理而高效地将任务和相关部门或个人加以组合，同时根据设计要求，配备一定的管理人员。如组织篮球赛时，将组织代表队参赛的工作交给各个监区，由各个监区的教导员在各监区组织服刑人员参加，将比赛的裁判工作交给平日里热爱篮球的部分监狱警察等。第三，设计奖罚激励制度。通常说来，一个组织结构的正常运行，不能少了一套合理明确的激励制度。在调研的监狱中，所有监狱都对参加体育活动设置了一定的奖励激励措施，如参与体育活动的服刑人员可以得到一定的考核分，这些分可以直接用来减刑。第四，审批和修正。在模式运行组织工作的进行中，要及时对管理层进行汇报，在得到管理层批准之后进行下一环节。同时，在组织过程中要及时反馈信息，及时对原有的组织结构做出修正，使之不断完善。

2. 控制职能

为了实现科学有效的管理，提高改造模式的改造效率，有必要对其实施一定的控制。对监狱体育改造模式运行的控制，要贯穿于整个模式的运行过程之中，依据原定计划方针，衡量计划的执行情况，同时根据模式运行的实际情况找出偏差，对现在模式的实施方式进行调整。

控制在监狱体育改造模式管理中，主要有两方面的作用：一方面，可以检验各项工作是否按照原定计划执行，同时对计划的合理性和正确性进行检验；另一方面，可以对计划和实施进行一定的调整，以保证两者吻合，避免冲突的出现。在监狱体育改造模式运行的控制过程中，可以大体分为三个阶段，即确定控制标准阶段、测量目标成效阶段和调整纠正阶段。

3. 创新职能

监狱体育改造模式运行的创新主要包括寻求目标、确定事实、识别问题、寻求创意、创意评估和创意实现6个流程，监狱警察首先会对相关的服刑人员进行一定的了解，在确立了他们的体育需求之后对这个问题进行分析并做出相关的创新思路，如对现有的体育活动进行改进或者开展新的运动项目，在申请并得到管理层的同意之后，体育创意便会得到具体实施。在监狱体育活动创新的过程中，监狱警察起到了主要的作用，他们完成了大部分的工作，如了解服刑人员的体育需求、对服刑人员的体育需求进行可行性分析、对于可行的需求寻求体育创意、创意通过之后的实施等都是他们要做的。

综上所述，我们不难看出，监狱警察是监狱体育改造模式运行的主要力量，他们负责模式运行的具体计划制订和组织工作，同时还要对整个活动进行必要的控制，保证改造模式的顺利开展。除此之外，他们也要与时俱进，根据形势的改变及时做出合理的创新

（三）服刑人员及其在模式运行中的职能

对于监狱体育改造模式而言，维持其良性运行的基础性条件之一是服刑人员参与体育改造，参与数量与积极性是保障模式质量的重要指标。因此，服刑人员是监狱体育改造模式运行的参与主体，相比于监狱领导和监狱警察，大多数服刑人员并未在模式运行中发挥管理职能，只是参与到具体的改造活动中去。然而，在服刑人员中，有少部分服刑人员会参与模式运行的部分管理工作。在赛场上，他们往往能取得较好的成绩，而在活动的组织中，他们也会在允许的范围内做出自己的贡献，对于这样的服刑人员，本书将他们称为服刑人员中的体育骨干（以下简称体育骨干）。体育骨干除了参与体育改造，在模式运行过程中还发挥以下作用：

1. 监狱领导依托服刑人员中的体育骨干促进体育活动开展。任何体育改造活动最终都会还原成服刑人员个体的行为，因此，服刑人员既是体育改造开展的基础，也是体育改造服刑人员行为的具体实施者。而体育骨干作为服刑人员中的"带头者"，监狱体育改造模式的运行在一定程度上是由服刑人员中的体育骨干动员、策划、实施而完成的。在体育改造模式运行过程中，活动的组织过程主要靠监狱警察来完成，而参与活动的服刑人员"流入"则较大程度上依靠体育骨干的动员来实现。监狱领导的动员方

式主要是以行政动员为主，因此体育骨干发挥的只能是相对隐性的动员功能，比如，发挥他们在服刑人员中榜样的力量，以及进行一些体育示范等。这些以个体的力量来进行动员相比于监狱领导的动员方式更为人本化，因此效果也更为显著，所以监狱领导会依托体育骨干的这种特殊功效来动员其他服刑人员参与体育改造中。

2. 监狱警察依托服刑人员中的体育骨干完成体育服务。目前，监狱警察并不能在体育改造中提供完整的服务。体育骨干由于其自身的奉献精神和对于体育的热爱，他们乐于发挥自身的作用来协助开展体育改造活动，正是由于他们提供了一些具体的体育服务，弥补了监狱警察体育服务供给的不足。体育骨干以公益人的身份提供体育服务的同时，也实现了体育改造活动的完整运行。因此，对于体育骨干在监狱体育改造模式运行中担任的角色，监狱警察通常采用的是比较积极的态度进行回应。他们不仅会肯定体育骨干所做的贡献，并对其行为进行表扬，对活动中的主要体育骨干，还会采取物质奖励和奖分的方式来进行表彰。

（四）监狱领导、监狱警察、服刑人员的参与情况

在监狱体育改造模式运行过程中，监狱领导、监狱警察和服刑人员构成了最主要的驱动力，由于他们自身性质、参与方式、参与性质、活动投资、动员方式、动员方法、动员范围、动员效果等方面的不同，也使得他们在监狱体育活动开展中扮演着非常重要的作用（如表6-8所示）。

表6-8　监狱领导、监狱警察、服刑人员参与情况对比表

参与情况	监狱领导	监狱警察	服刑人员
自身性质	决定性因素、参与主体	参与主体	参与主体
参与方式	间接参与	直接参与	直接参与
参与性质	计划、控制	组织、控制	协助
活动投资	大	中	小
动员方式	行政动员	组织动员	个人动员

续表

参与情况	监狱领导	监狱警察	服刑人员
动员方法	通过制订开展计划和自身的行政影响力动员	通过组织多样性的活动进行动员	以骨干的个人魅力和影响力实现动员
动员范围	大	中	小
动员效果	一般	一般	好

从自身性质、参与方式、参与性质、活动投资、动员方式、动员方法、动员范围、动员效果看，监狱领导、监狱警察和服刑人员这三个不同的参与主体在监狱体育改造模式运行中所担任的角色和发挥的作用是存在差异的。正是由于监狱领导、监狱警察和服刑人员在模式运行中的这些差异，使得任何一个参与主体离开了其他二者都无法承担模式的顺利运行，因此，也无法证明任何一方在监狱体育改造模式的运行中做出了多于其他两方的贡献。事实上，正是由于监狱领导、监狱警察和服刑人员具有各自的优势，在推动体育改造模式良性运行时，应当更为积极地利用与发挥三个参与主体的作用，充分地集成和融合他们各自的优势，实现相互之间功能和结构的互补，这样既可以使三者的正向功能叠加到最大，亦可将三者的弱势化解到最小，进而保证体育改造功能的实现。

（五）监狱领导、监狱警察、服刑人员的参与关系

作为监狱体育改造模式运行最主要的参与主体和驱动力，监狱领导、监狱警察和服刑人员这三者在监狱体育活动运行中发挥着各自的作用，在他们发挥作用的过程中，又会和其他主体发生一定的互动关系。这些互动关系既有可能是行为上的互动关系，也有可能是功能上的互动关系。同时也可能产生良性的互动关系或者不良的互动关系，良性的互动关系可以使他们之间实现功能上的互补和行为上的耦合，进而促进监狱体育活动的运行，而不良的互动关系则可能使他们之间的关系失调、功能受阻，进而影响改造功能的实现。

在监狱体育改造模式的运行中，每个服刑人员个体是模式运行的最直

接受益者,而监狱领导、监狱警察、服刑人员通过多方面的计划、组织、控制、协调,使得监狱体育改造模式顺利运行,其中,体育骨干在体育活动中起到了一个良好的中介作用。他们之间的互动关系可以通过图6.9来表达。

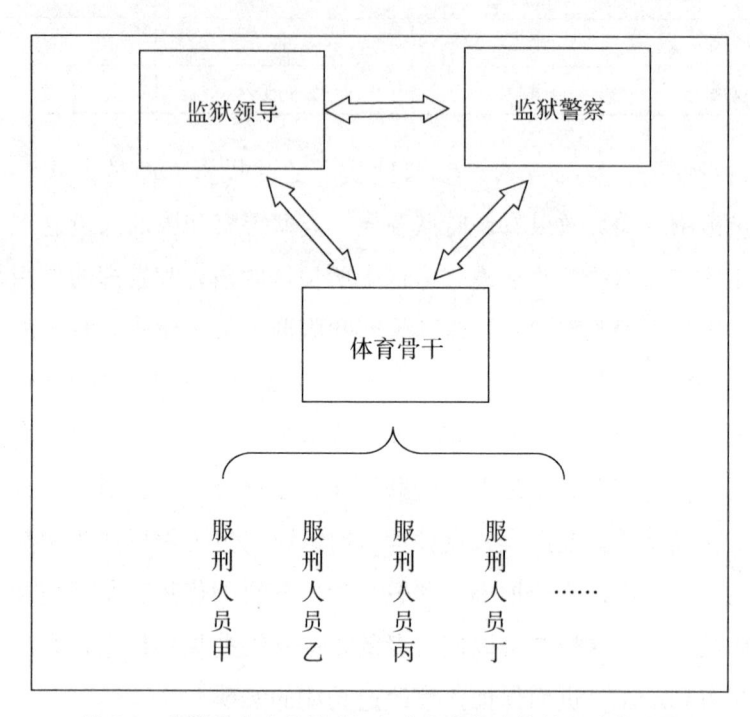

图6.9 监狱体育改造模式运行中各参与主体的互动关系图

在监狱中的所有体育活动中,我们都会发现监狱领导、监狱警察、服刑人员之间相互作用的痕迹。在不同类型的监狱体育活动运行过程中,监狱领导、监狱警察、服刑人员发挥作用的重要程度并非完全一样。目前,监狱体育活动的开展主要有三种形式,即在整个监狱范围内开展的体育活动、各监区内开展的体育活动和服刑人员空余时间自己组织的体育活动,这三种形式的体育活动由于开展范围的不同,其发挥主导作用的主体分别为监狱领导、监狱警察和体育骨干,因此也可以将这三种形式的监狱体育活动划分为监狱领导主导型监狱体育活动、监狱警察主导型监狱体育活动和体育骨干主导型监狱体育活动。

综上所述，在监狱体育改造模式的运行过程中，监狱领导、监狱警察、服刑人员构成了保证模式运行的最主要力量，三者在不同形式的体育活动中维系着不同的互动关系，而构建良好的互动关系则有利于监狱体育改造模式的顺利运行与发展。

二、监狱体育改造模式的运行机制

由之前的介绍我们可知，监狱体育改造模式的运行机制是一个有机联系的系统。根据监狱体育改造模式的主要内容和实施方式，监狱体育改造模式的运行机制可以分为执行机制、监督机制、保障机制和激励机制等四个二级机制。四个二级机制是相对独立的，同时也是相互联系的。所谓相对独立，是指这四个二级机制都是研究监狱体育改造模式的一个角度。然而，从任何一个角度来考察监狱体育改造模式，也必然要设计监狱生活的其他领域，因此，我们说这四个二级机制在功能上和结构上又是相互联系的。根据监狱体育改造模式的实际情况，结合有关社会运行理论，将监狱体育改造模式的运行机制进行了整理，具体情况如图6.10所示。

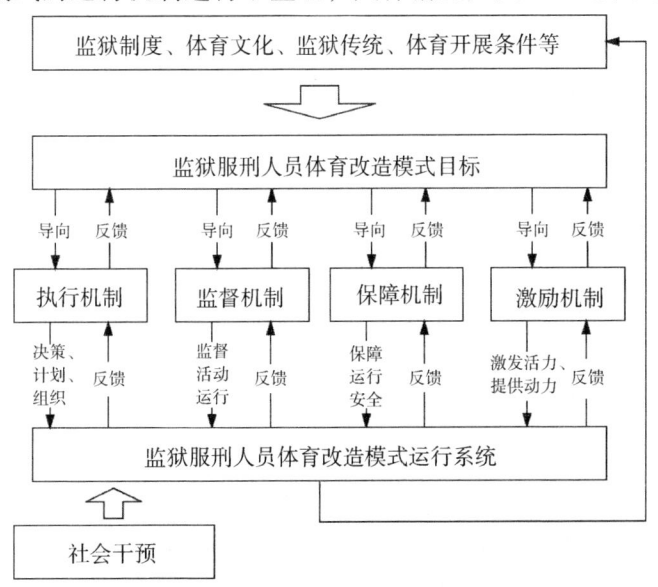

图6.10 监狱体育活动运行机制图

从图 6.10 可知，监狱体育改造模式的运行目标受监狱制度、监狱体育文化、监狱传统、体育开展条件等基本因素影响。当监狱体育改造模式的运行目标确立后，其他监狱体育改造模式的运行机制都会围绕它而建立起来。因此，监狱体育改造模式的目标在监狱体育改造模式运行机制中起着导向的作用。四个二级运行机制也都发挥着不同的作用。具体来说，执行机制保证了监狱体育改造模式运行的决策、计划和组织；监督机制则主要是监狱警察在监狱体育改造模式运行中执行的监管职能；激励机制主要是促使服刑人员的行为和价值观与体育改造服刑人员倡导的目标一致，激发活动主体参与热情；保障机制则是保障服刑人员的体育权利，维护体育改造服刑人员工作运行安全。总的来说，这些机制在结构上应该是协调的，在功能上应该是互补的，而它们的协调中心就是监狱体育改造模式的目标。同样，运行机制在整个运行系统之中也具有反馈功能，这样才能保证整个监狱体育改造模式的运行机制不断修正和调整。在整个运行机制的共同作用下，运行系统具体运行的结果就是监狱体育改造模式的运行状态，或良性或中性或恶性。

第五节　监狱体育改造模式的评价

对监狱体育改造模式的运行情况进行科学评价，能够准确把握和了解模式的运行情况，是保证模式取得效果的重要方式，因此，需要建立科学合理的监狱体育改造模式的评价体系。评价体系的建立，需要明确以下问题，即评价的目的、评价的主体、评价的内容、评价的方式以及评价的可操作性等。

监狱体育改造模式评价体系的建立，需要在上述监狱体育活动开展影响因素、体育改造服刑人员机理、监狱体育改造模式构建等理论研究的基础上，借鉴人格改造论、犯因性差异理论等基础理论，从监狱体育活动的实际情况出发，根据服刑人员改造的实际需求和实效性目标，选择准确的评价内容和指导，运用德尔菲法和层次分析法，构建监狱体育改造模式评价体系及计算指标权重。

一、评价体系的建立步骤

监狱体育改造模式的评价内容包括诸多方面，为保证评价的全面准确，评价体系的建立主要包括以下几个步骤：

第一，确定评价体系建立的理论依据。监狱体育改造模式是在诸多服刑人员改造理论和思想的基础上，经过监狱体育活动开展历程与现状的梳理、影响因素的研究、改造机理的厘定等研究建立起来的。因此对监狱体育改造模式进行评价，需要通过以上理论基础，结合本书相关情况，进行评价体系的建立。

第二，厘清模式评价内容的主要范畴。贯彻监狱体育改造模式的指导思想，坚持监狱体育改造模式的基本原则，以监狱体育改造模式的目标为评价主要依据，初步确定评价的主要范畴。

第三，明确模式评价内容的具体指标。根据理论基础和主要范畴的厘定，制订并初步形成监狱体育改造模式评价体系，通过德尔菲法，向专家发放问卷，征求专家意见，形成最终评价体系。

第四，计算模式评价体系的权重赋值。运用层次分析法，咨询专家并进行赋分，计算获得各指标权重。

二、评价体系的指标确定

（一）指标的初步确定

根据监狱体育改造模式的基本原则和目标，以及毛泽东罪犯改造思想、人格改造论、犯因性差异理论等理论基础，结合本书关于体育改造服刑人员机理的相关结论，经过专家意见征求、指标比较筛选，确定监狱体育改造模式的基本条件、运行条件和改造效果为评价体系的3个一级指标，并在一级指标下，根据具体评估内容，设立了19个二级指标，构成了监狱体育改造模式初步评价体系。

在模式基本条件指标选取时，根据监狱体育活动实际情况和专家访谈情况，把"开展体育运动的场地""开展体育运动的器材设备""开展体育运动的时间""开展体育运动的制度建设""开展体育运动的经费"初步选取为本层次的二级指标。

在模式运行条件指标选取时，根据监狱体育活动开展的影响因素及服刑人员体育需求，将"体育的组织机构""体育的管理工作""体育的开展种类""体育的专业指导""体育的宣传推广""体育的监督反馈""体育的激励促进""体育的改革创新"初步选取为本层次的二级指标。

在模式改造效果指标选取时，根据监狱体育活动的功能及监狱体育改造模式的主要内容，将"体育文化营造状况""服刑人员体质健康状况""服刑人员心理健康状况""服刑人员社会适应能力""服刑人员犯罪心理状况""服刑人员再社会化状况"初步选取为本层次的二级指标。

（二）指标的筛选

为形成全面客观的评价体系，对初步形成的评价指标体系进行了专家调查，对指标进行了评判和筛选。对监狱及体育领域的 10 位专家发放《监狱体育改造模式评价体系专家调查表》（见附录4），回收 10 份，回收率和有效率均为 100%。统计专家反馈意见发现，大部分专家对评价体系及指标选取表示认可；部分专家对个别指标提出了宝贵的意见和建议，对个别表述进行了修订，删除了个别指标。因此，根据专家意见对评价体系进行了修改，并形成了正式版本。

三、评价体系的权重赋值

本书采用层次分析法对监狱体育改造模式评价体系的各指标进行权重赋值。层次分析法，简称 AHP，是指将与决策总是有关的元素分解成目标、准则、方案等层次，在此基础之上进行定性和定量分析的决策方法。对监狱体育改造模式的各级指标进行权重赋值主要包括三个步骤：第一，建立层次分析结构；第二，建立两两比较的判断矩阵；第三，判断矩阵的求解及一致性检验。本书的具体操作过程如下：

（一）构建监狱体育改造模式评价层次结构

根据监狱体育改造模式评价体系，构建监狱体育改造模式评价层次结构，层次结构共分3层，即目标层、准则层和指标层，目标层即是监狱体育改造模式评价体系，准则层为"A. 模式基本条件""B. 模式运行条件""C. 模式改造效果"，指标层为各准则层的具体评估指标，具体情况如表6-9所示。

表6-9 监狱体育改造模式评价层次结构

目标层	准则层	指标层
监狱体育改造模式评价（R）	A. 模式基本条件	A1. 开展体育运动的场地
		A2. 开展体育运动的器材设备
		A3. 开展体育运动的时间
		A4. 开展体育运动的制度建设
		A5. 开展体育运动的经费
	B. 模式运行条件	B1. 体育的组织机构
		B2. 体育的管理工作
		B3. 体育的开展种类
		B4. 体育的专业指导
		B5. 体育的宣传推广
		B6. 体育的监督反馈
		B7. 体育的激励促进
	C. 模式改造效果	C1. 体育文化营造状况
		C2. 服刑人员体质健康状况
		C3. 服刑人员心理健康状况
		C4. 服刑人员社会适应能力
		C5. 服刑人员犯罪心理状况

（二）构建各级指标判断矩阵

本书邀请监狱管理人员4名、体育领域相关专家2名、服刑人员4名，共计10位人员分别对判断矩阵进行讨论分析，采用1-7及其倒数的比例标度进行两两对比，最后得出两两判断矩阵，矩阵如表6-10至表6-13所示。

表 6-10　监狱体育改造模式评价一级指标判断矩阵

	A	B	C
A	1	1/2	1/4
B	2	1	1/3
C	4	3	1

表 6-11　监狱体育改造模式评价二级指标 A 判断矩阵

	A1	A2	A3	A4	A5
A1	1	2	4	1/3	1/2
A2	1/2	1	3	1/4	1
A3	1/4	1/3	1	1/5	1/3
A4	3	4	5	1	3
A5	2	1	3	1/3	1

表 6-12　监狱体育改造模式评价二级指标 B 判断矩阵

	B1	B2	B3	B4	B5	B6	B7
B1	1	1/5	1/4	1/3	4	3	2
B2	5	1	2	3	7	4	5
B3	4	1/2	1	2	6	5	4
B4	3	1/3	1/2	1	5	3	4
B5	1/4	1/7	1/6	1/5	1	1/4	1/3
B6	1/3	1/4	1/5	1/3	4	1	1/2
B7	1/2	1/5	1/4	1/4	3	2	1

表 6-13　监狱体育改造模式评价二级指标 C 判断矩阵

	C1	C2	C3	C4	C5
C1	1	1/3	1/4	1/2	1/6
C2	3	1	1/2	2	1/4
C3	4	2	1	3	1/3
C4	2	1/2	1/3	1	1/5
C5	6	4	3	5	1

(三) 计算单排序权重及一致性检验

在上一部分构建的各级指标判断矩阵基础上，采用 MATLAB 软件计算各维度的权重及一致性检验。各部分计算方式一致，在此以一级指标的计算为例进行详细介绍，二级指标仅列出具体结果。

1. 一级指标权重计算及一致性检验

采用 MATLAB 软件计算以及指标的权重，具体结果如表 6-14 所示：

表 6-14 监狱体育改造模式评价一级指标权重结果

R	A	B	C	权重 w
A	1	1/2	1/4	0.1365
B	2	1	1/3	0.2385
C	4	3	1	0.6250

对一级指标矩阵进行一致性检验，以确定该权重赋值是否可以采用，计算方法如下列公式所示：

$$Rw = \begin{pmatrix} 1 & 1/2 & 1/4 \\ 2 & 1 & 1/3 \\ 4 & 3 & 1 \end{pmatrix} \cdot \begin{pmatrix} 0.1365 \\ 0.2385 \\ 0.6250 \end{pmatrix} = \begin{pmatrix} 0.4120 \\ 0.7198 \\ 1.8865 \end{pmatrix} = \lambda_{max} \cdot \begin{pmatrix} 0.1365 \\ 0.2385 \\ 0.6250 \end{pmatrix} \quad (1)$$

$$\lambda_{max} = \frac{1}{n}\sum_{i=1}^{n}\frac{(Rw)_i}{(w)_i} = \frac{1}{3}\left(\frac{0.4120}{0.1365} + \frac{0.7198}{0.2385} + \frac{1.8865}{0.6250}\right) = 3.0183, \quad (2)$$

$$C.I. = \frac{\lambda_{max} - n}{n-1} = \frac{3.0183 - 3}{2} = 0.00915 \quad (3)$$

$$C.R. = \frac{C.I.}{R.I.} = \frac{0.0091}{0.58} \approx 0.0158 < 0.1 \quad (4)$$

计算可知，判断矩阵的最大特征根 $\lambda_{max} = 3.0183$，一致性指标 C.I. = 0.00915，随机一致性指标 R.I. = 0.58，一致性比率 C.R. ≈ 0.0158<0.1。由数据可知，该矩阵的一致性检验达到满意的状态，因此一级指标的权重赋值可以采用。

2. 二级指标"模式基本条件"权重计算及一致性检验

采用 MATLAB 软件计算以及指标的权重，具体结果如表 6-15 所示：

表 6-15　监狱体育改造模式基本条件评价指标权重结果

A	A1	A2	A3	A4	A5	权重
A1	1	2	4	1/3	1/2	0.1706
A2	1/2	1	3	1/4	1	0.1324
A3	1/4	1/3	1	1/5	1/3	0.0570
A4	3	4	5	1	3	0.4550
A5	2	1	3	1/3	1	0.1850

对指标矩阵进行一致性检验，以确定该权重赋值是否可以采用。计算可知，判断矩阵的最大特征根 λ_{max} = 5.2304，一致性指标 C.I. = 0.0576，随机一致性指标 R.I. = 1.12，一致性比率 C.R. = 0.0514<0.1。由数据可知，该矩阵的一致性检验达到满意的状态，因此模式基本条件的权重赋值可以采用。

3. 二级指标"模式运行条件"权重计算及一致性检验

采用 MATLAB 软件计算以及指标的权重，具体结果如表 6-16 所示：

表 6-16　监狱体育改造模式运行条件评价指标权重结果

B	B1	B2	B3	B4	B5	B6	B7	权重
B1	1	1/5	1/4	1/3	4	3	2	0.0911
B2	5	1	2	3	7	4	5	0.3419
B3	4	1/2	1	2	6	5	4	0.2508
B4	3	1/3	1/2	1	5	3	4	0.1688
B5	1/4	1/7	1/6	1/5	1	1/4	1/3	0.0278
B6	1/3	1/4	1/5	1/3	4	1	1/2	0.0546
B7	1/2	1/5	1/4	1/4	3	2	1	0.0650

对指标矩阵进行一致性检验，以确定该权重赋值是否可以采用。计算可知，判断矩阵的最大特征根 λ_{max} = 7.4543，一致性指标 C.I. = 0.0757，随机一致性指标 R.I. = 1.32，一致性比率 C.R. = 0.0574<0.1。由数据可知，该矩阵的一致性检验达到满意的状态，因此模式运行条件的权重赋值可以采用。

4. 二级指标"模式改造效果"权重计算及一致性检验

采用 MATLAB 软件计算以及指标的权重，具体结果如表 6-17 所示：

表6-17 监狱体育改造模式改造效果评价指标权重结果

C	C1	C2	C3	C4	C5	权重
C1	1	1/3	1/4	1/2	1/6	0.0556
C2	3	1	1/2	2	1/4	0.1418
C3	4	2	1	3	1/3	0.2277
C4	2	1/2	1/3	1	1/5	0.0874
C5	6	4	3	5	1	0.4875

对指标矩阵进行一致性检验，以确定该权重赋值是否可以采用。计算可知，判断矩阵的最大特征根 λ_{max} = 5.0986，一致性指标 C.I. = 0.0246，随机一致性指标 R.I. = 1.12，一致性比率 C.R. = 0.0220<0.1。由数据可知，该矩阵的一致性检验达到满意的状态，因此模式改造效果的权重赋值可以采用。

（四）监狱体育改造模式评价体系权重合计

根据之前研究所得结果，计算得出监狱体育改造模式评价体系的各级权重及合成权重，如表 6-18 所示。由表可知，模式改造效果维度最为重要，这与监狱体育改造模式的主要目标相吻合。模式基本条件权重虽然最低，但是对于监狱体育活动开展来说起着基础作用，仍然不能忽视。

模式基本条件的二级指标体系中，制度建设权重最大，说明监狱体育改造模式需要重点关注制度建设，通过制度主导模式的基本建设，同时经费和场地保障权重相对较高，说明需要在此方面予以重点保障。

模式运行条件的二级指标体系中，体育管理权重最大，这就需要我们建立合理的管理机制，保障体育改造模式的顺利运行，同时，还要重视丰富监狱体育活动的开展种类、加强监狱体育活动的专业指导，便于不同服刑人员的改造需求。

表 6-18 监狱体育改造模式评价指标权重

目标层	一级指标	一级权重	二级指标	二级权重	合成权重
监狱体育改造模式评价体系	A	0.1365	A1	0.1706	0.0233
			A2	0.1324	0.0181
			A3	0.0570	0.0078
			A4	0.4550	0.0621
			A5	0.1850	0.0253
	B	0.2385	B1	0.0911	0.0217
			B2	0.3419	0.0815
			B3	0.2508	0.0598
			B4	0.1688	0.0403
			B5	0.0278	0.0066
			B6	0.0546	0.0130
			B7	0.0650	0.0155
	C	0.6250	C1	0.0556	0.0348
			C2	0.1418	0.0886
			C3	0.2277	0.1423
			C4	0.0874	0.0546
			C5	0.4875	0.3047

模式改造效果的二级指标体系中，服刑人员犯罪心理权重最大，说明犯罪心理是服刑人员体育改造的重点目标，需要加大服刑人员犯罪心理的评估，以评估改造模式的效果。同时，服刑人员心理状况和体质健康状况也是改造效果的重点评估内容。

本章小结

1. 构建了监狱体育改造模式，主要包括监狱体育改造模式的指导思想、原则、目标，监狱体育改造模式的主要内容，监狱体育改造模式的实施方式，监狱体育改造模式的运行，监狱体育改造模式的评价五个部分。

2. 确定了监狱体育改造模式的指导思想；明确了基本原则，即改造第一原则、以人为本原则、安全稳定原则、动态管理原则；制定了主要目标，即建立科学、有效且与监狱教育改造模式相融合的监狱体育改造模式，促进服刑人员改造。

3. 需要通过政策法规的制定和实施来保障监狱体育改造模式的建构，通过体育场地设施及器材的保障来满足监狱体育改造模式的基本硬件条件；通过科学合理的体育组织管理来保证监狱体育改造模式的良性运转；通过专业体育指导来提高监狱体育改造模式的改造质量和效果；通过监督评估来检验监狱体育改造模式的改造质量；通过体育文化营造来促进监狱体育改造模式的长期有益运行。

4. 体育本身改造功能和"体育改造+五大改造"是监狱体育改造模式的具体实施方式。体育本身具有的改造功能可以通过传授体育知识技能、提升身心健康状况、矫正犯罪心理等实施方式来实现；"体育改造+五大改造"的融合改造可以通过"体育改造+政治改造""体育改造+监管改造""体育改造+教育改造""体育改造+文化改造""体育改造+劳动改造"等实施方式来实现。

5. 监狱体育改造模式运行的参与主体分别为监狱领导、监狱警察和服刑人员，监狱领导在模式运行中主要发挥决策、计划和领导职能，监狱警察主要发挥组织、控制、创新以及部分的计划职能。在监狱体育改造模式目标的指引下，执行机制、监督机制、激励机制和保障机制共同支撑监狱体育改造模式的运行。

6. 模式基本条件、模式运行条件和模式改造效果组成了监狱体育改造模式的评价体系，其中模式改造效果维度的权重最大，需要在模式构建时予以重点保障。此外，制度建设、活动经费、活动场地、管理工作、活动种类、专业指导等维度也需要予以重点关注。

结 论

一、纵观监狱体育活动的发展历程，其经历了劳改队时期的萌芽起步（1949—1993）、监狱法颁布后的规范发展（1994—2001）、监狱体制改革时期的全面开展（2002—2010）、监狱转型时期的转型重构（2011年至今）等阶段，表现出了从小到大、曲折徘徊、不断发展的特征。

二、硬件设施因素、体育管理因素、个人生理因素、个人心理因素和监狱特殊因素是影响监狱体育活动开展的五大因素。在设计监狱体育活动、构建改造模式时，需要考虑硬件设施因素对不同年龄的服刑人员的影响，个人生理因素、个人心理因素对不同文化程度的服刑人员的影响，以及体育管理因素、监狱特殊因素对不同工作性质（入狱前）的服刑人员的影响。

三、体育改造服刑人员是指将体育活动作为一种改造方式或手段来矫正服刑人员犯罪心理，最终达到促进其再社会化目标的过程，是集理论性和应用性于一体的综合性研究方向。其理论性需要通过体育对人身心促进功能和服刑人员身心改造目标的融合统一进行明确；其应用性需要通过体育改造服刑人员机理的探究和模式的构建加以明确。

四、由于监狱改造工作的强制性和服刑人员群体的特殊性，体育改造服刑人员呈现出开展区域的局限性、改造主体的服从性、改造项目的指定性、改造安全的首要性等特征。这些特征是体育改造服刑人员本质的具体体现。

五、体育改造服刑人员的逻辑进程是以"服刑人员体育行为"的逻辑起点为开端,经由"监狱体育活动管理"这个逻辑中介,最后到达"服刑人员再社会化"这个最终目标和逻辑终点,即服刑人员体育行为→监狱体育活动管理→服刑人员再社会化。

六、监狱体育活动的改造功能主要表现在以下方面:可以有效避免因失眠问题带来的身体疾病,保障服刑人员有良好的精神状态接受教育改造和劳动改造,减轻服刑压力,提高改造身心效果;能够有效提升服刑人员的社会适应能力,降低服刑人员的社会危害性,进而降低其反社会人格障碍;能够有效提高服刑人员的归属感、自尊感、理智感、自我价值感等积极情绪,进而改善其犯罪心理;能够有效消除服刑人员的紧张不安、忧虑、烦恼、恐惧等焦虑情绪,减轻焦虑症状,进而消除其犯罪动机。

七、监狱体育改造模式的建构,需要通过政策法规的制定和实施来进行保障,通过体育场地设施建设及器材配备来满足基本开展条件,通过科学合理的体育组织管理来保证良性运转,通过专业体育指导来提高改造成效,通过监督评估来检验改造效果,通过体育文化营造来促进长期有益运行。

八、体育本身改造功能和"体育改造+五大改造",是监狱体育改造模式的具体实施方式。体育本身具有的改造功能可以通过传授体育知识技能、提升身心健康状况、矫正犯罪心理等实施方式来实现;"体育改造+五大改造"的融合改造可以通过"体育改造+政治改造""体育改造+监管改造""体育改造+教育改造""体育改造+文化改造""体育改造+劳动改造"等实施方式来实现。

九、监狱体育改造模式运行的参与主体分别为监狱领导、监狱警察和服刑人员,监狱领导在模式运行中主要发挥决策、计划和领导职能,监狱警察主要发挥组织、控制、创新以及部分的计划职能。在监狱体育改造模式目标的指引下,执行机制、监督机制、激励机制和保障机制共同支撑监狱体育改造模式的运行。

十、模式基本条件、模式运行条件和模式改造效果组成了监狱体育改造模式的评价体系，其中模式改造效果的权重最大，需要在模式构建时予以重点保障。此外，制度建设、活动经费、活动场地、管理工作、活动种类、专业指导等维度也需要予以重点关注。

参考文献

中文参考文献

［1］步先永，陶国元，丁长镜.监狱工作操作学［M］.南京：江苏人民出版社，1994.

［2］蔡汀.走进教育家苏霍姆林斯基［M］.北京：教育科学出版社，2007.

［3］陈士涵.人格改造论（增补本）［M］.上海：学林出版社，2012.

［4］陈向明.质的研究方法与社会科学研究［M］.北京：教育科学出版社，2000.

［5］崔秋锁，付秀荣，丁立卿等.马克思人本思想研究［M］.北京：人民出版社，2014.

［6］戴艳玲.中国监狱制度的改革与发展［M］.北京：中国人民公安大学出版社，2004.

［7］冯建仓，陈志海.中国监狱若干重点问题研究［M］.长春：吉林人民出版社，2002.

［8］郭明.中国监狱学史纲［M］.北京：中国方正出版社，2005.

［9］郭翔，鲁士恭.犯罪学辞典［M］.上海：上海人民出版社，1989.

［10］国家体育总局.改革开放30年的中国体育［M］.北京：人民体育出版社，2008.

[11] 黄平，罗红光，许宝强. 当代西方社会学人类学新词典 [M]. 长春：吉林人民出版社，2003.

[12] 贾洛川. 监狱学基础理论 [M]. 桂林：广西师范大学出版社，2009.

[13] 金鉴. 监狱学总论 [M]. 北京：法律出版社，1997.

[14] 李步云，徐炳. 权利和义务 [M]. 北京：人民出版社，1986.

[15] 林茂荣，杨士隆. 监狱学——犯罪矫正原理与实务 [M]. 台北：五南图书出版公司，1999.

[16] 刘永谋. 福柯的主体解构之旅 [M]. 南京：江苏人民出版社，2009.

[17] 潘国和. 监狱学基础理论 [M]. 上海：上海大学出版社：2000.

[18] 潘君明. 中国历代监狱大观 [M]. 北京：法律出版社，2003.

[19] 瞿同祖. 中国法律与中国社会 [M]. 北京：中华书局，2003.

[20] 沈醉. 囚徒：沈醉讲述高墙内的战俘生活 [M]. 北京：中国文史出版社，2009.

[21] 孙平. 文化监狱的构建 [M]. 北京：中国政法大学出版社，2007.

[22] 司法部劳改局. 毛泽东等老一辈革命家论改造罪犯工作 [M]. 北京：法律出版社，1993.

[23] 万安中. 中国监狱史 [M]. 北京：中国政法大学出版社，2003.

[24] 王立民. 古代东方法研究 [M]. 北京：北京大学出版社，2006.

[25] 王明迪，郭建安. 岁月铭记——新中国监狱工作50年 [M]. 北京：法律出版社，2000.

[26] 王明迪. 罪犯教育概论 [M]. 北京：法律出版社，2001.

[27] 王铭铭. 人类学是什么 [M]. 北京：北京大学出版社，2002.

[28] 王铭铭. 社会人类学与中国研究 [M]. 桂林：广西师范大学出版社，2005.

[29] 王顺安，高莹. 劳动教养学 [M]. 北京：法律出版社，2002.

[30] 王泰. 新编狱政管理学 [M]. 北京：中国市场出版社，2005.

[31] 王戍生. 服刑人员劳动概论 [M]. 北京：法律出版社，2001.

[32] 吴宗宪. 当代西方监狱学 [M]. 北京：法律出版社，2004.

[33] 谢晖. 法律信仰的理念与基础 [M]. 济南：山东人民出版社，1997.

[34] 张金桑. 监狱人民警察概论 [M]. 北京：法律出版社，2001.

[35] 张晶. 中国监狱制度从传统走向现代 [M]. 北京：海潮出版社，2001.

[36] 张瑞林，秦椿林. 体育管理学 [M]. 北京：高等教育出版社，2008.

[37] 张文显. 法理学 [M] 北京：高等教育出版社，1999：86.

[38] 中共中央文献研究室，中共湖南省委《毛泽东早期文稿》编辑组. 毛泽东早期文稿 [M]. 长沙：湖南人民出版社，2008.

[39] 中华人民共和国司法部. 外国监狱法规汇编 [M]. 北京：社会科学文献出版社，1988.

[40] 大卫·费特曼. 民族志：步步深入 [M]. 龚建华译，重庆：重庆大学出版社，2007.

[41] 戴维·波普诺. 社会学（第十一版）[M]. 李强译，北京：中国人民大学出版社，2007.

[42] 冯客. 近代中国的犯罪、惩罚与监狱 [M]. 徐有威等译，南京：江苏人民出版社，2008.

[43] 米歇尔·福柯. 规训与惩罚：监狱的诞生 [M]. 刘北成，杨远婴译. 北京：生活·读书·新知三联书店，2003.

[44] 尤根·埃利希. 法律社会学基本原理 [M]. 叶名怡，袁震译. 北京：九州出版社，2007.

[45] 詹姆斯·皮科克. 人类学透镜第2版 [M]. 汪丽华译. 北京：北京大学出版社，2009.

[46] 金高品，周雨臣. 中国监狱"5+1+1"教育改造模式研究 [J].

中国治理评论, 2013, 4 (01).

[47] 鲍遂献. 影响我国罪犯改造质量的原因与对策 [J]. 法律学习与研究, 1992 (4).

[48] 毕世明. 论体育中的快乐与快乐体育 [J]. 体育文化导刊, 2008. (2).

[49] 步先永, 王仙熙. 论毛泽东劳动改造罪犯思想的基本内涵——纪念毛泽东诞辰100周年 [J]. 山东法学, 1993 (4).

[50] 陈芳, 卢晓文. 浙江省监狱警察体育生活方式调查研究——以浙江省十里丰监狱警察为例 [J]. 武术研究, 2016, 1 (01).

[51] 陈远军, 常乃军. 试论公民体育权利的社会实现 [J]. 体育文化导刊, 2006 (12).

[52] 丹尼. 警惕亚健康 [J]. 中国医药指南, 2003 (12).

[53] 杜铭, 韩志霞, 肖坤鹏. 体育运动干预对大学生就业焦虑情绪影响的实验研究 [J]. 东北师大学报（哲学社会科学版）, 2013 (5).

[54] 董丽霞. 和谐社会背景下服刑人员运动参与情况研究 [J]. 科技资讯, 2015, 13 (29).

[55] 范成文, 钟丽萍. 权利的召唤——《中华人民共和国体育法》颁布以来我国公民体育权利研究综述 [J]. 中国体育科技, 2008.

[56] 范立波. 权威、法律与实践理性 [J]. 法哲学与法社会学论丛, 2007, 12 (2).

[57] 费孝通. 我对自己学术的反思——人文价值再思考之一 [J]. 读书, 1997 (9).

[58] 冯卫国, 于淑彦. 开放监狱科学——谈监狱学研究之进路 [J]. 河北法学, 2005 (5).

[59] 冯玉军, 季长龙. 论体育权利保护与中国体育法的完善 [J]. 西北师大学报（社会科学版）, 2005 (3).

[60] 高伟, 林柔伟, 代流通. 健身气功·八段锦对促进监狱人民警察心理健康的实验研究 [J]. 武术研究, 2018, 3 (4).

[61] 高伟. 在广东省监狱警察中进行太极拳健身的心理健康效果研究 [J]. 中华武术（研究），2015，4（4）.

[62] 高雪峰. 论竞技体育功能多元化与政府之间的关系 [J]. 武汉体育学院学报，2004（2）.

[63] 高兆明. 自由视域中的教育——黑格尔《法哲学原理》教育思想研究 [J]. 中国德育，2006（9）.

[64] 何明辉，甘志像. 江西省监狱服刑人员参与体育锻炼的现状及对策研究 [J]. 运动，2013（16）.

[65] 何为民. 论监狱职能本质属性的回归及其他 [J]. 河南司法警官职业学院学报，2004（1）.

[66] 何小平. 论沈从文的民族志书写 [J]. 吉首大学学报（社会科学版），2012，33（06）.

[67] 胡俊文. 罪犯改造难的原因分析与对策初探 [J]. 经济与社会发展，2006（12）.

[68] 胡科，黄玉珍，金育强. 作为权利的体育 [J]. 体育学刊，2007，14（2）.

[69] 黄晓武. 警察体育教学内容体系及教学模式改革与创新 [J]. 当代体育科技，2013，3（28）.

[70] 李东升. 我国监狱体育的现状及其存在的价值 [J]. 当代体育科技，2017，7（20）.

[71] 李焕玉. 体育锻炼与大学生体质弱势群体情绪状态的关系 [J]. 首都体育学院学报，2015，27（1）.

[72] 李辉军. 浅析体育运动在监管改造中的作用 [J]. 法制与社会，2013（25）.

[73] 李建民. 对未成年犯进行体育教育的社会学思考 [J]. 潍坊学院学报，2008，8（4）.

[74] 李拓键. 山东省监狱系统体育活动调查 [J]. 体育文化导刊，2013（11）.

[75] 李伟, 顾宏翔. 罪犯服刑效果评估与预防犯罪 [J]. 江苏警官学院学报, 2016, 31 (1).

[76] 李伟. 陕西省新入职监狱警察体育锻炼调查研究 [J]. 当代体育科技, 2018, 8 (33).

[77] 李伟. 罪犯权利保护现状及其发展趋势 [J]. 山西省政法管理干部学院学报, 2008 (1).

[78] 李志雄, 李辉, 李年铁. 最低伤害武力控制理念下的司法警院警察体育研究——以狱内徒手控制技能为例 [J]. 安徽警官职业学院学报, 2018, 17 (4).

[79] 李志雄, 李年铁, 刘晓辉. 最低伤害武力控制理念下的警察体育研究——以手铐上铐技术及遇抗徒手控制技能为例 [J]. 体育世界（学术版）, 2017 (10).

[80] 刘邦惠, 黄希庭. 220 名男性罪犯人格障碍的初步研究 [J]. 心理科学, 2005 (4).

[81] 刘剑明. 对司法类警察院校警察体育教学内容改革的探讨 [J]. 法制与社会, 2011 (11).

[82] 刘素珍, 朱久伟, 樊琪等. 社区服刑人员心理健康状况调查 [J]. 心理科学, 2006. 6 (29).

[83] 刘晓丽. 浅议用中国优秀传统文化改造罪犯思想 [J]. 学理论, 2011. 6.

[84] 刘一民. 论体育团队精神 [J]. 体育科学, 2003, 23 (3).

[85] 鲁长芬, 陈琦. 从当代体育价值观的转变透视新时期体育功能 [J]. 体育学刊, 2007 (3).

[86] 罗永义, 仇军. 基于体育本体论的"快乐体育"教学理念反思 [J]. 北京体育大学学报, 2015, 38 (2).

[87] 马大慧, 李文辉. 文化体制改革背景下监狱体育文化研究 [J]. 体育科研, 2012, 33 (3).

[88] 马冠楠, 徐阳. 关于体育对人格影响的文献综述 [J]. 体育科

技，2011，32（3）.

[89] 马建文. 论服刑人员的法定权利 [J]. 北京人民警察学院学报，2007（6）.

[90] 马晟，赵保强. 体育人类学研究体系探讨 [J]. 体育文化导刊，2015（3）.

[91] 潘彦谷，张大均，刘广增等. 大学生社会适应的影响因素及其培养途径——来自心理学的研究 [J]. 西南大学学报（社会科学版），2016，42（5）.

[92] 庞岩. 上海市监狱系统民警闲暇时间参加体育锻炼现状研究 [J]. 净月学刊，2013（1）.

[93] 庞岩. 在监狱推广健身气功刍议 [J]. 搏击（体育论坛），2013，5（1）.

[94] 漆亮. 监狱体育：改造服刑人员的新模式 [J]. 吉林体育学院学报，2016，32（4）.

[95] 亓圣华，张彤，李繁荣等. 体育锻炼与男性服刑人员人格特征关系的研究 [J]. 北京体育大学学报，2006（11）.

[96] 钱玉想. 体育锻炼干预监狱警察职业倦怠的探析 [J]. 警察实战训练研究，2011（5）.

[97] 钱玉想，秦心福，张新华. 体育对在押服刑人员"身、心、群"的发展研究——以罪犯人权保障为视角 [J]. 黔南民族师范学院学报，2016，36（4）.

[98] 邱芬，季浏，崔德刚等. 体育锻炼对大学生的时间管理倾向与情绪健康的调节作用 [J]. 体育学刊，2011，18（2）.

[99] 桑莉. 体育运动对监狱人民警察身心健康的积极影响 [J]. 河南司法警官职业学院学报，2008（2）.

[100] 宋海燕，李志清，余世和等. 大学生心理障碍（抑郁症、焦虑症、强迫症）的体育干预治疗 [J]. 体育学刊，2010，17（7）.

[101] 苏娟，卞小平. 体育行为与心理调控相结合的康复方法治疗大

学生失眠症状的研究［J］．北京体育大学学报，2006（8）．

［102］孙双明，刘波，孙妍等．青少年体育参与和社会适应关系的实证研究——以清华大学为个案［J］．北京体育大学学报，2019，42（2）．

［103］谭华．试论体育的权利和义务［J］．成都体育学院学报，1984（3）．

［104］童宪明．体育权利特点与构成要素研究［J］．体育文化导刊，2007（2）．

［105］王方玉．权利保护视野下的体育法制建设［J］．体育与科学，2007，28（5）．

［106］王若光．监狱体育研究［J］．体育文化导刊，2011（1）．

［107］王叔文，李步云，徐炳．论健全社会主义法制［J］．法学研究，1982（5）．

［108］王岩芳，高晓春．论体育权利的内涵及实现［J］．武汉体育学院学报，2006，40（4）．

［109］王湧涛，刘苏．论公民体育权利的法律保障［J］．首都体育学院学报，2008（3）．

［110］文庸．浅论罪犯权利保护［J］．中国司法，2005（7）．

［111］肖丽琴．体育运动与大学生社会适应能力的关系［J］．体育学刊，2007（2）．

［112］谢晖．论作为人权的习惯权利［J］．法学评论，2016，34（4）．

［113］许波．体育运动与大学生心理健康发展的研究［J］．南京体育学院学报（社会科学版），2005（3）．

［114］许娟．权威与法律权威的概念辨析［J］．理论界，2005（12）．

［115］许玮，朱建勇．体育参与阶层化趋势及其影响因素［J］．体育学研究，2020，34（1）．

［116］杨帆，何雄伟．人权视角下的在押罪犯劳动权保障与实现［J］．南京工业大学学报（社会科学版），2012，11（3）．

［117］杨征军．罪犯权利新探［J］．北京市政法管理干部学院学报，

2002（4）.

[118] 姚崇, 熊正英, 兰继军. 体育运动处方和团体心理辅导对焦虑大学生干预治疗的试验研究［J］. 天津体育学院学报, 2013, 28（2）.

[119] 叶瑞繁. 失眠的评估［J］. 中国临床心理学杂志, 2004（2）.

[120] 易剑东. 体育概念和体育功能论［J］. 体育文化导刊, 2004（1）.

[121] 于善旭. 论公民的体育权利［J］. 体育科学, 1993（6）.

[122] 于思远, 刘桂海. 体育与构建人类命运共同体: 机理与路径［J］. 体育科学, 2019, 39（9）.

[123] 张传峰. 试论体育对促进大学生心理健康的作用［J］. 体育科研, 2000,（2）.

[124] 张发昌, 姜良纲, 牛汉珍. 监狱人性化管理与罪犯权利保障［J］. 河南司法警官职业学院学报, 2004（1）.

[125] 张国力. 体育与青年社会化［J］. 体育科学, 1992, 12（1）.

[126] 张宏, 陈琦. 我国公共体育服务体系服务项目标准研究［J］. 成都体育学院学报, 2012, 38（9）.

[127] 张杰. 公民体育权利的内涵与法律地位［J］. 体育学刊, 2006（5）.

[128] 张连成, 窦皓然, 高淑青. 体育锻炼提高身体自我概念的心理机制［J］. 天津体育学院学报, 2015, 30（3）.

[129] 张苏军. 监狱"妥协执法"的危害性剖析［J］. 现代法学, 2001（1）.

[130] 张卫, 赵娟, 张志斌. 论我国公民体育权利与法律制度保障［J］. 政法学刊, 2013, 30（1）.

[131] 张文天, 骆秉全. 论体育教育中的规则教育及其价值［J］. 体育文化导刊, 2013.

[132] 张文显. 新时代的人权法理［J］. 人权, 2019（03）.

[133] 张旭.《存在与时间》的方法、内容和叙事［J］. 江海学刊,

2004（1）.

[134] 张燕，胡剑波，谢天赋. 体育锻炼——大学生心理健康教育的有效途径［J］. 湖北体育科技，2009，28（6）.

[135] 张英英，赵定东. 论一种融合的社会研究方法论视野［J］. 探索与争鸣，2018（5）.

[136] 张振龙，于善旭，郭锐. 体育权利的基本问题［J］. 体育学刊，2008（2）.

[137] 张志伟. 体育权利宪法属性的法理证成［J］. 天津体育学院学报，2013，28（5）.

[138] 赵运恒. 罪犯权利本源探析［J］. 法律科学，西北政法学院学报，2000（5）.

[139] 赵运恒. 罪犯权利论［J］. 中国刑事法杂志，2001（4）.

[140] 周道仁，贺光伟. 论体育宣泄与社会稳定［J］. 体育文化导刊，2007，（8）.

[141] 朱元鸿. 背叛/泄密/出卖：论民族志的冥界［J］. 台湾社会研究季刊，1997.

[142] 邹师，孙丽雯. 体育促进社会心态稳定的理论研究［J］. 体育与科学，2011，32（3）.

[143] 巴玉峰. 我国公民体育权利的法学研究［D］. 苏州：苏州大学，2006.

[144] 曹卫. 江西省监狱警察学员体能状况调查研究［D］. 北京：北京体育大学，2012.

[145] 陈仁哲. 体育运动对罪犯行为矫正影响的实验研究［D］. 武汉：武汉体育学院，2012.

[146] 何玉兰. 湖南省监狱警察体育活动开展现状及对策研究［D］. 长沙：湖南师范大学，2012.

[147] 胡玺. 论罪犯教育改造模式的创新［D］. 北京：对外经济贸易大学，2007.

[148] 李法启. 我国监狱罪犯权利保障问题研究 [D]. 合肥: 安徽大学, 2010.

[149] 刘国栋. 体育干预在未成年人犯罪矫治中的作用研究 [D]. 济南: 山东体育学院, 2018.

[150] 刘亚渊. 保定市监狱警察体育锻炼现状调查及分析 [D]. 石家庄: 河北师范大学, 2014.

[151] 鹿赛赛. 8周时间不同强度跑步运动对男性服刑人员心理健康影响的研究 [D]. 南京: 南京体育学院, 2017.

[152] 司映刚. 宁夏监狱系统服刑人员男子篮球运动队训练现况与竞赛开展的研究 [D]. 南京: 南京体育学院, 2016.

[153] 宋立军. 超越高墙的秩序 [D]. 北京: 中央民族大学, 2010.

[154] 吴宗宪. 罪犯改造论 [D]. 北京: 中国政法大学, 2006.

[155] 汪姝含. 广东省女子监狱女警体育锻炼现状及健康状况评价研究 [D]. 广州: 广州体育学院, 2019.

[156] 邢云妹. 服刑人员身体锻炼与自我和谐关系的研究 [D]. 福州: 福建师范大学, 2009.

[157] 徐玲. 罪犯权利保障研究 [D]. 南宁: 广西民族大学, 2011.

[158] 杨帆. 我国监狱服刑人员权利研究 [D]. 武汉: 武汉大学, 2012.

[159] 杨寿. 云南省四所监狱在押服刑人员体育锻炼现状及分析 [D]. 昆明: 云南师范大学, 2008.

[160] 袁曙光. 论我国刑事诉讼法对犯罪嫌疑人、被告人权利之保护——从完善冤案、错案预防机制谈起 [D]. 济南: 山东大学, 2006.

[161] 张达. 罪犯改造的中国模式 [D]. 北京: 中国社会科学院研究生院, 2012.

[162] 赵鹏. 江苏省监狱人民警察闲暇时间参加体育锻炼现状研究 [D]. 苏州: 苏州大学, 2012.

[163] 郑素华. 审美教育行为特征的人类学探析 [D]. 上海: 复旦大

学，2008.

[164] 迈克尔·达顿. 中国的规制与惩罚——从父权本位到人民本位[R]. 郝方昉，崔洁译. 北京：清华大学出版社，2009.

[165] 任锴，张力为. 积极还是消极？阻力训练对情绪的影响：来自元分析的证据[C]//中国体育科学学会. 2015第十届全国体育科学大会论文摘要汇编（二）. 杭州：浙江大学，2015.

[166] "科普中国"科学百科词条编写与应用工作项目. 层次分析法[EB/OL]. 百度百科.

[167] "科普中国"科学百科词条编写与应用工作项目. 焦虑[EB/OL]. 百度百科.

[168] "科普中国"科学百科词条编写与应用工作项目. 社会适应能力[EB/OL]. 百度百科.

[169] 中国人民政治协商会议全国委员会. 中国人民政治协商会议共同纲领[EB/OL]. 新华网，2011.

[170] 习近平. 坚持中国特色社会主义教育发展道路 培养德智体美劳全面发展的社会主义建设者和接班人[EB/OL]. 新华网，2018-09-10.

[171] 习近平. 把思想政治工作贯穿教育教学全过程 开创我国高等教育事业发展新局面[EB/OL]. 人民网，2016-12-09.

外文参考文献

[172] CARIDE G, JOSE A, PERNAS R G. Educating in Prisons: New Challenges for Social Education in Penitentiary Institutions [M]. Ministerio de Educación, 2013.

[173] PEACOCK J L. The Anthropological Lens: Harsh Lights, Soft Focus [M]. Cambridge: Cambridge University Press, 1986.

[174] SABO D. Doing time, doing masculinity: Sports and prison [J]. Prison masculinities, 2001.

[175] ANDREWS P J, ANDREWS J G. Life in a secure unit: the reha-

bilitation of young people through the use of sport [J]. Social Science & Medicine, 2003.

[176] ELGER S B. Prison life: Television, sports, work, stress and in somniainarem and prison [J]. International Journal of Law and Psychiatry, 2009, 32.

[177] BROSENS D, DONDER L, DURY S. Participation in Prison Activities: An Analysis of the Determinants of Participatio [J]. European Journal on Criminal Policy and Research, 2016 (12).

[178] BROSENS D, DURY S, VERTONGHEN J. Understanding the Barriers to Prisoners' Participation in Sport Activities [J]. The Prison Journal, 2017, 97 (2).

[179] BUTLER T, ANDREWS G, ALLNUTT S. Mental disorders in Australian prisoners: a comparison with a community sample [J]. Australian and New Zealand Journal of Psychiatry, 2006 (5).

[180] COOPER C, BERWICK S. Factors affecting psychological well-being of three groups of suicide-prone prisoners [J]. Current Psychology, 2001.

[181] ELGER S B. Prison life: Television, sports, work, stress and insomnia in a remand prison [J]. International Journal of Law and Psychiatry, 2009, 32 (2).

[182] JAN F, CHRISTINE B, HELEN D, et al. Fitness levels and physical activity among class A drug users entering prison [J]. British Journal of Sports Medicine, 2012, 46 (16).

[183] GOIFMAN K. Killing time in the Brazilian slammer [J]. Ethnography, 2002, 3 (4).

[184] GRIERA M. Yoga in Penitentiary Settings: Transcendence, Spirituality and Self-Improvement [J]. Human Studies, 2017, 40 (1).

[185] JETTE M, SIDNEY K. The benefits and challenges of a fitness and

219

lifestyle enhancement program for correctional officers [J]. Canadian Journal of Public Health, 1991. 82 (1).

[186] JOHNSON A R, MILNER A K, HENG. Implementation and Evaluation of a Physical Activity and Dietary Program in Federal Incarcerated Females [J]. Journal of Correctional Health Care, 2018, 24 (4).

[187] KEREKES N, BRANDSTORM S, NILSSON T. Imprisoning Yoga: Yoga Practice May Increase the Character Maturity of Male Prison Inmates [J]. Frontiers in Psychiatry, 2019, (10).

[188] LAUS F, LAUS D. Physical activity of female police officers [J]. POLICIJA I SIGURNOST-POLICE AND SECURITY, 2017, 26 (3).

[189] ALICE M, DANIELE M, VALERIA D, et al. Health related quality of life and physical activity in prison: a multicenter observational study in Italy [J]. European journal of public health, 2018, 28 (3).

[190] DANIEL G M, JOSE D D, SPARKES A C. SPORT BEHIND BARS Anything beyond social control? [J]. REVISTA INTERNACTIONAL DE SOCIOLOGIA, 2009 (5).

[191] MARTOS-GARCIA D, DEVIS-DEVIS J, SPARKES A C. Sport and physical activity in a high security Spanish prison: an ethnographic study of multiple meanings [J]. Sport, Education and Society, 2009, 14 (1).

[192] Mannocci, Alice; Mipatrini, Daniele; D'Egidio, Valeria. Health related quality of life and physical activity in prison: a multicenter observational study in Italy [J]. European Journal of Public Health, 2018, 28 (3).

[193] MEEK R, LEWIS G. The benefits of sport and physical education for young men in prison: An exploration of policy and practice in England and Wales [J]. Prison Service Journal, 2013.

[194] MOSCOSO-SANCHEZ D, DE DL, RODRIGVEZ-MORCILLO L. Expected outcomes of sport practice for inmates: A comparison of perceptions of inmates and staff [J]. Revista de Psicologia Del Deporte, 2018, 26.

[195] NAIR S U, JORDAN S J, FUNK D, et al. Integrating health education and physical activity programming for cardiovascular health promotion among female inmates: A proof of concept study [J]. Contemporary Clinical Trials, 2016, 48 (3).

[196] NARA K, IGARSHI M. Relationship of prison life style to blood pressure, serum lipids and obesity in women prisoners in Japan [J]. Industrial Health, 1998, 36 (1).

[197] PEREZ-MORENO F, CAMARA-SANCHEZ M, TREMBLAY J F, et al. Benefits of exercise training in Spanish prison inmates [J]. International Journal of Sports Medicine, 2007, 28.

[198] ANIS S, PETTER M, SARA T et al. Yoga Practice Reduces the Psychological Distress Levels of Prison Inmates [J]. Frontiers in Psychiatry, 2018, 9.

[199] STEWART A L, AMANDA N, JENNIE T, et al. Social determinants of health among Canadian inmate [J]. International Journal of Prisoner Health, 2018, 14 (1).

[200] JEROME F, RENAUD L, LUC C, et al. The practice of karate and the control of aggressiveness in prison [J]. Staps, 2016, 112 (2).

[201] HOUT V C M, PHELAN D. A Grounded Theory of Fitness Training and Sports Participation in Young Adult Male Offenders [J]. Journal of Sport and Social Issues, 2014, 38 (2).

[202] VILA G O, ABAD ROBLES M T, DURAN GDNZALEZ L J. Evaluation of A Sports Programme Aimed at Promoting Values in Spanish Prisons [J]. REVISTA IBEROAMERICANA DE PSICOLOGIA DEL EJERCICIO Y EL DEPORTE, 2019, 14 (01).

[203] WOJCIECHOWSKI L, BERGIER M. Physical activity of the Biala Podlaska Prison staff its Conditioning Factors [J]. Health Problems of Civilization, 2016.

[204] WOODS D, HASSAN D, BRESLIN G. Positive collateral damage or purposeful design: How sport-based interventions impact the psychological well-being of people in prison [J]. Mental Health and Physical Activity, 2017, (13).

[205] ZUBIAUR-GONZALEZ M, AGORA PARE LA. Is it possible to consider sport an instrument of social integration of the Spanish inmates? [J]. Educacion Fisica y Deporte, 2017 (1).

附　　录

附录1　监狱体育活动访谈提纲

尊敬的专家（先生）：

您好！我们正在进行监狱体育活动的相关调查研究，需要您对我们的研究提出宝贵的意见建议，希望您就以下问题发表高见。本次访谈内容将会保密，仅用于我们的研究，请您不要顾虑。答案无对错之分，请根据您的认识进行交流即可，您的回答将对我们的研究起到非常重要的作用，谢谢！

1. 您认为监狱是否应该经常开展有计划的体育活动？
2. 您认为现在的体育活动在监狱中处于一种什么位置？
3. 在您印象中，监狱体育活动的发展历程大体如何？有什么让您印象深刻的案例？
3. 目前的监狱体育活动都是如何开展的？有何重要赛事或特色活动？
4. 您是否参与了体育活动的组织开展工作，主要负责哪部分工作？
5. 您参与监狱体育活动的原因是什么？
6. 您觉得影响服刑人员参与体育活动的因素主要有哪些？有哪些让您印象深刻的案例？
7. 您觉得参与体育活动对服刑人员的积极作用有哪些？有哪些让您印

象深刻的案例？

8. 在监狱体育活动中，还有哪些让您印象深刻的事？

9. 您觉得监狱体育活动以后应当如何发展，如何能最好地发挥其功能？

附录2　服刑人员参与体育活动影响因素调查问卷

尊敬的先生：

您好！我们正在进行监狱体育活动的相关调查研究，需要您对我们的研究提出宝贵的意见建议，希望您就以下问题发表您的个人意见。您所提供的所有信息绝对严格保密且仅用于统计分析，后期科学研究中发布的观点是大量问卷的信息汇总，不会体现您个人具体信息，请您放心。问卷共包括2部分，完成需要3~5分钟，衷心感谢您的配合！

第一部分：

请根据您的实际情况，在选项后面的"□"中画"√"，请勿漏答。

题目及选项	
1. 您的年龄	
A 18~25岁	□
B 26~35岁	□
C 36~50岁	□
D 50岁以上	□
2. 您的受教育文化程度	
A 文盲或者半文盲	□
B 小学	□
C 初中	□

续表

题目及选项	
D 高中或中专	☐
E 大专	☐
F 本科及以上	☐
3. 您入狱前的工作性质	
A 农牧渔民	☐
B 国家干部	☐
C 无业者	☐
D 个体户	☐
E 其他职业	☐
4. 您的判处刑期	
A 2 年以下	☐
B 2~5 年	☐
C 5~10 年	☐
D 10~15 年	☐
E 15~20 年	☐
F 无期徒刑	☐
G 死缓	☐
5. 您的犯罪类型	
A 危害公共安全罪	☐
B 破坏社会主义市场经济秩序罪	☐
C 侵犯公民人身权利、民主权利罪	☐
D 侵犯财产罪	☐
E 妨碍社会管理秩序罪	☐
F 贪污受贿罪	☐
G 渎职罪	☐

第二部分：

请根据您的实际情况，按第一反应选出相应选项，并在选项后面的"□"中画"√"，请勿漏答。

每个题目分为5种程度，分别为"非常不赞同""不赞同""不清楚""赞同""非常赞同"，请根据实际情况选择，尽量不要选择"不清楚"。					
题项	非常不赞同	不赞同	不清楚	赞同	非常赞同
目前的场地空间能够满足我参加体育运动的要求	□	□	□	□	□
目前的体育器材能够满足我参加体育运动的要求	□	□	□	□	□
我经常观看体育类电视节目	□	□	□	□	□
我经常通过报纸观看体育新闻	□	□	□	□	□
目前监狱中开展的体育活动能够满足我的要求	□	□	□	□	□
监狱每天都留出体育运动的时间	□	□	□	□	□
我有足够的时间参加体育活动	□	□	□	□	□
我在监狱中得到了足够的体育指导	□	□	□	□	□
监狱会定期组织体育活动	□	□	□	□	□
我有足够的体力参加体育活动	□	□	□	□	□
参加体育活动可以改善我的身体健康	□	□	□	□	□
参加体育活动可以改善我的生活习惯	□	□	□	□	□
我身体状况不错，可以参加体育活动	□	□	□	□	□
我非常擅长某一种体育活动	□	□	□	□	□
我在服刑之前就经常进行体育锻炼	□	□	□	□	□
参与体育运动让我感到很开心	□	□	□	□	□
我希望在体育比赛中赢得胜利	□	□	□	□	□
参加体育活动能让我忘掉烦恼	□	□	□	□	□
参加体育活动容易受伤	□	□	□	□	□
参加体育活动能够提高自信心	□	□	□	□	□

续表

题项	非常不赞同	不赞同	不清楚	赞同	非常赞同
参加体育活动可以促进我和其他狱友的关系	□	□	□	□	□
我希望通过体育比赛得到教官的认可	□	□	□	□	□
我希望通过体育运动获得减刑	□	□	□	□	□
体育活动可以让我暂时忘掉自己正在服刑	□	□	□	□	□
我喜欢和其他狱友一起参加体育活动	□	□	□	□	□
参与体育活动帮助我适应监狱生活	□	□	□	□	□
我有参加体育运动的权利	□	□	□	□	□

附录3 体育活动对服刑人员的积极作用调查问卷

尊敬的先生：

您好！我们正在进行监狱体育活动的相关调查研究，需要您对我们的研究提出宝贵的意见建议，希望您就以下问题发表您的个人意见。您所提供的所有信息绝对严格保密且仅用于统计分析，后期科学研究中发布的观点是大量问卷的信息汇总，不会体现您个人具体信息，请您放心。问卷共包括7部分，完成大约需要10~15分钟，衷心感谢您的配合！

第一部分：

请根据您的实际情况，在选项后面的"□"中画"√"，请勿漏答。

题目及选项	
1. 您的年龄	
A　18~25岁	□
B　26~35岁	□
C　36~50岁	□
D　50岁以上	□

227

续表

题目及选项	
2. 您的受教育文化程度	
A 文盲或者半文盲	☐
B 小学	☐
C 初中	☐
D 高中或中专	☐
E 大专	☐
F 本科及以上	☐
3. 您入狱前的工作性质	
A 农牧渔民	☐
B 国家干部	☐
C 无业者	☐
D 个体户	☐
E 其他职业	☐
4. 您的判处刑期	
A 2 年以下	☐
B 2~5 年	☐
C 5~10 年	☐
D 10~15 年	☐
E 15~20 年	☐
F 无期徒刑	☐
G 死缓	☐
5. 您的犯罪类型	
A 危害公共安全罪	☐
B 破坏社会主义市场经济秩序罪	☐
C 侵犯公民人身权利、民主权利罪	☐
D 侵犯财产罪	☐

续表

题目及选项	
E 妨碍社会管理秩序罪	□
F 贪污受贿罪	□
G 渎职罪	□

第二部分：

请根据您的实际情况，按第一反应选出相应选项，并在选项后面的"□"中画"√"，请勿漏答。

每个题目分为5种程度，分别为"非常不赞同""不赞同""不清楚""赞同""非常赞同"，请根据实际情况选择，尽量不要选择"不清楚"。

题项	非常不赞同	不赞同	不清楚	赞同	非常赞同
目前的场地空间能够满足我参加体育运动的要求	□	□	□	□	□
目前的体育器材能够满足我参加体育运动的要求	□	□	□	□	□
我经常观看体育类电视节目	□	□	□	□	□
我经常通过报纸观看体育新闻	□	□	□	□	□
目前监狱中开展的体育活动能够满足我的要求	□	□	□	□	□
监狱每天都留出体育运动的时间	□	□	□	□	□
我有足够的时间参加体育活动	□	□	□	□	□
我在监狱中得到了足够的体育指导	□	□	□	□	□
监狱会定期组织体育活动	□	□	□	□	□
我有足够的体力参加体育活动	□	□	□	□	□
参加体育活动，可以改善我的身体健康	□	□	□	□	□
参加体育活动，可以改善我的生活习惯	□	□	□	□	□
我身体状况不错，可以参加体育活动	□	□	□	□	□

续表

题项	非常不赞同	不赞同	不清楚	赞同	非常赞同
我非常擅长某一种体育活动	□	□	□	□	□
我在服刑之前就经常进行体育锻炼	□	□	□	□	□
参与体育运动，让我感到很开心	□	□	□	□	□
我希望在体育比赛中赢得胜利	□	□	□	□	□
参加体育活动，能让我忘掉烦恼	□	□	□	□	□
参加体育活动能够提高自信心	□	□	□	□	□
参加体育活动，可以促进我和其他狱友的关系	□	□	□	□	□
我希望通过体育比赛得到教官的认可	□	□	□	□	□
我希望通过体育运动获得减刑	□	□	□	□	□
体育活动可以让我暂时忘掉自己正在服刑	□	□	□	□	□
我喜欢和其他狱友一起参加体育活动	□	□	□	□	□
参与体育活动帮助我适应监狱生活	□	□	□	□	□
我有参加体育运动的权利	□	□	□	□	□

第三部分：

请根据您的实际情况，按第一反应选出相应选项，并在选项后面的"□"中画"√"，请勿漏答。

每个题目分为5种程度，分别为"非常不赞同""不赞同""不清楚""赞同""非常赞同"，请根据实际情况选择，尽量不要选择"不清楚"。					
题项	非常不赞同	不赞同	不清楚	赞同	非常赞同
参加体育活动已经成为我的一种习惯	□	□	□	□	□
即使空闲时间较少，我也没有放弃体育活动	□	□	□	□	□
如果退出体育活动，我会感到很难过	□	□	□	□	□
我很难接受没有体育活动的生活方式	□	□	□	□	□

续表

题项	非常不赞同	不赞同	不清楚	赞同	非常赞同
即使参加的体育活动充满危险，我也愿意坚持	□	□	□	□	□
参加完一次体育活动后，我会期待下一次	□	□	□	□	□

第四部分：

请根据您的实际情况，按第一反应选出相应选项，并在选项后面的"□"中画"√"，请勿漏答。

对于以下列出的问题，如果在过去1个月内每星期至少发生3次在您身上，就请您在相应的"□"中打"√"。			
题项	选项		
入睡时间（关灯后到睡着的时间）	□延迟严重或没有睡觉	□显著延迟	□轻微延迟	□没问题
夜间苏醒	□严重影响或没有睡觉	□显著影响	□轻微影响	□没问题
比期望的时间早醒	□严重提早或没有睡觉	□显著提早	□轻微提早	□没问题
总睡眠时间	□严重不足或没有睡觉	□显著不足	□轻微不足	□足够
总睡眠质量（无论睡多长）	□延迟严重或没有睡觉	□显著延迟	□轻微延迟	□没问题
白天情绪	□严重影响或没有睡觉	□显著影响	□轻微影响	□没问题
白天身体功能（体力或精神：如记忆力、认知力和注意力等）	□严重提早或没有睡觉	□显著提早	□轻微提早	□没问题
白天思睡	□严重不足或没有睡觉	□显著不足	□轻微不足	□足够

第五部分：

请根据您的实际情况，按第一反应选出相应选项，并在选项后面的"□"中画"√"，请勿漏答。

下列出了一些关于您个人情况的句子。请您仔细阅读每一个句子，根据您最近2个月的实际情况，在相应的"□"中画"√"。不能多选，也不要漏答。					
题项	很不符合	不太符合	不能确定	有点符合	非常符合
我已经熟练地掌握了一些劳动技能	□	□	□	□	□
我觉得出狱后适应社会没有困难	□	□	□	□	□
周围的人都喜欢和我交往	□	□	□	□	□
我制订了出狱后的生活、工作计划	□	□	□	□	□
我对出狱后的就业前景充满信心	□	□	□	□	□
我觉得很容易相信别人	□	□	□	□	□
我愿意把东西借给别人	□	□	□	□	□
出狱后，我将开始一种新的、有意义的生活	□	□	□	□	□
我相信"人人为我，我为人人"	□	□	□	□	□
我不害怕想到出狱后的困难	□	□	□	□	□
我觉得出狱后能够找到一份正当的工作	□	□	□	□	□
即使确信自己不会发现，我也不会做不当的事情	□	□	□	□	□
我知道该如何开始新的生活	□	□	□	□	□
遇到困难时，有很多人愿意帮助我	□	□	□	□	□
我觉得以后的生活很有意义	□	□	□	□	□
我已经为找工作做了很多准备	□	□	□	□	□
和我交往的朋友很少有违法乱纪的	□	□	□	□	□
我从来不会做不合法的事情	□	□	□	□	□
我对我的人际关系状况很满意	□	□	□	□	□
我经常畅想出狱后要过什么样的生活	□	□	□	□	□

第六部分：

请根据您的实际情况，按第一反应选出相应选项，并在选项后面的"□"中画"√"，请勿漏答。

下面列出了10个描述不同情感、情绪的词汇，请您阅读每一个词语，并根据自己近1~2星期的实际情况在相应的"□"中画"√"					
题项	几乎没有	比较少	中等程度	比较多	极其多
活跃	□	□	□	□	□
机敏	□	□	□	□	□
专心	□	□	□	□	□
果敢	□	□	□	□	□
热情	□	□	□	□	□
兴奋	□	□	□	□	□
振奋	□	□	□	□	□
有兴趣	□	□	□	□	□
自豪	□	□	□	□	□
有活力	□	□	□	□	□

第七部分：

请根据您的实际情况，按第一反应选出相应选项，并在选项后面的"□"中画"√"，请勿漏答。

下面有20条文字，请仔细阅读每一条，把意思弄明白，然后根据您最近一星期的实际情况，在分数栏适当的"□"中划"√"				
题项	总是如此	经常	有时	没有或偶尔
我觉得比平时容易紧张和着急（焦虑）	□	□	□	□
我无缘无故地感到害怕（害怕）	□	□	□	□
我容易心里烦乱或觉得惊恐（惊恐）	□	□	□	□
我觉得我可能将要发疯（发疯感）	□	□	□	□

续表

题项	总是如此	经常	有时	没有或偶尔
我觉得一切都很好，也不会发生什么不幸（不幸预感）	□	□	□	□
我手脚发抖打战（手足颤抖）	□	□	□	□
我因为头痛、颈痛和背痛而苦恼（躯体疼痛）	□	□	□	□
我感觉容易衰弱和疲乏（乏力）	□	□	□	□
我觉得心平气和，并且容易安静坐着（静坐不能）	□	□	□	□
我觉得心跳得快（心悸）	□	□	□	□
我因为一阵阵头晕而苦恼（头昏）	□	□	□	□
我有晕倒发作，或觉得要晕倒似的（晕厥感）	□	□	□	□
我呼气吸气都感到很困难（呼吸困难）	□	□	□	□
我手脚麻木和刺痛（手足刺痛）	□	□	□	□
我因胃痛和消化不良而苦恼（胃痛或消化不良）	□	□	□	□
我常常要小便（尿意频数）	□	□	□	□
我的手常常是干燥温暖的（多汗）	□	□	□	□
我脸红发热（面部潮红）	□	□	□	□
我容易入睡并且一夜睡得很好（睡眠障碍）	□	□	□	□
我做噩梦（恶梦）	□	□	□	□

附录4 监狱体育改造模式评价体系专家调查表

尊敬的专家（先生）：

您好！感谢您在百忙之中抽出时间参与此次问卷调研。监狱体育改造模式是将体育运动作为一种改造手段，通过体育活动的开展、体育精神的传播、体育文化的营造等多种方式，促进服刑人员教育改造的一种新模式。而对监狱体育改造模式进行科学的评价，是模式是否客观可行的重要依据。

本书依据多个服刑人员改造理论，结合监狱体育活动影响因素、监狱体育功能、体育改造服刑人员机理等理论研究，构建了监狱体育改造模式评价体系，为避免评价体系受研究者个人主观影响较大，保证评价体系的科学性和可行性，因此设计了本调查问卷，希望通过本次调查，为科学制定监狱体育改造模式评价体系科学依据。

本调查所有回答无对错之分，只用于统计分析。请根据您的经验和实际情况对问题进行评判，在您认为"同意"指标后的括号内打"√"，如您有新的意见与建议，请一并提出。

再一次感谢您在百忙之中抽出时间来完成问卷填写工作，对您所付出的辛勤劳动表示最诚挚的谢意！

祝您身体健康，工作顺利！

监狱体育改造模式评价体系

一级指标		指标评价	二级指标	指标评价
服刑人员体育改造模式评价体系	A. 模式基本条件	( )	A1. 开展体育运动的场地	( )
			A2. 开展体育运动的器材设备	( )
			A3. 开展体育运动的时间	( )
			A4. 开展体育运动的制度建设	( )
			A5. 开展体育运动的经费	( )
	B. 模式运行条件	( )	B1. 体育的组织机构	( )
			B2. 体育的管理工作	( )
			B3. 体育的开展种类	( )
			B4. 体育的专业指导	( )
			B5. 体育的宣传推广	( )
			B6. 体育的监督反馈	( )
			B7. 体育的激励促进	( )
	C. 模式改造效果	( )	C1. 体育文化营造状况	( )
			C2. 服刑人员体质健康状况	( )
			C3. 服刑人员心理健康状况	( )
			C4. 服刑人员社会适应能力	( )
			C5. 服刑人员犯罪心理状况	( )

您对本指标体系的其他意见建议：

_____

_____

_____

_____

_____